· 10대에게 권하는 ·

인문학

10대에게 권하는 인문학

초판 1쇄 발행 2014년 2월 1일
초판 14쇄 발행 2024년 1월 10일

지은이 연세대학교 인문학연구원 **펴낸이** 김종길 **펴낸 곳** 글담출판사

기획편집 이경숙 · 김보라
마케팅 성홍진 **디자인** 손소정 **홍보** 김지수 **관리** 이현정

출판등록 1998년 12월 30일 제2013-000314호
주소 (04029) 서울시 마포구 월드컵로 8길 41 (서교동)
전화 (02) 998-7030 **팩스** (02) 998-7924
페이스북 www.facebook.com/geuldam4u **인스타그램** geuldam
블로그 http://blog.naver.com/geuldam4u

ISBN 978-89-92814-80-5 (43100)

이 도서의 국립중앙도서관 출판시도서목록(CIP)은 e-CIP 홈페이지(http://www.nl.go.kr/ecip)
와 국가자료공동목록시스템(http://www.nl.go.kr/kolisnet)에서 이용하실 수 있습니다.
(CIP 제어번호 : 2014000594)

만든 사람들───────
책임편집 임현주 **디자인** 정현주

글담출판에서는 참신한 발상, 따뜻한 시선을 가진 원고를 기다리고 있습니다.
원고는 글담출판 블로그와 이메일을 이용해 보내주세요. 여러분의 소중한 경험과 지식을 나누세요.
블로그 http://blog.naver.com/geuldam4u 이메일 geuldam4u@geuldam.com

· 10대에게 권하는 ·

인문학

연세대학교 인문학연구원 지음

글담출판

지식보다 중요한 것은 상상력이다.
지식은 한계가 있지만
상상력은 세상 모든 것을 끌어안는다.
_ 아인슈타인

인문학의 세계로
여러분을 초대합니다

지금 이 글을 읽는 여러분은 어제를 혹은 오늘 하루를 어떻게 보냈나요? 졸린 눈으로 아침밥을 먹는 둥 마는 둥하고 종종걸음으로 학교에 도착해서, 하루 종일 수업 듣고, 친구들과 허기를 대충 달랜 다음 학원에 가서 수학 혹은 영어 수업을 듣고, 밤이 되어서야 집에 와서 늦은 저녁을 허겁지겁 먹고, 다시 책상에 앉지는 않았나요? 약간의 차이는 있겠지만 우리나라 청소년들의 하루는 크게 다르지 않을 거예요. 해야 할 공부가 항상 기다리고 있고, 학년이 올라갈수록 휴식 시간과 잠자는 시간이 점점 줄어들고……

또 많은 학생들이 공부가 힘들다고 말했다가 "공부만 하면 되는데, 힘들기는 뭐가 힘들어?"라고 면박을 받은 경험이 있을 거예요. 그런데 여러분

그거 아세요? 말은 이렇게 해도 어른들도 여러분이 힘들어하는 것을 알고 있다는 사실을요. 여러분이 힘들어할 때 어른들도 같이 힘들어하고, 그런 여러분을 조금이라도 도와줄 방안을 찾고자 보이지 않게 애쓰고 있다는 사실을요.

이 책을 쓴 선생님들도 바로 그런 어른들이에요. 대학생들에게 문학, 언어학, 철학, 역사학 등 다양한 과목을 가르치고 있는 우리들은 청소년 여러분이 힘든 가운데에서도 조금이라도 위로를 받고 꿈을 키워 나갈 수 있기를 희망하면서 이 책을 기획하고 쓰게 되었어요.

지식을 쌓는 것만큼 자기 발견도 중요해요

이 책을 쓰기 전에 연세대학교 인문학연구원에서는 2012년 가을부터 '청소년을 위한 인문학 강좌'를 개최해 왔어요. 청소년 시기는 배움을 통해 지식을 쌓아나가는 것도 중요하지만 '자아 찾기'와 '자기 발견'을 해 나갔으면 좋겠다는 바람을 갖고서요.

물론 강좌를 준비하면서 걱정도 많았어요. '공부할 게 많은 청소년들이 과연 인문학에 관심을 가질까?'라는 의구심이 들었기 때문이죠. 그런데 예상외로 뜨거운 반응에 우리는 깜짝 놀랐어요. 강좌는 보통 매주 토요일 네 시간 동안 진행됐는데, 매번 100명이 넘는 학생들이 참석해 초롱초롱한 눈빛으로 열중했고, 토론 시간에도 당당하게 자신의 의견을 발표하고 친구들의 의견을 경청했어요. 당시 토론을 준비하기 위해 나눠준 용지에 빽빽하게 채운 학생들의 글을 지금도 소중히 간직하고 있답니다.

다양한 학생들을 만나면서 우리는 '아, 우리 청소년들은 뭔가 할 말도 많고 표현하고 싶은 것도 많고 주관도 뚜렷하구나. 하지만 이와 동시에 아직 모르는 것도 많고 불만도 많구나.'라는 생각을 하게 되었어요. 그러면서 좋은 문학작품과 지식이 넘쳐나는 세상에서 선생님들이 알고 있는 좋은 것들을 청소년 여러분과 함께 나누고 이야기할 수 있으면 얼마나 좋을까라는 생각을 하게 되었죠. 이 책에는 바로 이런 마음이 담겨 있습니다.

인문학은 나를 찾아 떠나는 여행과 같아요

우리나라 청소년들의 학업 성취도는 OECD 국가 중 최상위에 속하지만, 행복 지수는 최하위에 머문다는 조사 결과를 여러분도 들어봤을 거예요. 왜 이런 결과가 나왔을까요? 아마도 여러분은 입시 위주의 학교 교육에 그 책임을 돌릴 거예요. 그리고 "딴 생각 말고 공부만 해!"라고 잔소리하는 어른들에게도 그 책임을 묻고 싶겠죠. 하지만 자신에게 한번 물어보세요. 학교에서 선생님이 수업 중에 교과서 내용과 조금 다른 이야기, 시험 범위에서 벗어난 이야기를 하면 어떻게 했는지를요. 자신이 진짜 하고 싶은 일을 찾기 위해 어떤 노력을 했는지를요. 여러분을 탓하려고 이런 말을 하는 건 아니에요. 우리 스스로를 돌아보고 싶어서 하는 말이에요.

선생님은 이 책을 통해 여러분이 스스로를 돌아보고 자신을 좀 더 알게 되기를 바랍니다. 그래서 책을 쓰면서 인문학적인 지식만을 전달하려 하지 않고 인문학의 정신을 전달하려 노력했어요. 상상력을 발휘해 자기 생각을 만들어갈 수 있도록 구성하고 집필했고요. 아마 여러분은 이 책을 읽으면서 자연스럽게 인문학의 세계로 들어설 뿐만 아니라 '나는 어떤 사람인가?' '나는 어떤 사람이 되고 싶은가?' '꿈을 이루기 위해서는 어떤 노력을 해야 하는가?' 등에 대해 생각해 보는 소중한 경험을 하게 될 거예요. 이것이 바로 여러분을 인문학의 세계로 초대하는 궁극적인 이유랍니다.

2014년 1월 김용민

» 김용민 선생님

1993년부터 연세대학교 독어독문학과 교수로 임용되어 지금까지 학생들을 가르치고 있어요. 2008년부터는 연세대 인문학연구원 부원장으로 일하면서 청소년을 위한 인문학 강좌에서 청소년들을 만나왔어요. 인문학은 낯선 세계로 떠나는 지적여행이라고 생각해요. 그 여행길에서 여러분은 풍부한 상상력과 자기완성을 경험할 거예요.

생각의 범위를
넓혀주는 지적 여행

...

인문학

humanities

스티브 잡스는 왜 인문학을 공부했을까요?

여러분은 인문학이 뭐라고 생각하나요?

청소년을 위한 인문학 강좌를 개최하면서 해마다 새로운 체험을 해요. 무엇보다 홈페이지에 강좌 신청 안내글을 올리면 불과 삼십 분도 지나지 않아 모집 인원이 마감된다는 거예요. 서울과 경기도에 사는 학생들뿐 아니라 멀리 지방에서도 강좌를 듣기 위해 올라오기도 하고요. 인문학 강좌를 시작한 초반과는 사뭇 다른 모습이죠.

강좌를 들으러 온 학생들에게 인문학이 뭐냐고 물어보면 참으로 다양한 대답이 이어집니다. "딱 봐도 어려운 학문요." "사람을 위한 학문이라고 배웠어요." "학교 공부하고는 관계없는 공부 같아요." ……

이 책을 읽고 있는 여러분은 인문학이 뭐라고 생각하나요?

인문학은 말 그대로 인간에 관한 학문이에요. 인간이라는 존재, 인간의 마음, 인간의 생각과 행동, 인간의 꿈과 소망, 인간이 관계를 맺고 있는 대상들과의 연관 관계를 탐구하는 학문을 통틀어 인문학이라 부르지요. 오랫동안 문학과 사학과 철학이 인문학의 중심을 이뤄왔어요. 하지만 오늘날에는 훨씬 다양한 학문들이 인문학에 포함돼요. 문·사·철학을 비롯하여 언어학, 고고학, 심리학, 교육학, 예술사, 미학, 신학 등 인간을 내용으로 하는 학문이 모두 인문학에 속합니다.

그러므로 여러분은 이미 학교에서 인문학을 공부하고 있어요. 국어 시간에 문학을, 역사 시간에 역사를, 윤리 시간에 철학을, 미술 시간에 회화를 배우고 있으니까요. 단지 여러분 스스로 인문학을 배우고 있다는 사실을 인식하지 못하고 있을 뿐이죠.

인문학 전도사, 스티브 잡스

인문학은 우리나라를 비롯하여 전 세계적으로 주목받고 있어요. 인문학에 대한 관심에 불씨를 지핀 사람을 꼽으라면 애플의 창업자 스티브 잡스를 빼놓을 수 없어요. 그는 2010년에 아이패드를 발표하는 자리에서 "창의적인 제품을 만든 비결은 우리가 항상 기술과 인문학의 교차점에 있고자 했기 때문"이라고 밝혔어요. 또 다른 자리에서는 "리드

칼리지 시절에 접한, 플라톤과 호메로스에서 시작해서 카프카에 이르는 인문 고전 독서 프로그램이 애플을 만든 결정적 힘"이라고 말했고요. 그 이후 인문학에 대한 사람들의 관심이 더욱 커졌지요.

그렇다면 인문학의 어떤 점이 스티브 잡스로 하여금 창의적인 제품을 만들 수 있도록 해주었을까요? 또 그가 말하는 기술과 인문학의 교차점이란 무엇일까요? 언뜻 보면 기술과 인문학은 아무런 연관이 없어 보입니다. 기술은 기계와 관련된 것이고 인문학은 인간과 관련된 것이니까요. 하지만 기술을 사용하는 것이 인간이라는 점을 염두에 둔다면 기술과 인문학의 연결점이 생깁니다. 기술과 인간을 연결시켜 주는 것이 바로 인문학인 셈이죠. 예를 들어 누군가가 아주 뛰어난 기술을 발명했다고 해도 그 기술이 사람들이 사용하기에는 너무 복잡하고 불편하다면 아무도 그것을 선택하려 하지 않을 거예요.

이 지점에서 기술과 인문학이 만나죠. 기술은 인간을 위한 것이므로 기술을 개발하거나 응용할 때 그것을 사용할 인간을 중심에 두느냐 아니냐에 따라 큰 차이가 납니다. 스티브 잡스는 사람들이 원하는 것이 무엇인지를 먼저 생각하고 그에 맞는 기술을 개발하거나 접목시켜야 한다고 주장한 거예요. "기술이 아닌 사람의 마음에서 세상을 바라보아야 한다."는 것이 그의 원칙이었죠.

삶을 풍요롭고 아름답게 만드는 인문학

사실 기술과 인문학의 결합은 스티브 잡스가 처음 생각해낸 것은 아니에요. 인간이 공동체 생활을 시작하고 돌을 다듬어 연장을 만들기 시작할 때부터 이미 그러한 결합은 존재했죠. 세계 곳곳에서 출토된 고대 유물에서도 단순한 도구를 넘어서는 물건들이 많이 있어요. 빗살무늬 토기처럼 그릇 표면에 무늬를 넣어 아름다움을 추구한 것부터 정교한 장식을 한 술잔들, 그리고 예술성을 가미한 도구들까지 아름다움을 가미한 유물들이 많이 발견되었죠.

더 나아가 실용적인 것과는 거리가 먼 유물들도 있어요. 이런 유물들은 석기 시대의 사람들도 실용적인 것을 넘어서는 정신적이고 문화적인 의식을 가지고 있었음을 알려주는 거죠. 실생활과 직접 관련이 없지만 인간의 정신적 관심의 표현인 이런 유물들을 미국의 시인 로빈슨 제

· 빗살무늬 토기(左) / 그리스 도자기(右) ·

아주 오랜 옛날에도 그릇에 무늬를 넣어
아름다움을 추구했어요.
실용성뿐만 아니라 아름다움을 중시하는 마음이
인문학의 정신이에요.

퍼스는 "신성한 잉여로서의 아름다움"이라고 불렀어요.

이처럼 얼핏 보기에는 쓸모없는 것 같지만 우리의 삶을 풍요롭고 아름답게 만들어 주어 만약 그것이 없다면 우리의 삶이 온통 건조하고 황폐해지게 만드는 것, 그것이 바로 인문학입니다.

우리가 음식을 담아 먹는 그릇이나 차를 마시는 찻잔을 기능적인 측면에서만 본다면 굳이 모양을 내기 위해 고심하고 표면에 멋진 그림을 그리거나 장식을 달 필요가 없잖아요. 하지만 밥을 장인이 정성스레 빚어 가마에 구워 만든 우아한 그릇에 담는 것과 아무렇게나 기계로 찍어낸 막사발에 담는 것은 분명 우리의 기분뿐만 아니라 밥맛까지 다르게 느끼게 해주죠. 사물이나 물건에 기능적이고 실용적인 측면 외에 아름다움을 부여하려는 노력이 필요한 것도 이 때문이에요. 사물의 실용성뿐만 아니라 아름다움을 중시하고, 사람들의 관점에서 기술을 생각하는 것이 인문학의 정신이죠.

인문학은 이렇게 시작되었어요

기원전 20만 년 전에 나타나 4만 년 전까지 살았던 네안데르탈인은 최초로 매장문화의 흔적을 남겼어요. 그들이 남겨 놓은 주검을 보면 마치 어머니의 자궁에 있는 태아의 모습처럼 보입니다.

다른 이의 주검을 동물들처럼 벌판에 내버려두지 않고 매장한 것은

· 네안데르탈인의 매장문화 ·

우리는 왜 죽는 걸까요?
죽은 다음 우리는 어디로 가는 걸까요?
이런 질문은 오직 인간만이 할 수 있는
인문학적인 질문입니다.

죽음이 삶의 끝이 아니라고 생각했기 때문이에요. 방금 전까지 숨 쉬고 말하던 사람일지라도 숨이 끊어지면 순식간에 몸이 차가워지고 나무토막처럼 몸이 딱딱하게 굳잖아요. 그렇다면 죽음이란 사람의 몸에서 무언가가 빠져나간 것이 아닐까요? 몸에서 빠져나간 것은 죽음 이후에도 살아 있는 게 아닐까요? 그러다 다시 죽은 사람의 몸속으로 들어오면 그 사람은 다시 살아나는 것이 아닐까요? 이런 생각이 영혼이라는 개념을 만들어내고 언젠가 다시 살아날지도 모를 주검을 고이 보존하기 위해 매장문화를 만들어낸 것이지요. 당장 먹고사는 문제가 아닌 인간은 왜 죽으며, 죽은 다음 인간은 어디로 가는가, 삶과 죽음을 관장하는 어떤 거대한 힘이 있는 게 아닌가에 대한 물음이 시작된 것입니다.

여기에서 조금만 더 나아가면 인간은 대체 어디서 와서 어디로 가는 존재이며, 인간과 세상만물은 어떻게 생겨나게 되었는가. 또 그것을 만들었거나 관장하는 절대적 존재는 있는가. 우리 삶의 얼개는 왜 이러한 모습으로 되어 있는가. 우리는 살아가며 왜 고통과 기쁨, 슬픔과 즐거움, 절망과 희망을 겪게 되는가. 그리고 궁극적으로 우리는 어떻게 살아야 하는지에 대한 물음으로 이어지죠.

이러한 물음은 오직 인간만이 던질 수 있어요. 오로지 먹고 생존하며 번식하는 것이 가장 시급한 문제로 여기는 동물과는 다르죠. 먹고 자고 입는 것을 넘어서는 중요한 문제, 즉 삶과 세상의 의미를 탐구하는 것 또한 필요하다는 의식을 갖기 시작하면서 인간은 새로운 존재가 되었어요. 종교가 생겨났고, 윤리와 도덕을 포함한 철학이 나타났으며, 인간과 사회가 마땅히 지켜야 할 도리를 따지는 사상이 발전되었죠. 인문학은 그렇게 시작된 것입니다.

인문학적 소양이 왜 중요할까요?

기원전 4만 년에서 3만 년 사이에 나타난 크로마뇽인은 동굴 벽화라는 아름다운 예술작품을 만들었어요. 그들이 동굴 벽에 그림을 그린 것은 궁극적으로는 사냥의 성공과 풍요로운 수확물을 기원하기 위해서였지만 그러한 실용적인 목적을 넘어서는 아름다움이 그 그림에는 들어 있어요. 동굴 벽화를 그린 사람은 예술가, 즉 인문학적 소양을 지닌 사람이었음에 분명합니다.

음악이나 문학의 탄생 또한 인문학적 소양과 관련이 있어요. 때로는 아름답고, 때로는 슬프며, 때로는 우리의 가슴을 세차게 뛰게 만드는 음악이 없거나 인간사의 온갖 희로애락을 표현한 문학이 없다면 우리의 삶은 얼마나 삭막할까요? 표현하지 않으면 안 될 강렬한 충동을 느끼며 언 손을 비벼가며 그림을 그리고 글을 쓴 수많은 천재적 작가들 덕분에 우리는 인류 전체의 소중한 보물인 예술작품을 지닐 수 있게 된 것이지요. 인류의 빛나는 고전을 창조해낸 수많은 동서양의 예술가들이 만일 실용적인 것에만 눈을 돌렸다면, 좀 더 잘 먹고 잘 사는 문제에

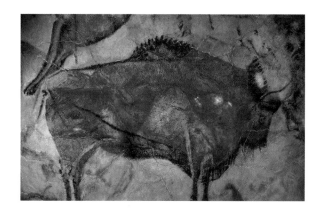

· 크로마뇽인의 동굴 벽화 ·

때로는 아름답고, 때로는 슬프며,
때로는 우리의 가슴을
세차게 뛰게 만드는 음악이 없거나
인간사의 온갖 희로애락을 표현한 문학이 없다면
우리의 삶은 얼마나 삭막할까요?

만 매달렸다면 어떻게 되었을까요?

오늘날 우리가 인문학에 대해 이야기해야 하는 이유가 바로 여기에 있어요. 그 어느 때보다도 경제적인 것을 강조하고, 잘 먹고 잘 사는 것이 오로지 돈에 달려 있다고 생각하는 시대이기에 바로 인문학과 인문학적 소양이 필요한 것이지요.

청소년 시기에 인문학을
공부해야 하는 이유

우리나라가 걸어온 길을 되돌아 볼까요?

지난 50년간 우리나라는 엄청난 경제발전을 이루었어요. 전쟁으로 폐허가 된 가난하기 짝이 없는 농업국가에서 자동차와 선박, 컴퓨터와 냉장고, 스마트폰을 전 세계로 수출하는 산업국가가 되었지요. 그런데 단기간에 눈부신 산업발전을 이루다 보니 부작용 또한 많이 안게 되었어요.

가장 큰 부작용은 상상력이 설 자리를 잃었다는 점이에요. 개발과 성장을 최고의 가치로 내세우고 앞을 향해 달리는 사회에서는 효율성이 최고의 미덕일 수밖에 없죠. 그런 사회에서 어떻게 상상력이 발휘되겠어요? "보다 빨리, 보다 높이, 보다 크게"를 외치는 곳에서 천천히 가거나 에돌아가는 방식은 비효율적인 것으로 낙인찍히기 마련이죠. 우리의 산업화는 싸고 질좋은 물건을 대량으로, 그것도 재빨리 만들어 세계에 내다파는 방식으로 이루어졌기 때문에 천천히 시간을 들여 디자인을 개발할 시간이 없었어요. 주문받은 물건을 제때 만들어내고, 대량생산을 하기 위해서는 군사작전하듯 일사분란하게 움직여야 했지요.

그러기 위해서는 강력하고 유능한 지도자나 사장, 그리고 그의 말을 무조건 믿고 따르는 추종자만 있으면 충분했어요. 부하직원들은 윗사람이 시키는 대로 하면 될 뿐 새로운 것을 제안하고 상상력을 발휘해서 뭔가 기발한 제안을 할 필요가 없었죠. 우리 사회에 빨리빨리 문화와 상명하복의 문화가 만들어진 것도 이 때문이에요.

주입식 교육도 개발 시대의 여파입니다

아마 이 글을 읽으며 '사회 분위기가 나하고 무슨 관계가 있지?'라고 생각하는 학생들도 있을 거예요. 그런데 우리 사회는 미묘하게 서로 유기적으로 연결돼 있답니다. 개발과 성장의 가치를 중요시 여기는 사회 분위기는 학생들에게 주입식 교육과 암기 교육으로 영향을 미쳤죠. 주입식 교육과 암기 교육은 모든 학생들이 일사분란하게 정해진 답을 외우도록 하는 교육 방법이에요. 이때 중요한 것은 오로지 점수와 등수뿐이죠. 정해진 시간 안에 정해진 내용을 모두 가르치고 배워야 하므로 개개인의 꿈이나 생각에 대해서 깊게 관심을 가질 어유가 없어요. 물론 최근에는 이런 교육에서 탈피하기 위해 많은 노력을 하고 있지만 여전히 점수와 등수는 학생들과 학부모들의 관심사입니다.

이런 와중에 여러분에게 국어 공부가 아닌 고전 읽기를, 영어 공부가 아닌 영문학작품 읽기를 권유하는 것이 인문학자들의 딜레마이기도 합니다. 하지만 한 가지 예를 들어볼게요. 대학에서 독문학을 가르치는 저는 독문학을 지원한 수시모집 학생들의 면접을 봅니다. 면접에서 독일 문학작품 중에서 감명 깊게 읽은 작품을 설명해 보라고 하면, 거의 대다수 학생들이 공부하느라 읽어보지 못했다며, 대학에 들어가면 꼭 읽겠다고 대답합니다. 그럼 독일 문학이 아닌 다른 고전 중에서 읽어본 것이 있는지 물어봐도 대답은 똑같아요. 그런데 재외국민 특례입학 면접에서는 종종 놀라운 경험을 합니다. 홍콩이나 아프리카, 유럽 등지에서 외국인 학교를 마친 학생들이 지원하는데, 이들의 경우 어떤 작품을 읽었는가 물어보면 상당히 많은 고전을 읽었을 뿐만 아니라 그것에 관해 자신의 의견까지 거침없이 말하는 경우가 많아요. 부끄러운 일이지만 이것이 우리의 현실이에요. 우리 학생들의 능력이 부족해서가 아니라 제도가 학생들을 이렇게 키웠기 때문이죠.

절대 예습을 하지 말라고 가르치는 나라도 있어요

암기 교육이라고 하니 오래전 일이 생각나는군요. 선생님이 독일에서 유학할 때 일이에요. 그때 선생님의 아들이 초등학교에 입학했는데, 한 학기 동안 산수시간에 배운 것이라곤 숫자 1부터 10까지였어요. 한 학기 내내 1부터 10까지의 숫자를 가지고 다양한 방식으로 숫자를 익히는 연습을 하더군요. 예를 들어 5라는 숫자를 배울 때 5를 만들 수 있는 온갖 가능한 경우의 수를 다 찾아내어 늘 새롭게 연습했어요. 나중에 곱하기나 나누기 같은 연산식을 배울 때에도 마찬가지였죠. 숫자가 몸에 익게 만드는 것, 즉 상상력을 발휘할 수 있게 만드는 교육이 인상적이었어요. 또한 학생들이 수업에 흥미를 잃지 않도록 집에서 예습해 오지 말라고 당부했는데, 그것도 당시는 아주 낯설었죠.

미술시간 풍경도 인상적이었어요. 독일의 유치원에서 그려오는 아들의 그림은 그야말로 자유분방했어요. 머리 밖으로 눈이 나와 있기도 하고, 도화지의 많은 부분은 아예 색칠하지 않아 빈 여백으로 남아 있는 경우가 많았죠. 그런데도 유치원 선생님은 칭찬을 한 모양이에요. 그런 그림을 손에 번쩍 치켜들고 자랑스럽게 가져왔던 걸 보면요. 그런데 한국으로 돌아오고 난 후부터 상황이 확 달라졌어요. 아들의 그림은 첫 시간부터 지적의 대상이 되었죠. 팔다리가 제대로 붙어 있어야 했고, 눈은 얼굴 밖으로 튀어나오면 안 되었고, 도화지의 모든 여백은 남김없이 색칠을 해야 했죠. 자연스럽게 아이들의 그림은 비슷해질 수밖에 없었어요. 이처럼 규격화하는 교육이 상상력을 억압하고 획일화된 사고방식을 심어준다는 것은 새삼 말할 필요가 없겠죠.

우리 사회는 규격과 기준을 정하고 그에 맞지 않는 것은 배제하는 경향이 강해요. 나와 다른 사람, 우리와 그들, 남성과 여성, 옳고 그름, 진실과 거짓, 일반인과 병자를 구분하고 그중의 하나를 우선시하여 다른 하나를 배척하지요. 장애인에 대한 배려가 부족하고, 외국인, 소수자, 동성애자 등에 대해 배타적이며 유난히 민족주의적인 이유도 여기에 있지요.

인문학을 하면 무엇이 달라질까요?

그러나 우리 학생들이 이렇듯 규격화된 사고와 획일적인 상상력만 지니게 되면 우리 사회의 발전은 어렵습니다. 21세기는 무한경쟁의 시대이고, 세계는 점점 누가 더 새롭고 창의적인 것들을 만들어내는가에 따라 재편될 테니까요. 바야흐로 글로벌 시대예요. 인터넷으로 세계가 하나로 엮어지고, 전 세계를 상대로 상품을 만들어 팔아야 하는 시대가 된 거죠. 이러한 시대의 변화는 산업이나 경영, 무역, 교육 등 거의 모든 분야에서 지금까지와는 다른 새로운 틀을 요구하고 있어요. 새로운 틀은 무언가 새로운 발상, 새로운 접근, 새로운 창조를 통해 가능하죠.

새로운 창조를 가능하게 해주는 것이 인문학입니다. 스티브 잡스가 애플 신화를 만들 수 있었던 비결로 기술과 인문학의 결합을 꼽았던 이유가 여기에 있어요. 인문학은 새로운 틀을 만들어낼 수 있는 창의력과 상상력을 우리에게 불러일으켜 주죠. 그렇기에 인문학과 인문학적 소양, 인문학적 상상력 등이 새롭게 조명되고 있는 것입니다.

그렇다면 여러분들이 어떻게 하면 인문학적 소양을 키우고 인문학적 상상력을 배울 수 있을까요?

가장 손쉬운 방법은 인류의 지혜가 녹아들어 있는 고전을 읽으며 사고와 경험의 폭을 넓히는 겁니다. 특히 문학작품은 우리의 지혜를 넓히고 상상력을 키워주지요. 문학은 이야기와 사건의 묘사를 통해 인간이 살아가면서 겪는 온갖 기쁨과 슬픔, 불행과 행복, 시련과 극복, 성공과 좌절을 보여주기 때문에 독서를 통해 우리는 삶의 속살을 들여다볼 수 있어요. 독서를 통한 간접 경험은 우리가 살아가면서 실제로 어떤 어려움에 부닥쳤을 때 그것을 헤쳐나갈 수 있도록 해줍니다.

우리의 삶은 수많은 계곡을 지나고 셀 수 없이 많은 높고 낮은 봉우리를 오르락내리락해야 하는 지난한 여정입니다. 그 여정에서 우리가 부딪히는 여러 난관을 헤쳐나갈 수 있는 지혜를 문학작품을 통해 터득할 수 있습니다.

인문학이 안내하는 멋진 상상의 세계

우리는 문학작품을 통해 상상력을 기를 수 있어요. 문학의 본질이 상상력을 기반으로 하고 있거든요. 문학작품의 의미는 참으로 다양해요. 정답이 없는 것이 문학작품의 본질이므로 때로는 한 작품을 두고 정반대의 해석이 가능하며, 두 가지 해석이 다 옳을 수도 있죠. 예를 들어 『흥부와 놀부』의 이야기에서 놀부를 피도 눈물도 없는 욕심꾸러기 매정한 사람으로 볼 수도 있지만, 열심히 일하고 저축하며 성실하게 살아가는 사람으로 해석할 수도 있잖아요. 그렇게 보면 흥부는 일은 별로 하지 않으면서 형한테 빌붙어 살려는 게으른 사람이죠.

문학작품은 이렇듯 정반대의 관점에서 해석이 가능해요. 중요한 것은 자신의 해석을 얼마나 논리적으로 설득력 있게 설명할 수 있는가이죠. 많은 사람들이 그럴 듯하다고 수긍하면 그 해석은 당당히 하나의 답으로 자리 잡게 되지요. 그러다 다른 사람이 정반대의 해석을 내놓고 그것을 사람들이 인정하면 그것 또한 또 하나의 답이 됩니다. 문학작품은 순수하게 허구의 산물, 즉 상상력을 통해 창조된 것이므로 문학작품을 읽고 그 다양한 의미를 탐구함으로써 우리는 인간의 상상력이 얼마나 다양하고 기발하게 발휘될 수 있는가를 경험할 수 있죠.

문학작품에는 기발한 이야기들이 무척 많아요. 고주몽이나 박혁거세처럼 사람이 알에서 태어나기도 하고, 사람을 잡아먹는 외눈박이 괴물

• 외눈박이 거인 폴리페모스 •

사람을 잡아먹는 외눈박이 괴물이 등장하고
"열려라, 참깨!"라고 주문을 외우면 바위 문이 열리고…….
문학작품에는 상상력으로 가득한
이야기들이 무궁무진하게 펼쳐져요.

이 등장하기도 하고, "열려라 참깨!"라고 주문을 외우면 바위문이 마치 자동문처럼 스르르 열리거나, 램프를 손으로 문지르면 연기를 타고 거대한 거인이 등장하기도 하죠. 괴테의『파우스트』에서 파우스트는 악마와 계약을 맺고 세상의 온갖 경험을 펼치고 저승에까지 내려갑니다. 온갖 신기한 변장술로 동에 번쩍 서에 번쩍 하는 홍길동이나, 어느 날 아침에 깨어 보니 갑자기 커다란 갑충으로 변한 인간의 이야기가 나오기도 하지요. 이처럼 기발하고 신기한 이야기들의 특징은 모두가 얽매이지 않은 상상력의 산물입니다.

인류의 고전에는 문학작품만 있는 것이 아니에요. 역사, 철학, 예술, 신화 모두가 우리의 상상력과 창의력을 길러주죠. 역사는 한 시대 또는 하나의 제국이 어떻게 저물고 어떻게 생성되는지를 우리에게 알려주며, 철학은 철학자들이 지금까지와는 전혀 다른 차원에서 인간의 존재와 세계에 대한 해석을 내놓은 기록이며, 예술은 작품 하나하나가 모두 새롭고 창의적인 것들이지요.

이들의 바탕에는 지금까지 생각하지 못했던 것을 생각해낸 상상력과 창의력이 자리잡고 있어요. 고전은 인간과 인간의 삶, 그리고 세상에 대한 깊은 통찰을 담고 있기에 오랜 시간 동안 수많은 사람들에게 영감을 불러일으켰어요. 고전을 통해 우리는 세상을 보는 다양한 관점뿐만 아니라 세상을 뒤집어보거나 삐딱하게 바라보고, 무한한 상상력의 세계를 배울 수 있어요. 상상력의 본질은 그 어느 것에도 매이지 않고 자유로운데 있어요. 우리는 고정관념이나 가치 규준 등에 얽매이지 않고 자유롭게 상상하는 법을 배워야 합니다.

인문학이 여러분의 길잡이가 되어 줄 거예요

인문학이 우리에게 상상력과 창의력만 길러주는 건 아니에요. 인문학은 좀 더 근본적인 문제로 우리를 이끌지요. 우리는 어떤 존재이고, 어디서 와서 어디로 가며, 우리가 지향해야 할 목표가 무엇이고, 다른 이들과 어떻게 더불어 함께 살아야 하는지, 다른 이들과 어떻게 소통해야 하는지, 우리는 왜 기쁨과 슬픔, 분노와 즐거움을 느끼는지 설명해주지요. 즉 우리의 삶이 어떤 얼개로 되어 있는가를 가르쳐주는 것이 인문학이에요.

특히 청소년들에게는 왜 공부해야 하는지, 나는 어떤 분야에 관심 혹은 재능이 있는지, 장차 어떤 일을 하는 사람이 될지 등에 대해 깊이 생각해 보는 계기를 만들어주기도 해요. 그래서 공부할 것이 많은데도 여러분에게 인문학을 권하는 거예요.

청소년 시기에 이런 과정을 거치는 것은 매우 중요해요. 물론 이런 과정 없이 대학에 가고, 직업을 선택할 수도 있어요. 하지만 원하는 대학에 갔다 해도, 좋은 직업을 선택해서 잘 다닌다 해도 이런 고민을 하게 될 가능성이 무척 많아요. 공부도 때가 있다는 말처럼 고민에도 때가 있기 때문이죠.

자, 그럼 지금부터 선생님들과 함께 인문학의 세계로 여행을 떠나 볼
까요?

세상을 아름답게 만든 인문학자

사물의 실용성뿐만 아니라 아름다움을 추구하는
인문학의 정신을 열심히 탐구한 이들이 바로 인문학자예요.
수천 수백 명의 인문학자 중 선생님이 생각하는
대표 인문학자 5명을 소개합니다.

소크라테스 | 기원전 470?~기원전 399

고대 그리스의 철학자. 서양 철학의 기초를 마련한 위대한 철
학자로, 플라톤과 아리스토텔레스의 스승이에요. 수많은 철학자
중 소크라테스를 꼽은 이유는 우주와 자연에 집중돼 있던 서양
철학의 관심을 인간으로 옮기는 데 큰 역할을 했기 때문이에요.

그는 '너 자신을 알라'는 말에 기초하여 단순한 지식을 쌓는 것보다 도덕적인 실천을 중시했어
요. 그리고 문답법이라는 독특한 방법으로 제자들을 가르쳤어요. 문답법은 말 그대로 서로 대화
를 하면서 묻고 답하는 거예요.

그는 델피 신전으로부터 "소크라테스는 만인 중 가장 현명한 사람"이라는 신탁을 받을 정도로
지혜로웠지만 정작 자신은 스스로를 무지하다고 생각했어요. 그렇기 때문에 다른 사람들에게
지혜를 가르칠 수 없으며, 다만 본래 인간이 갖고 있는 지식을 깨닫도록 도와줄 뿐이라고 여겼
죠. 그래서 거리에 나가 사람들과 대화와 문답을 나누며, 제자들이 철학의 본질을 깨닫도록 했
어요. 이러한 교육방법은 당시 매우 인기가 있었답니다.

하지만 신을 모독했다는 죄명으로 사형을 받고 독배를 마시고 죽어요. 그 과정에서 소크라테스는 "악법도 법이다."라는 유명한 말을 남긴답니다.

공자 | 기원전 552~기원전 479

춘추전국시대 제자백가 중 유가의 시조. 공자는 성이 공이고 이름은 구, 자는 중니입니다. 공자의 '자'는 '스승'과 같이 남자를 높여 부르는 말이에요. 어려서 집이 가난해 15세가 되어서야 공부를 시작할 수 있었어요. 하지만 "아침에 도를 깨달으면 저녁에 죽어도 좋다." 라는 말을 할 정도로 배움에 대한 열정이 컸어요. 그 결과 30대에 이미 이름을 알렸으며, 제자들을 모아 가르치기 시작했어요.

그는 당시 시대가 혼란스러운 근본 원인이 인간의 도덕적 타락에 있다고 생각했어요. 올바른 사회를 이룩하기 위해서는 인간이 본래 타고난 내면적 도덕성인 '인(仁)'을 회복할 것을 주장했고, 누구나 어진 사람이 되어야 한다고 주장했어요. 이런 그의 사상은 중국 사상의 기초를 이루었고, 동양 사상의 근간인 유교의 뼈대가 되었어요.

『사기』에 따르면 그의 제자 중 72명이 '6예'에 통달했고, 공자의 제자로 자처하는 사람의 수가 3,000명을 넘었다고 해요. 공자가 그 제자들과 세상 사는 이치나 교육, 문화 등에 관해 논의한 이야기들을 모은 책이 바로 『논어』예요. 공자가 아끼던 제자 안회는 자신의 스승을 이렇게 묘사해요.

"우러러보면 우러러볼수록 더욱 높고, 뚫으면 뚫을수록 굳세며, 눈앞에 있는가 하면 어느새 뒤에 계신다."

어때요? 공자님이 달리 보이지 않나요?

셰익스피어 | 1564~1616

영국의 시인이자 극작가예요. 영국 중부의 스트랫퍼드 어폰 에이번에서 태어나 어린 시절을 보냈어요. 1580년대 후반 집안을 돕기 위해 런던으로 상경해서 희곡 등의 작품을 쓰기 시작했어요. 그 후로 평생 작품 활동에 몰두하여 『햄릿』, 『오셀로』, 『리어 왕』, 『맥베스』 등의 4대 비극과 『로미오와 줄리엣』, 『리어 왕』, 『한여름 밤의 꿈』, 『베니스의 상인』 등을 발표해, 세계 최고의 극작가라는 명성을 얻었어요. 그런 만큼 영국인들로부터 절대적인 존경을 받고 있어요. 셰익스피어의 작품이 세계적으로 사랑을 받으며 영국의 문화 역시 세계적으로 주목을 받았어요.

영국의 사상가 토머스 칼라일은 그가 쓴 책에서 셰익스피어를 이렇게 표현합니다.

"만약 우리 영국인들에게 다른 나라 사람들이 인도와 셰익스피어 둘 가운데 어느 하나를 포기해야 한다면 무엇을 포기하겠느냐고 묻는다면 우리는 무엇이라고 대답해야 할 것인가. 이것은 정말 큰 물음이다. 공직에 있는 사람들은 공식적인 말로 대답할 것은 의심할 것도 없다. 그러나 우리는 이렇게 말해야 하지 않겠는가. 인도야 있건 없건 상관없지만 셰익스피어 없이는 살 수 없다고. 인도는 언젠가는 결국 잃게 될 것이다. 하지만 우리는 셰익스피어를 포기할 수는 없다."

영국인들에게 셰익스피어가 얼마나 위대한 인물인지 확실히 알 수 있겠죠? 여러분들도 살아가면서 셰익스피어 작품을 꼭 읽게 되리라고 믿어요.

『리어 왕』의 한 장면

『햄릿』의 한 장면

바움가르텐 | 1714~1762

'미학의 아버지'라 불리는 독일의 철학자이자 미학자예요. 오늘날 비아드리나 대학이 된 프랑크푸르트 오티 대학의 철학 교수였어요. '미학'이라는 학문의 이름을 짓고 그것이 무엇을 하는 학문인지 제시한 이도 바로 바움가르텐이에요. 미학은 그가 1750년 출간한 책 『에스테티카(Aesthetica)』에서부터 시작돼요. 'Aesthetica'라는 명칭은 그리스어 '에이스테시스(Aisthesis)'로부터 나왔어요. 이성과 대비되는 '감성', '감성적'이라는 의미를 갖는 단어죠. 이 단어로부터 나온 명칭 '미학(Aesthetics)'은 그러니까 '감성의 학문' 또는 '감성적 인식의 학문'이라고 정의할 수 있어요. 바움가르텐은 세상에는 논리적 사유와 추론과 같은 인간의 이성적 능력이 아닌 감성을 통해서만 얻어질 수 있는 진리가 있다고 보고, 미학을 바로 그를 위한 학문으로 제시한 거예요.

칼 마르크스 | 1818~1883

독일의 철학자이자 사회학자, 경제학자이며 사회혁명가입니다. 본 대학과 베를린 대학에서 신화와 미술사, 법률, 역사, 철학 등을 공부했어요. 그의 사상은 독일을 떠나 파리로 간 이후 꽃을 피웁니다. 그는 파리에서 사회주의, 정치경제학 등을 연구해 자신만의 지적 방향을 찾아 나가요. 그는 역사는 변증법적으로 변하고 발전하며 그 발전 단계를 원시 공동사회-노예제 사회-봉건제 사회-자본주의 사회-공산주의 사회라고 생각했어요. 공산주의 사회는 계급도 없고, 부자와 가난한 자도 없는 평등한 사회라고 주장했죠. 이런 주장은 당시 어마어마한 지지를 받거나 반대에 부딪쳤어요. 그래서 마르크스에 대한 입장이 비판적이든 긍정적이든 마르크스를 거치지 않고 20세기 사회, 정치, 경제사상과 사회과학 이론, 그리고 20세기 역사를 거론할 수는 없다는 평가를 받고 있답니다. 그를 세상을 아름답게 만든 철학자로 꼽는 이유는 그가 꿈꾼 평등사회의 모습이 놀랍기 때문이에요. 능력에 따라 일하고, 필요에 따라 소비하는 사회, 부자와 가난한 자가 없는 사회! 여러분이 꿈꾸는 새로운 사회는 어떤 모습인가요?

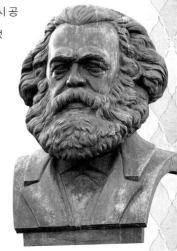

» 윤주옥 선생님

연세대 인문학연구원 연구교수로 재직하면서 서강대에서 영문학을 가르치고 있어요. 또한 매년 봄과 가을에는 청소년들을 위한 인문학 강좌를 기획하고 강의도 해요. 선생님은 문학이 자기를 알아가는 여정의 학문이라고 생각해요. 자신이 원하는 것을 찾고 그것을 이루고자 꿈꾸는데 문학작품이 훌륭한 길잡이가 될 거라고 믿어요.

나와 세상을
이해하는 힘

···

문학

문학에 대해
함께 알아봐요

제 소개부터 할게요

이 글을 읽는 학생들은 적어도 한번 정도는 '문학이란 무엇인가?'라는 질문을 들어봤을 거예요. 또 그에 대한 정답도 접해 봤을 거고요. 그래서 이번에는 조금 다른 방식으로 이 질문에 답해 볼까 해요. 어떤 방식이냐고요? 이 글을 쓰는 선생님이 무엇을 공부하는지, 학생들에게 무엇을 가르치는지에 대한 소개를 통해서 문학에 대해 '귀납적으로' 접근해 보려고 해요.

우선 제 소개부터 할게요. 선생님은 대학에서 영문학을 전공했고, 미국 메사추세츠 주립대 대학원에서 중세 영문학으로 박사학위를 받았어요. 지금은 대학에서 학생들과 함께 영문학을 공부하면서 연구도 하고 있지요. 한마디로 저는 영문학자예요.

영문학이란 무엇일까요?

영문학은 영어로 쓰인 문학작품을 말합니다. 여러분이 좋아하는 조앤 롤링의 『해리포터』 시리즈도 영문학이에요. 『햄릿』(윌리엄 셰익스피어), 『노인과 바다』(어네스트 헤밍웨이), 『마지막 잎새』(오 헨리), 『제인 에어』(샬럿 브론테) 등도 영문학에 속해요. 이 밖에도 『가지 않은 길』(로버트 프로스트)과 같은 시도 영문학 작품입니다. 이제 영문학이 무엇인지 눈치 챘겠죠? 그래요. 영어로 쓰인 시, 소설, 수필, 희곡, 평론 등을 영문학이라고 해요.

이처럼 문학은 특정한 언어로 쓰인 글을 말합니다. 어떤 문자로 쓰였는가에 따라서 문학의 이름이 달라지죠. 영어로 쓰였으면 영문학, 프랑스어로 쓰였으면 프랑스 문학, 우리말인 한글로 쓰였으면 한국문학이 되는 거랍니다.

이쯤 되면 여러분들 머릿속에 국어시간에 배운 문학작품이 떠오를 거예요. 또 추천도서로 읽고 독후감을 제출했던 작품들도 떠오를 거고요. 그것들이 문학작품입니다.

교과서에 실린 대표적인 문학작품

한국문학	소나기 · 황순원 ┃ 동백꽃 · 김유정 ┃ 사랑손님과 어머니 · 주요섭 벙어리 삼룡이 · 나도향 ┃ 메밀꽃 필 무렵 · 이효석 그 많던 싱아는 누가 다 먹었을까 · 박완서
영문학	마지막 잎새 · 오 헨리 ┃ 크리스마스 선물 · 오 헨리 큰 바위 얼굴 · 나다니엘 호손 ┃ 나비 · 헤르만 헤세 노인과 바다 · 헤밍웨이 ┃ 갈매기의 꿈 · 리처드 버크 ┃ 베니스의 상인 · 셰익스피어 뚱뚱한 신사 · 워싱턴 어빙 ┃ 행복한 왕자 · 오스카 와일드
프랑스 문학	마지막 수업 · 알퐁스 도데 ┃ 별 · 알퐁스 도데 ┃ 어린 왕자 · 생텍쥐페리 목걸이 · 모파상
러시아 문학	이반 일리치의 죽음 · 톨스토이 ┃ 사람은 무엇으로 사는가 · 톨스토이 갈매기 · 안톤 체호프 ┃ 외투 · 고골리 ┃ 죄와 벌 · 도스토예프스키

외국어로 쓴 한국 이야기는 어떤 문학일까요?

너무도 당연한 이야기를 한다고 생각하는 학생들을 위해 질문을 하
나 할게요. 어려서 부모님과 함께 미국으로 이민을 간 사람이 있어요.
그는 한국말을 하지 못해요. 국적도 미국이죠. 그런 그가 부모님으로부
터 6.25 한국전쟁에 대한 이야기를 듣고, 그 이야기를 바탕으로 소설을
썼어요. 그렇다면 이 소설은 영문학일까요, 한국문학일까요? 미국인이
영어로 쓴 작품이니까 미국문학일까요? 한국전쟁에 대한 이야기라면

한국인의 경험이 담겨 있을 텐데 이런 부분은 무시해도 될까요? 여러분 생각은 어떤가요?

이런 경우는 일반적인 영문학과 구분해서 '한국계 미국문학'이라고 불러요. 여러분이 문학작품을 접하다 보면 많은 한국계 미국 작가들이 작품 활동을 하고 있다는 사실을 알게 될 거예요. 대표적인 작가로는 『네이티브 스피커』를 쓴 이창래(Chang-Rae Lee)와 『딕테』를 쓴 테레사 학경 차(Theresa Hak Kyung Cha) 등을 들 수 있어요.

문학을 구분할 때 보통 언어가 기준이 되지만, 오늘날과 같이 국제화되고 다문화된 사회에서는 그 언어를 사용하여 창작 활동을 하는 작가의 특수한 인종적, 문화적 배경도 고려하고 있어요. 만일 여러분들 중 다문화적 배경을 가진 학생이 한국인이 아닌 어머니 혹은 아버지의 경험을 한글로 쓴다면, 'OOO계 한국문학'이 되겠죠.

문학과 역사는 달라요

문학작품과 문학작품이 아닌 것을 구분하는 기준에 대해 학교에서 배웠을 거예요. 그중 여러분들이 가장 헷갈리는 것이 '운문으로 썼으면 모두 문학작품이다.'라는 선입견일 것 같아요. 문자로 기록된 글 중 운율이 있는 글은 모두 문학작품일까요? 이에 대해 그리스 철학자 아리스토텔레스는 명쾌하게 정리해 줍니다. 대략 기원전 4세기에 아리스토텔레스는 『시학(Poetics)』이라고 불리는 예술 이론서에서 그리스 역사가인 헤로도토스가 역사를 운문으로 썼다고 해서 그를 시인으로 부르지 않는다고 밝힙니다.

그렇다면 문학작품을 쓰는 작가와, 역사가처럼 비문학적인 글을 쓰는 작가를 구분하는 기준은 무엇일까요? 아리스토텔레스는 인과관계에 따라서 '일어날 수밖에 없는 것, 일어날 가능성이 많은 것, 또는 그럴 듯한 것(what is inevitable, what is probable, what is possible)'을 쓰는 사람이 작가라면, '이미 일어난 것(what has happened)'을 기록하는 사람을 역사가라고 구분합니다. 원인과 결과라는 원칙이 존재하는 한 이미 일어난 것을 바꾸는 것은 불가능해요. 우리는 보통 이것을 '사실', 영어로는 '팩트(fact)'라고 부릅니다. 셰익스피어와 같이 문학을 창작하는 작가들의 주된 관심은 사실 자체를 기록하는 것보다는 그것을 자신들의 상상력을 동원하여 다른 식으로 만들어내는 데 있어요. 예술을 나타내는 그리스어 단어 '포이에시스(poiesis)'가 원래 '만들다(making)'라는 의미를 가졌다는 점은 우연이 아닙니다. 이제까지 없었던 뭔가를 만들어내기 위해서는 상상력이 필요하잖아요.

문학은 언어의 그릇에 담긴 상상력의 산물

결국 문학작품의 기준은 운문으로 썼는가, 아니면 산문으로 썼는가가 아니라, 그 글의 목적이 사실의 기록에 있는가, 아니면 작가가 자신의 상상력과 감수성을 사용하여 그 사실을 기반으로 뭔가를 새롭게 만들어냈는가에 있는 것이지요.

비유적으로 표현하자면 문학은 언어로 짜인 그릇에 현실이나 삶이 제공하는 사실과 경험 등의 원재료를 넣고 감수성과 상상력이라고 부르는 작가의 고유한 발효제로 버무려서 얼마 동안 알맞게 숙성시켜 나온 산물이라고 할 수 있어요. 이렇게 발효시킨 문학작품은 원재료의 기본적인 성질을 가지고 있기는 하지만, 분명히 그것과는 또 다른 그 무엇이죠. 언어로 짜여진 그릇을 어떻게 형태를 잡는가에 따라서 시가 되기도 하고, 소설이 되기도 하며, 희곡이 되기도 하는 것이고요. 보통 문학은 시, 소설, 희곡, 수필, 평론 등으로 나뉘기도 하지요. 이것을 '장르'라고 해요. 문학의 갈래 혹은 문학의 분류라고 하기도 하죠.

정답이 아닌
자신의 답을 찾는 게 중요해요

문학은 같은 작품이라도 누가 어떻게 해석하는가에 따라서 의미가 달라져요. 사람마다 생각이 다르고 경험이 다르기 때문이죠. 이것이 문학을 읽고 연구하는 하나의 큰 재미이자, 문학이 줄 수 있는 고유한 자유로움이에요.

예를 하나 들어볼게요. 제가 재미있게 연구하는 작품 중 하나가 『캔터베리 이야기』예요. 이 작품을 쓴 제프리 초서는 14세기 말에 활동한 영국 작가로 셰익스피어를 비롯한 후대의 작가들에게 많은 영감을 줘서 '영국문학의 아버지'로 불리죠. 그의 대표작이 『캔터베리 이야기』예요. 이 책에 소개된 단편 중 「바쓰 여장부의 이야기」라는 작품이 있어요. 이 이야기의 화자는 바쓰 출신의 성공한 직물 사업가 앨리슨인데, 이 여성에 대한 평가가 연구자들 사이에서 의견이 분분해요. 선생님이 이야기를 들려줄 테니 여러분들도 한번 평가해 보세요.

캔터베리로 가는 순례자 중 한 명인 앨리슨은 행색부터 대단히 독특해요. 방패같이 큰 모자를 쓰고 선홍색 스타킹을 신었으며 신발 뒤에는 박차를 달았어요. 발도 무척 큰 데다 앞니가 벌어져 결코 아름답다고 할 수 없는 외모였죠. 하지만 그녀는 특유의 입담으로 사람들을 끌어모아요. 결혼도 다섯 번이나 했어요. 지금도 그렇지만 당시로서는 엄청 파격적인 일이었죠. 여자가 사업가로 성공한 것도, 결혼을 다섯 번이나 한 것도 흔한 일은 아니었거든요. 잠시 그녀의 남편을 소개하자면, 첫 번째, 두 번째, 세 번째 남편은 모두 부자였어요. 하지만 안타깝게도

『캔터베리 이야기』를 추천합니다

만물이 겨울잠에서 깨어나는 4월의 어느 봄날, 성지 순례를 가기 위해 29명의 사람들이 런던의 템스 강 남쪽에 있는 한 여관에 모여요. 출발 전 여관주인 헤리 베일리는 한 가지 제안을 하죠. 순례 기간 동안 가장 교훈적이면서도 가장 재미있는 이야기를 하는 순례자에게 저녁을 대접하겠다고 말이에요. 그렇게 해서 내기가 시작되고, 이 책의 이야기도 시작돼요. 「기사 이야기」, 「방앗간 주인 이야기」, 「수녀원 신부 이야기」 등과 같은 순례자들의 이야기를 읽다 보면 아름다운 여인을 사랑하는 중세 기사가 되기도 하고, 꿈을 믿어야 할지 말아야 할지에 대하여 고민하는 수탉이 되기도 하고, 억울하게 모함을 당해서 집을 떠나야 하는 여인이 될 기회를 갖게 될 거예요.

그녀보다 나이가 훨씬 많아 일찍 세상을 떠났죠. 네 번째 남편은 나이는 많지 않았지만 또 다른 갈등으로 부부사이가 원만하지 않았어요. 네 번째 남편이 죽자 그녀는 자기보다 스무 살이나 어린 젠킨과 결혼을 해요. 젠킨은 옥스퍼드 대학 출신의 엘리트로 가난하지만 똑똑한 청년이었어요.

하지만 둘은 결혼 후에 자주 싸웠어요. 앨리슨은 20대 남자와 싸워도 지지 않을 만큼 힘도 세고 돈도 많았죠. 그러자 남편은 앨리슨을 길들이려는 목적으로 남자의 권위를 무시하고 남자를 파멸에 이르게 한 '나쁜' 여성들에 대한 예를 끝도 없이 늘어놓았죠. 아담으로 하여금 먹지 말아야 할 선악과를 먹게 한 이브 이야기, 악처로 잘 알려진 철학자 소크라테스의 부인 이야기……. 참다 못한 앨리슨은 남편이 쏟아내는 이야기가 담긴 책들을 찢어버리죠. 그래도 화가 풀리지 않자 남편을 바닥에 내동댕이쳐요!

만약 여러분이 「바쓰 여장부의 이야기」를 연구한다면 그녀를 어떻게 평가하겠어요? 남편을 구박하는 악처인 '나쁜' 여성으로 평가할까요? 아니면 자기주장이 강한 독립적인 여성으로 평가할까요?

실제로 연구자들 사이에서 의견이 엇갈려요. 서로 관점이 다르기 때문이죠. 같은 인물이라도 연구자에 따라 다르게 해석하는 일이 문학에서는 자주 일어난답니다.

• 바쓰 여장부 앨리슨 •

순례를 떠나는 앨리슨의 모습이에요.
행색이 독특하죠?
여러분은 앨리슨이 나쁜 여성이라고 생각하나요?
아니면 능력 있고 독립적인
여성이라고 생각하나요?

문학이 성적과 만나는 순간

안타깝게도 여러분은 문학작품을 제대로 음미할 겨를이 없을 거예요. 시험에서 좋은 성적을 받기 위해서 교과서에 실린 각 문학작품에 대한 주제, 배경, 작가의 의도 등에 대한 모범답안을 외우고 공부해야 할 테니까요. 그래서 많은 학생들이 문학에 대한 흥미를 잃는 게 아닌가 싶어요. 저 역시도 같은 과정을 거쳤어요. 참고서에 줄을 그어가며 시와 소설에 대한 해석을 외웠고, 주제를 외웠고, 작가를 외웠죠.

하지만 문학은 수학이나 과학, 경제학, 경영학, 법학 등과는 이해하는 방식이 달라요. 좀 거칠게 말하자면 앞의 학문들이 주로 객관적인 사실이나 데이터를 다루는 학문이라면, 문학은 앞에서 설명한 것처럼 다분히 주관적인 학문이에요. 작가가 자신의 상상력과 감수성 및 경험에 의해 사람과 삶이라는 원재료를 새롭게 가공한다는 점에서 말이에요. 그러니 이제부터 문학작품을 읽을 때 참고서에 나와 있는 해석 외에 자신만의 해석을 시도해 보세요.

청소년 필독서
『제인 에어』 함께 읽기

제인은 어떤 인물일까요?

19세기 영국 여성 작가인 샬럿 브론테(Charlotte Borntë)가 쓴 『제인 에어(Jane Eyre)』라는 소설을 여러분들도 들어보았거나 읽어보았을 거예요. 제게는 아주 특별한 책이랍니다. 영문학과를 선택하게 된 간접적인 이유가 된 작품이거든요.

소설의 여주인공인 제인 에어는 아기였을 때 부모님을 잃고 외삼촌댁에 맡겨져요. 제인은 조그마한 키에 창백한 얼굴을 한, 한마디로 별로 예쁘지도 않고 고집만 센 아이였죠. 게다가 가난했어요. 외삼촌이 돌아가시자 제인을 싫어했던 숙모는 그녀를 로우드 기숙학교에 보내죠. 기숙학교에서 가장 친한 친구의 죽음과 춥고 배고픈 시절을 견뎌낸 제인은 어엿한 선생님으로 성장합니다.

로우드 학교를 벗어나 새로운 세계를 경험하고 싶은 제인은 대범하게도 신문에 가정교사 자리를 원한다는 구직 광고를 내요. 그 결과 손필드 저택에서 아델이라는 프랑스 태생의 여자아이를 가르치게 되죠. 이곳에서 그녀는 손필드의 실질적인 주인인 에드워드 로체스터와 사랑에 빠져요. 자신보다 무려 스무 살이나 연상인데도 말이죠.

솔직하고 당찬 제인의 매력

제인이 예쁠 것도 없는 사고무친의 고아라는 보잘것없는 배경을 가졌다면, 로체스터는 부자였고, 교육도 잘 받은 상류층의 신사였어요. 하지만 겉으로 보이는 것과 달리 그는 큰 아픔을 간직하고 있었죠. 사람들은 그를 미혼으로 알고 있었지만, 사실 그는 돈에 눈이 먼 아버지의 강요에 못 이겨 20대 중반에 결혼을 했어요. 그런데 결혼생활이 행복하지 않았죠. 그의 아내 쪽 집안은 유전적으로 정신병을 앓았고, 그녀 역시 곧 정신병에 걸리고 말았죠. 결국 로체스터는 그녀를 손필드 저택 옥탑 방에 몰래 감금해 두고 정처 없이 유럽을 떠돌았어요.

십여 년을 그렇게 헤매 다니던 끝에 운명처럼 제인을 만난 것이죠. 그의 눈에 제인은 특별했어요. 어린아이같이 순수하고 때론 수녀같이 절제된 듯하지만 스무 살이나 연상이자 고용주인 자신 앞에서 자기 의견을 차분하면서도 솔직하게 표현하는 제인의 모습에 반해버린 거죠. 하지만 로체스터는 제인에게 자신의 감정을 표현하지 못해요. 그런 로체스터에게 제인은 다음과 같이 말하죠.

> 당신은 제가 여기 손필드에 계속 머물면서 당신에게 아무런 의미도 없는 사람으로 지낼 수 있다고 생각하세요? 제가 아무런 감정도 없는 기계라도 되는 줄 아세요? 제 입에서 빵 조각을 낚아 채가고, 제가 마시는 컵에 담긴 생명수를 엎지르는데도 제가 참고 있을 수 있다고 생각하세요? 가난하고, 작고, 예쁘지도 않은 보잘 것없는 존재라고 해서 제가 영혼도 없고 가슴도 없는 줄 아세요? 그렇게 생각한다면 당신은 한참 틀렸어요! 저는 적어도 당신만큼 영혼과 가슴을 가진 존재라구요!(『제인 에어』 제23장)

> Do you think I can stay to become nothing to you? Do you think I am an automaton? a machine without feelings? And can bear to have my morsel of bread snatched from my lips, and my drop of living water dashed from my cup? Do you think, because I am poor, obscure, plain, and little, I am soulless and heartless? You think wrong! I have as much soul as you, and full as much heart! (*Jane Eyre* Ch. 23)

정말 솔직하고 당차죠? 이런 제인이기에 지금도 많은 사람들로부터 사랑을 받고 있어요. 어려운 환경 속에서도 자존감을 지키면서 어려움을 극복해 나가는 제인의 모습에서 희망과 용기를 얻는 거죠. 이런 이유에서 제인은 지금도 많은 예술가에게 영감을 주고 있으며, 그녀에 대한 영화와 뮤지컬이 계속 만들어지고 있다고 생각해요.

로체스터의 감동적인 사랑 고백

로체스터에게는 제인이 자신보다 한참 어리고 가난한 고아라는 사실이 별로 중요하지가 않아요. 로체스터가 자신의 마음을 제인에게 고백하는 내용을 한번 같이 살펴볼까요?

젊은 시절과 중년의 나날을 절반은 말로 표현할 수 없는 비참함 속에서 절반은 깊은 고독 속에서 보낸 뒤에 생전 처음으로 내가 진정으로 사랑할 수 있는 사람을 발견했소. 제인 당신을 발견한 것이오. 당신은 나의 연민이자, 나의 더 나은 자아며, 나의 착한 천사요. 나는 아주 강한 애착으로 당신에게 묶여 있소. 나는 당신이 선하고, 재능을 타고났고, 사랑스러운 사람이라고 생각하오. 당신을 향한 강렬하고 엄숙한 열정이 내 가슴 속에 자리를 잡았소. 당신을 향한 이 열정이 당신을 바라고, 당신을 내 생명의 근원이자 중심으로 끌어당기며, 나라는 존재로 당신 주위를 에워싸게 하오.(『제인 에어』 제27장)

After a youth and manhood passed half in unutterable misery
and half in dreary solitude, I have for the first time found
what I can truly love I have found you. You are my sympathy
my better self my good angel I am bound to you with a
strong attachment. I think you good, gifted, lovely: a fervent,
a solemn passion is conceived in my heart; it leans to you,
draws you to my centre and spring of life, wraps my existence
about you... (*Jane Eyre* Ch. 27)

누군가에 대한 우리의 평가는 그 사람의 외모, 사회적 지위, 학벌,
경제적 수준 등과 같은 외적인 조건들에 의해 좌우되곤 합니다. 『제인
에어』가 쓰였던 19세기 빅토리아 시대 영국의 상황은 지금보다 몇 배
는 더 그러했어요. 부유한 상류층 고용주인 로체스터와 가난한 고아인
데다 가정교사인 제인의 사랑은 빅토리아 시대의 현실과는 사뭇 거리
가 있죠. 오히려 로체스터는 자신의 높은 사회적 신분과 재산을 이용하
여 자신보다 열등하고 취약한 입장에 있는 제인을 아랫사람 다루듯이
함부로 대할 수도 있었을 거예요. 그리고 제인처럼 보잘것없는 여자에
게 특별한 감정을 품은 자신을 부끄럽게 여기고 자신과 제인을 속이고
위선적으로 행동할 수도 있었겠죠. 하지만 로체스터는 그렇게 하지 않
았어요. 대신에 그는 자신이 제인에게 느끼는 감정을 인정하고 받아들
이면서 마음을 열고 제인에게 다가가죠. 그의 고백이 감동적이고 아름

다운 것도 이 때문일 거예요. 지금도 선생님은 로체스터가 제인에게 자신의 마음을 고백하는 이 구절을 읽을 때면 가슴이 뭉클해지고 설렌답니다.

예상 밖의 사건이 일어날 경우 어떻게 행동할까요?

아마도 여러분은 제인과 로체스터의 사랑이 소설, 즉 꾸며낸 이야기이기 때문에 가능하다고 말할 수도 있을 거예요. 문학은 현실 속에서 일어나기 힘든 일을 상상하기도 하니까요. 물론 그것이 문학의 특권이며, 우리가 문학을 읽는 이유이기도 해요.

여기서 선생님은 로체스터가 제인을 사랑하게 되는 경우를 우리의 일상과 연결 지어 생각해 보고 싶어요. 많은 경우 우리의 삶은 원래 우리가 기대했던 것과는 다른 방향으로 흘러가며, 우리가 예상했던 것과는 다른 결과를 보여주기도 하잖아요.

로체스터 입장에서 보면, 그가 제인이라는 여자를 사랑하게 된 것은 예상 밖의 '사건'이라고 할 수 있어요. 이와 같은 예상 밖의 사건이 일어날 경우 우리는 보통 두 가지로 반응합니다. 하나는 그것을 부정하고 거부하는 것이며, 다른 하나는 그것을 인정하고 받아들이는 거예요. 먼저 사실을 부정하고 거부할 때 그 사건은 단지 인생에서 겪어야 하는 많은 성가신 일 중 하나가 되며, 별다른 변화없이 예전의 모습으로 살아갈 가능성이 매우 커요. 좋은 의미에서건 나쁜 의미에서건 말이에요. 하지만 우리가 인정하고 받아들이려 할 때 사정은 많이 달라집니다. 이제까지 기대하지 못했던 상황을 받아들이기 위해서는 우리 자신이 변해야 해요. 예전과 같은 마음가짐으로는 새로운 상황을 받아들일 수가 없죠. 그렇다면 달라지기 위해서는 무엇이 필요할까요? 우선 우리 자신이 기대하지 못했던 상황이 발생한 것에 대해서 당황하고 실망하고 때로는 아파한다는 것을 인정하고 그런 자신을 받아주는 태도예요. 또한 그 상황과 관련하여 상대방의 입장에서 보는 것, 곧 타인과 공감하려 노력하는 것이죠. 이것이 가능해질 때 우리는 자신뿐만 아니라 이웃에게 좀 더 관대해질 수 있어요.

제인과 로체스터에게 무엇을 배울 수 있을까요?

만약 로체스터가 제인이 가진 외적 조건으로만 그녀를 평가하고 그녀를 향한 자신의 감정을 외면했다면 그의 삶은 어떻게 되었을까요? 로체스터는 이제까지 남들에게 비춰진 대로 부유한 상류층 미혼 남성으로서의 삶을 살았을 거예요. 하지만 그것은 자신의 솔직한 감정을 부정한 대가로 얻은 것이기 때문에 그는 결코 행복하지 않았겠죠. 또한 자신을 그토록 힘들게 하고 방황하게 만들었던 어두운 과거의 상처로부터 영영 헤어나올 수도 없었을 거고요. 이와는 반대로, 그가 제인을 향한 자신의 마음을 인정하고 그녀에게 진실한 모습으로 다가간 것은 자기 부정과 위선으로 가득 찼던 과거로부터 벗어나려는 용기 있는 결정으로 볼 수 있어요. 물론 그 과정에서 로체스터 자신과 제인이 일정 기간 동안 아픔을 겪지만요. 하지만 이들이 겪는 아픔은 예전에 자신들의 의지와는 상관없이 숙모나 아버지에 의해서 일방적으로 강요되었던 고통과는 분명 의미가 다르죠. 오히려 각자 자신을 인정해 주고 받아들이는 과정에서 겪는, 자신들이 스스로 선택한 아픔이죠. 결국 이 아픔은 이들을 치료하고 구원할 뿐만 아니라 서로를 위해 자신을 준비시켜 주는 힘의 원천이 돼요.

어때요? 선생님과 함께 『제인 에어』를 읽은 느낌이 어떤가요? 『제인 에어』를 이미 읽은 학생이라면 혼자 읽을 때의 느낌과 비교해 보세요.

『제인 에어』의 작가 샬럿 브론테에 대하여

19세기 영국은 완벽한 남성 중심 사회였어요. 남성은 밖에서 돈을 버는 사람, 여성은 집안일을 해야 하는 사람이라는 인식이 강했죠. 뿐만 아니라 여성은 남성의 말에 복종해야 한다고 굳게 믿었어요. 사회 분위기가 이렇다 보니 샬럿 브론테는 『제인 에어』를 자신의 이름이 아닌 커러 벨이라는 남성 작가 이름으로 발표했어요. 하지만 얼마 후 작가가 여성이라는 사실이 알려지면서 모두가 깜짝 놀랐죠. 여성이 자신의 이름으로 소설을 발표한다는 것은 당시로서는 상상하기 힘든 일이었거든요. 샬럿 브론테는 『폭풍의 언덕』을 쓴 에밀리 브론테의 언니예요. 막내 앤 브론테도 작가였어요. 어려서 엄마를 잃고 세 자매가 서로를 의지하며 살아서 자기 주관이 매우 뚜렷했다고 해요.

또 아직 이 책을 읽지 못한 학생들은 하루라도 빨리 읽어보시고요. 선생님은 이 책을 읽고 영문학과에 진학하겠다는 꿈을 키워 나가게 되었어요. 여러분에게도 『제인 에어』는 의미 있는 작품이 될 거라고 믿어요.

아서 왕과 원탁의 기사 함께 읽기

원탁의 기사, 성배를 찾아 떠나다

이번에 같이 읽을 책은 여러분들이 잘 알고 있는 아서 왕과 원탁의 기사에 관한 책이에요. 선생님은 어려서 만화로 아서 왕 이야기를 접했어요. 아서 왕과 원탁의 기사 이야기는 만화 외에도 영화와 게임 등 다양한 장르로 만들어졌고 지금도 계속 만들어지고 있죠. 그만큼 인기가 있다는 증거겠죠?

우리가 같이 읽을 아서 왕과 원탁의 기사 이야기는 토마스 말로리가 쓴 『아서 왕의 죽음』이에요. 아서 왕의 전설에 관한 많은 책 중에서 영어로 쓴 가장 뛰어난 작품으로 평가되고 있죠.

 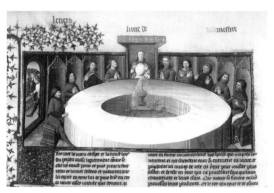

• 아서 왕(左) •

6세기 경 고대 영국을 통치한 전설의 왕으로,
정의롭고 용감하며 관대한 군주로 알려져 있어요.

• 원탁의 기사(右) •

아서 왕 옆에는 항상 원탁의 기사들이 함께 있어요.
원탁과 원탁의 기사들은
아서 왕과 귀네비어가 결혼할 때
귀네비어의 아버지가 선물한 것이에요.

『아서 왕의 죽음』을 구성하고 있는 여러 이야기 중 하나인「성배 이야기」에서 그려지는 란슬롯이라는 기사에 대하여 여러분과 함께 생각해 보고 싶어요.

「성배 이야기」는 원탁의 기사들이 성배를 찾아 떠난 모험 이야기예요. 이야기는 이렇게 시작되죠. 어느 성령강림절에 아서를 비롯한 모든 원탁의 기사들이 모여 있는 자리에 하얀 비단 천에 덮인 성배가 나타났다 사라져요. 성배는 말 그대로 성스러운 잔인데, 전설에 따르면 성배는 예수가 최후의 만찬 때 썼던 잔이면서, 또 그가 십자가에 못 박혀 흘린 피를 예수의 제자가 이 잔에 받았다고 해요. 하지만 누구도 성배를 직접 보거나 만질 수 없었다고 전해지죠.

란슬롯과 갈라하드

성배가 나타난 사건 이후 원탁의 기사들은 성배를 찾기 위한 모험을 떠나게 돼요. 그들 중에는 란슬롯과 그의 아들 갈라하드도 포함되어 있죠. 이야기는 란슬롯이 아니라 아들 갈라하드 중심으로 전개돼요. 란슬롯은 아들과 비교되죠. 란슬롯은 훌륭한 기사지만 성배를 찾는 모험에서는 성공할 수 없으며 갈라하드가 오래전부터 성배를 찾을 기사로 예언되죠. 갈라하드가 때묻지 않은 순수함을 지닌, 그리고 신의 은총을 입은 선택받은 자를 상징한다면, 란슬롯은 최고의 기사라는 자만심에

• 란슬롯 •

란슬롯은 원탁의 기사들 중 최고의 기사이며
용모도 출중했어요.
원래 프랑스의 왕자인데 자신의 사촌들과 함께
아서 왕이 있는 영국에 와서
그의 신하가 되었죠.

빠져서 하느님이 자신에게 베풀어주신 은총을 잊은 죄 많은 인물로 그려져요. 그는 계속해서 죄를 짓고, 후회하고, 자책하죠.

수도자나 사제가 란슬롯의 죄를 언급할 때마다 그는 슬피 울면서 그 사실을 인정해요. 그와 똑같이 죄를 짓고도 자신의 죄를 인정하지 않고 어물쩍 넘어가려 하는 기사들도 많은 반면, 그는 짐승의 거친 털로 속옷을 만들어 입고 금식을 하는 등의 고행을 하죠. 실낱 같은 머리카락 한 올만 살에 붙어도 따갑고 불편한데, 몸을 움직일 때마다 뻣뻣한 짐승의 털이 살을 긁는다고 상상해 보세요. 란셀롯은 성배 미션을 수행하는 일 년 동안 이렇게 지냈다고 해요.

갈라하드의 유일한 관심은 성배를 찾는 거예요. 다른 기사들이 세속적인 유혹에 넘어갈 때에도 갈라하드는 성배를 찾는 데만 집중하죠. 그리고 마침내 성배를 찾아요. 란슬롯은 성배를 어렴풋하게 볼 뿐 결국은 성배를 찾는 데 실패하죠.

진정한 영웅은 누구일까요?

따라서 「성배 이야기」의 히어로로는 갈라하드라고 생각하기 쉬워요. 성배를 찾는 모험에서 당연히 성배를 찾은 이가 승자니까요. 그런데 수업 시간에 학생들과 이야기를 나눠 보면 의외로 이 이야기의 진정한 영웅은 란슬롯이라고 평가하는 경우가 많아요.

물론 갈라하드는 흠 잡을 데가 없는 인물임에 틀림없어요. 도덕적으로 어떤 결함도 없고, 어떤 유혹도 받지 않는 완벽한 캐릭터죠. 하지만 아이러니하게도 바로 이 점 때문에 많은 이들이 갈라하드를 승자로 꼽지 않아요. 너무나 완벽하기 때문에 우리와 같은 평범한 사람들이 동질감을 전혀 느낄 수가 없는 거죠. 완벽한 그가 성배를 찾는 미션에 성공하는 것은 오히려 당연한 일로 생각될 정도지요. 그는 아주 오래전부터 성배를 찾을 기사로 예언된 선택받은 인물이니까요.

반면 란슬롯은 성배를 찾는 신성한 임무를 수행하기에 흠이 많은 인물로 비춰지지만 읽는 이로 하여금 연민과 함께 동질감을 느끼게 합니다. 최고의 기사라는 찬사에 자랑스러워하고, 실수를 하고 반성한 후에 또 실수를 하고, 죄를 지은 후에 눈물로 후회하는 그의 모습에서 바로 우리의 모습을 볼 수 있기 때문이죠. 타인의 칭찬에 아무렇지도 않은 듯 초연할 수 있는 사람이 과연 얼마나 될까요? 말과 행동에서 똑같은 실수를 반복하는 경우는 또 얼마나 많은가요?

이런 관점에서 볼 때「성배 이야기」는 성배를 찾아 떠난 영웅들의 이야기가 아니라 인간은 모두 실수와 잘못을 반복하는 불완전한 인간이라는 진리를 깨닫게 해주는 이야기라고 할 수 있어요.

어때요? 아서 왕과 원탁의 기사들이 새롭게 보이지 않나요? 이것이 바로 문학의 매력이랍니다.

• 갈라하드 •

성배를 찾을 수 있는 최고의 기사에게 허락된
칼과 방패를 든 갈라하드의 모습이에요.
여러분은 「성배 이야기」에서
진정한 승자가 누구라고 생각하나요?

청소년에게 문학을 권하는 이유

문학작품을 읽어야 하는 이유는 뭘까요?

이제까지 우리는 두 편의 문학작품을 함께 읽어봤어요. 두 편을 함께 읽은 것만으로도 여러분은 문학적으로 매우 소중한 경험을 한 거예요. 선생님이 여러분에게 이 작품들을 소개한 것은 그 내용을 함께 살펴보기 위한 것도 있지만 또 다른 이유도 있어요.

아마도 여러분은 선생님이나 부모님으로부터 문학작품을 읽으라는 이야기를 많이 들었을 거예요. 왜 어른들은 여러분에게 문학작품, 특히 고전문학 작품을 많이 읽으라고 그토록 강조할까요? 그 이유에 대해 생각해 본 적이 있나요? 아마 여러분은 앞에서 이야기한 작품을 읽으면서 이 질문에 대해 어느 정도 답을 찾았을 거예요.

선생님은 중학교 1, 2학년 때 닥치는 대로 책을 읽었어요. 대부분이 우리말로 번역된 세계문학이었죠. 책을 읽다가 새벽녘에야 잠이 들기도 하고, 새벽에 일어나서 책을 읽기도 했어요. 책가방에 친구들이나 선생님으로부터 빌린 책을 넣고 집에 올 때면 가방 안에 책이 잘 있는지 몇 번이나 확인하곤 했어요. 마치 아주 값비싼 보물을 비밀리에 운반하듯 말이에요. 저녁을 먹고 가족들이 모두 잠자리에 든 고요한 밤에 마침내 책을 펼칠 때의 그 기다림과 설렘을 아직도 기억해요.

사춘기 시절 저에게 문학작품은 새로운 세상과 만날 수 있는 소중한 계기이자 공간이었어요. 학교와 집을 오가며 공부에 전념해야 하는 저에게 작품 속 인물들의 삶은 그야말로 별천지였죠. 멋진 사람과의 사랑, 꿈을 향한 질주, 역경을 딛고 마침내 '정의' 혹은 '선'이 승리하는 감동의 순간…….

작품 속 인물들의 삶 속으로 걸어 들어가는 것은 또 얼마나 흥미로운 경험이었는지 몰라요. 그들을 통해 선생님은 이 세상에는 무척이나 다양한 사람들이 함께 살아가고 있다는 것을, 힘든 일을 잘 견뎌내면 기쁜 일이 기다리고 있다는 사실을, 다른 사람의 마음을 헤아리는 배려심을 배울 수 있었어요.

선생님은 지금도 문학작품이 우리 내면에 불러일으키는 이런 치유와 공감의 경험, 그리고 이해와 배려의 능력을 믿어요. 그리고 이것이 우리가 문학작품을 읽는 이유라고 생각해요. 또한 이것 때문에 인류가 지속되는 한 문학은 계속되리라 믿어요.

문학을 읽을 때 가장 중요한 자세

문학작품을 읽는 것은 나 자신을 이해하고 받아들이고 확장하는 경험의 시작이라고도 할 수 있어요. 그렇기 때문에 문학작품을 읽을 때 가장 중요한 자세는 자신이 등장인물이라고 생각하는 거예요. 나를 인물의 입장에서 놓고 생각하지 않으면 문학은 이해하기 어렵고 재미없는 과목이 돼요. 그래서 선생님은 수업 시간에 학생들에게 "만약 네가 그/그녀라면, 너는 어떻게 하겠니?"라는 질문을 많이 해요.

이런 연결 혹은 접속하는 훈련을 통하여 작품 속 인물들과 공감대를 만들어 가면 전에는 이해할 수도 없었고 보이지도 않았던 새로운 세상을 경험할 수 있어요. 문학작품을 읽는 것은 나와 나 아닌 다른 사람을 이해하고 받아들이는 경험이 되며, 이런 경험은 일차적으로는 나를 바꾸고 나아가서는 세상을 좀 더 살 만한 곳으로 바꿀 수 있는 힘이 되죠. 문학이 중요한 이유가 바로 이것이며, 여러분들이 다양한 문학작품을 많이 읽어야 하는 것도 이 때문이에요.

이런 연습을 하다 보면 여러분들만의 생각이 생길 거예요. 반대로 이런 연습을 하지 않으면 문학이 재미없는 공부거리일 뿐이죠. 문학을 가르치면서 가장 안타까운 경우가 학생들에게 본인의 생각을 물으면 스스로 생각하기보다 어서 빨리 답을 알려주기를 기다릴 때예요.

지금 여러분이 정말 원하는 것이 뭔가요?

수업시간에 선생님은 대학생 언니 오빠들에게 자주 묻습니다.
"네가 정말 원하는 것은 무엇이니?"
이 글을 마무리하면서 여러분에게도 이 질문을 하고 싶어요. 선생님의 질문에 여러분은 어떻게 대답하겠어요?
아마도 여러분은 학교와 학원을 오가느라 정작 여러분 자신이 무엇을 원하는지는 생각해 볼 여유가 없었을 거예요. 또 이런 질문은 대학에 합격하고 난 후에 하면 된다고 생각했을지도 모르죠. 하지만 선생님 생각은 달라요. 이 질문은 평생에 걸쳐 묻고 또 물어야 할 질문이며, 특히 청소년기에 반드시 자신에게 물어야 하는 질문이라고 생각해요. 이런 질문을 거쳐 대학의 학과나 장래 진로를 선택하는 것이 진정 자기 자신이 원하는 삶을 살 수 있는 지혜로운 과정이라고 생각해요.
이 질문에 대해 생각하는 게 그리 거창한 일은 아니에요. 지금부터라도 자신이 정말 원하는 것이 무엇인지, 그리고 왜 그것을 원하는지 스스로에게 질문하고 답하는 연습을 해보세요. 책 한 권을 읽더라도, 영화 한 편을 보더라도, 내가 왜 그것을 읽는지, 왜 그것을 보는지를 스스로에게 묻고 답하는 습관을 가져 보세요. 그런 질문을 하고 답을 하는 과정을 통해 자신을 이해하고 긍정할 수 있게 되며, 그런 자기 이해와 자기 수용은 타인을 이해하고 받아들일 수 있는 능력의 원천이 된다는 것을 잊지 마세요.

나에 대해 아는 것은 아주 소중해요

인문학은 정신과 육체를 가진 인간 혹은 사람을 이해하는 학문이라고 말할 수 있어요. 그리고 사람에 대한 바른 이해는 바로 '나'에 대한 바른 이해에서 출발하죠. '나'에 대한 바른 이해는 "내가 정말 원하는 것은 무엇인가?"라는 이 짧은 질문에서부터 시작해요. 비록 지금 당장에는 원하는 대로 대답할 수는 없다 해도 내가 그것을 원한다는 점을 스스로 인정하고 긍정하는 경우와 그렇지 못한 경우의 삶은 차이가 날 수밖에 없어요. 자신이 무엇을 원하는지를 아는 사람은 그것을 꿈꾸게 되고, 이루고자 노력하게 되기 때문이에요.

선생님은 여러분들이 자신이 원하는 것을 찾고 그것을 이루고자 꿈꾸는 사람이 되기를 희망합니다. 영국의 수도인 런던의 지하철에 "We don't stop playing because we get old but we get old when we stop playing."이라는 문구가 새겨져 있어요. 선생님은 playing을 dreaming으로 바꿔서 생각해 봤어요.

"We don't stop dreaming because we get old but we get old when we stop dreaming. 우리가 늙기 때문에 꿈꾸기를 멈추는 것이 아니라, 꿈꾸기를 멈출 때 우리는 늙는 것이야."라고.

여러분이 꿈을 갖고 키워 나가는 데 문학작품이 분명 도움이 될 거라고 선생님은 확신해요.

꼭 알아야 할 문학 용어

문학의 기초를 쌓으려면 이와 관련한 용어를 이해해야 해요.
많은 용어 중 문학작품을 이해하는데 핵심이 되는 5가지를 꼽아봤어요.
같이 살펴볼까요?

인물 I Character

작품 속에 등장하는 사람을 가리켜요. 영문학에서는 인물을 크게 '라운드(round)' 캐릭터와 '플랫(flat)' 캐릭터로 구분해요. 'round'는 '둥글둥글한'이라는 의미인데, 그럼 '둥근' 인물은 어떤 인물일까요? '라운드' 캐릭터는 시간이 경과하면서 성격이 변하는 인물이에요. 어떤 사건의 경험이나 어떤 사람과의 만남을 통해 원래 인물이 가지고 있던 것과는 다른 생각, 감정, 가치관, 행동 등을 보이게 될 때 우리는 인물이 변화를 겪었다고 말하고, 그런 인물을 '라운드 캐릭터'라고 불러요.

그럼 라운드 캐릭터와는 달리 처음부터 끝까지 변하지 않는 캐릭터는 어떻게 부를까요? 정답은 '플랫 캐릭터'예요. 'flat'은 '납작한'이라는 의미잖아요. 그래서 인물의 내면이 빈약하여 이야기를 시작해서 마칠 때까지 전혀 변화가 일어나지 않는다는 것을 의미해요.

문학 작품의 주인공은 대부분 라운드 캐릭터인 경우가 많아요. 무언가를 느끼고 배워서 이야기가 시작될 때와 비교해 볼 때 달라진 인물이 주인공이 되는 경우가 대부분이지요. 우리는 그런 주인공을 남자인 경우에 '히어로(hero)', 여자인 경우에 '히어로인(heroine)'이라고 불러요.

플롯 I plot

소설, 드라마, 혹은 경우에 따라서는 시 작품도 시간의 흐름을 보이는 행동이나 사건들로 구성되어 있어요. 플롯은 그런 행동과 사건들이 어떻게 전개되는가에 대하여 설명해 주는 문학 장치이면서 용어예요. 잘 짜여진 플롯은 행동 혹은 사건 간의 원인과 결과를 말해 주죠.

영문학자들이 플롯을 설명할 때 드는 유명한 예로 한번 설명해 볼게요. "The king died, and then queen died."라는 문장과 "The king died, and then the queen died of grief."문장을 비교해 보세요. 첫 번째 예문은 우리말로 "왕이 죽고 나서 왕비도 죽었다."로 해석할 수 있고, 두 번째 예문은 "왕이 죽자 왕비는 (왕을 잃은) 슬픔으로 죽었다."로 해석할 수 있어요. 그럼 이 두 예문 중에서 어떤 것이 플롯을 더 잘 설명하고 있는지 맞춰 보세요. 조금 전에 제가 "플롯은 행위들 혹은 사건들 간의 원인과 결과를 말해 줘요."라고 말했지요? 이 설명을 듣고 두 문장을 다시 읽어 보면, 두 번째 문장인 "The king died, and then the queen died of grief."가 왕비가 죽은 사건의 원인이 왕을 잃은 슬픔에서 비롯되었음을 더 잘 표현하고 있다는 것을 알수 있어요.

배경 I setting

실제 삶에서 사람들이 진공 상태에서 살거나 고립되어 홀로 존재하지 않는 것과 마찬가지로, 문학작품 속의 인물들도 주어진 환경에서 다른 인물들과 상호 작용하며 살아가요. 작품 속 인물들은 보통 자신들이 처해진 환경과 밀접한 관련을 맺는 것으로 그려지는데, 인물들이 처한 환경, 상황, 혹은 백그라운드(background)를 보통 배경이라고 부르지요. 흔히 배경이라고 하면 장소나 사물이 전부인 것으로 생각하기 쉽지만, 사실은 배경에는 특정한 시간적, 사회적 상황도 포함돼요. 흔히 앞에 나온 예를 '공간적(spatial)' 배경이라고 부르고, 뒤에 나온 예를 '시간적(temporal)' 배경이라고 해요. 『제인 에어』를 예로 한번 들어볼까요? 이 소설 작품의 '공간적 배경'은 어딜까요? 제인의 외삼촌집, 로우드 기숙학교, 손필드 등이 되겠지요. 그럼 시간적 배경은요? 여성과 남성, 상류층과 그렇지 못한 계급 간의 차이가 분명했던 빅토리아 시대라고 볼 수 있어요. 만약 소설이나 드라마, 또는 시 작품에 배경이 없다면 어떨까요? 그런 문학작품은 자연이 빠진 풍경화만큼 삭막하고 재미가 없을 거예요.

「뜻대로 하세요」의 한 장면

비유 | Metaphor

오래된 팝송 가사 중에서 "You are my Sunshine, my only Sunshine(당신은 나의 태양, 나의 유일한 태양)."이라는 표현이 있어요. 혹시 들어본 적이 있나요? 이 표현이 비유의 좋은 예라고 볼 수 있어요. 우리말로 '당신 또는 너'를 의미하는 'You'는 분명히 사람이에요. 그리고 'Sunshine'은 햇빛이에요. 그런데 이 노랫말에서 사람인 You가 무생물인 Sunshine과 동일한 것으로 표현해요. 이와 같이 우리가 이미 알고 있는 사람, 사물, 혹은 행위를 원래 그것과는 별로 상관이 없는 다른 어떤 것과 동일시하는 문학 기법을 비유라고 해요. 비유를 쓰게 되면 원래 알고 있던 사람 혹은 사물을 예전과는 다른 새로운 시각으로 다시 보게 되는 효과가 있어요.

만약 여러분의 부모님이 여러분을 보고 "You are my Sunshine."이라고 하게 되면 "너는 우리의 인생을 밝게 비춰주는 햇빛과 같이 없어서는 안 되는 존재야. 우리는 너를 너무 사랑한단다."라는 뜻을 비유적으로 표현한 거예요.

영문학 작품에서 쓰인 비유를 예를 하나 들어볼게요. 여러분이 잘 아는 영국 작가 윌리엄 셰익스피어는 「뜻대로 하세요(As You Like It)」라는 희극에서 "All the world's a stage, And all the men and women merely players."라고 했어요. 이 말은 "세상은 하나의 연극 무대이고, 모든 남녀는 [각자의 역할을 연기하는] 배우에 지나지 않는다."로 번역할 수 있어요. 세상과 연극 무대는 원래는 서로 관련이 없지요. 하지만 셰익스피어는 일상적인 삶과 무대 위의 삶을 동일한 것이라고 말함으로써 우리로 하여금 삶과 연극이 갖는 공통점을 생각하게 만들어요.

아이러니 | Irony

표현의 효과를 높이기 위해 실제와 반대되는 뜻의 말을 하는 것을 가리켜요. '반어'라고 표현하기도 하죠. 쉬운 예로 시험을 망쳤을 때 엄마가 "그래 잘했다!"라고 말씀하시는 경우를 종종 경험했을 거예요. 이때 엄마는 정말 시험을 잘 봤기 때문에 '잘했다'라고 말씀하신 게 아님을 여러분은 알고 있을 거예요. 사실상 '잘했다'라는 표현은 이 상황에서는 원래 그 단어의 반대 의미인 '못했다'라는 의미를 나타내요. 여러분의 어머니께서 아이러니라는 고도의 문학 기법을 사용하고 계신 줄 미처 몰랐지요?

» 이혜민 선생님

어린 시절부터 역사에 관심이 많아 역사학자가 되겠다는 꿈을 키워 나갔어요. 그 꿈을 이루기 위해 열심히 노력해서 지금은 연세대학교 인문학연구원의 교수로 역사학자의 길을 걷고 있어요. 인문학은 인간에 대해 탐구하는 학문이며, 우리의 삶을 더 인간답게 만들어 줄 수 있는 학문입니다. 지금부터 인문적인 교양의 기반을 서서히 쌓아 나가면 언젠가 여러분이 하고 싶은 일을 할 때 든든한 지적, 문화적인 바탕이 되어 줄 거예요.

과거의 이야기를 통해
바라보는 현재와 미래

···

역사

history

역사란
무엇일까요?

역사하면 무엇이 떠오르나요?

많은 학생들이 역사를 지루한 암기 과목으로 여긴다고 들었어요. 그래서인지 대학 신입생들에게 서양사를 가르치다 보면 깜짝깜짝 놀라곤 하죠. 왜냐고요? 수능에서 세계사를 선택한 학생들을 제외하고는 세계사의 시대 개념조차 잡혀 있지 않은 경우가 대부분이어서요. 한국사도 상황이 크게 다르지 않다고 해요. 어떤 학교에서는 후삼국을 통일한 인물을 '왕건'이 아닌 '이성계'로 알고 있는 대학생들도 있고, 신라의 왕명을 쓰라는 문제에 '마립간'을 '마구간'이라고 쓰는 학생들도 있다고 들었어요. 이 웃지 못할 이야기는 요즘 우리 대학생들의 역사 상식 수준을 보여주는 현주소가 아닐까 싶어요.

역사는 언제부터 '역사'였을까요?

'역사'라는 단어는 그 자체로 여러 가지 의미를 갖고 있어요. 우선 어원적인 측면에서 살펴보면 '히스토리(history)'라는 단어는 '조사', '탐구'라는 의미를 지닌 그리스어의 'historiai'에서 유래했어요. 이 단어를 최초로 사용한 이는 그리스의 역사학자 헤로도토스예요. 그는 여러 나라를 돌아다니며 페르시아 전쟁에 관해서 들은 것들을 기록했어요. 그것이 바로 인류 최초의 역사서인 『역사(Historiai)』예요. 그로 인해 헤로도토스는 서양 최초의 역사가 혹은 '역사의 아버지'라 불리게 되었지요.

동양에서 역사는 '史(사)'라고 불렸어요. 동양 최초의 역사서인 『사기』는 "역사(史)를 기록한(記) 책"이라는 의미입니다. '史'의 어원에 대해서

사마천
한나라 전성기인 한무제 때 활동한 역사학자이자 문학자예요. 스무 살 때 천하 여행에 나섰고, 이 경험이 『사기』 저술의 근간이 됐어요. 『사기』는 「본기」 12편, 「표」 10편, 「서」 8편, 「세가」 30편, 「열전」 70편 등 총 130편으로 이루어져 있어요. 기전체 형식(연도순이 아닌 인물별로 집필하는 방식)으로 쓰인 첫 역사서이죠.

• 헤로도토스 •

헤로도토스는 일찍이 고향을 떠나
세계를 여행하면서
인류 최초의 역사서인 『역사』를 집필했어요.

는 정론이 없지만, "손으로 中(가운데 중)자 형태의 사물을 잡고 있는 형태"로 설명할 수 있어요. 中자는 그물 형태의 사냥도구를 나타낸다는 설도 있고, 고대 중국의 활쏘기 시합에서 적중시킨 화살의 수를 표시하는 대나무 조각을 넣는 그릇을 의미한다는 설도 있어요. 또는 목간 책이나 붓을 쥐고 있는 모습을 그리고 있는 것이라 설명하기도 하고요. 이 중 많은 학자들이 갑골문에서 '史'가 "수렵을 관리하거나 포획물을 기록하는 사람" 혹은 "활쏘기 시합의 결과를 기록하던 관리"라는 의미에서 "역사를 기록하는 사람"이라는 뜻으로 확장되었다고 보고 있어요.

이렇게 처음에는 '史'라고만 불리던 것에 '경과하다', '지나가다'라는 뜻을 가진 글자 '歷(역)'이 덧붙여져서 '歷史(역사)'라는 용어가 사용되기 시작한 것은 명나라 말기부터예요. 결국 '역사'는 어원상 "지나간 것을 기록한 것"이라는 의미지요. 국립국어원의 『표준국어대사전』에서도 '역

과거의 경험은 모두 역사일까요?

역사의 어원이 "지나간 것을 기록한 것"이라고 배웠어요. 그렇다면 지나간 모든 것은 역사라고 할 수 있을까요? 인간의 모든 과거 경험이 역사가 될까요? 그렇지는 않아요. 과거의 사건이나 사실을 모아놓는다고 그걸 역사라고 할 수는 없다는 거예요. 인간의 모든 일상을 기록한다는 것은 불가능할 뿐만 아니라 의미 없는 일이거든요. 그런 의미에서 기록으로서의 역사는 인간의 경험에 대한 "선택적인 기억"이라고 표현하는 것이 더 정확해요. 역사는 역사가나 기록자가 의미 있는 기록이라고 선별한 것을 바탕으로 재구성된 거죠.

사'를 "인류 사회의 변천과 흥망의 과정, 또는 그 기록"이라고 설명하고 있습니다.

역사는 사실에 관한 진실된 이야기예요

두 번째로, 역사는 '이야기'라는 의미도 가지고 있어요. 프랑스어의 이스투아르(histoire)와 이탈리아어의 스토리아(storia)는 모두 '역사(기록)'와 '이야기'라는 의미를 가진 단어로 동시에 사용되고 있죠. 현대 영어에서는 역사(history)와 이야기(story)가 구분되어 사용되지만, 15세기까지 중세영어에서는 'history'라는 단어가 '이야기'를 지칭했어요. 이처럼 오랫동안 역사에 신화나 전설 같은 허구적인 이야기들을 섞어서 이야기를 해왔어요. 그렇지만 오늘날에는 역사를 허구를 배제한 사실만을 다루는 이야기로 생각하고 있어요.

마지막으로, 역사는 '역사 서술' 혹은 '역사학'과 동의어로 사용되기도 해요. '역사 서술'로서의 역사는 앞서 말한 '기록'으로서의 역사 개념과도 맞닿아 있어요. 어떤 역사학자는 역사의 개념을 "인간의 집단적 체험에 관한 기억"이라 정의내린 바 있는데, 이는 역사가 인간의 집단적 기억에 대한 기록임을 의미한답니다.

아주 오래전 사실을
어떻게 알까요?

과거 사람들이 남긴 흔적을 사료라고 해요

여러분은 대부분 학교에서 역사 혹은 국사를 배우고 있을 거예요. 역사든 국사든 맨 처음 시간에 배우는 것은 선사시대일 거고요. 잘 알다시피 약 70만 년 전에 구석기 시대가 시작되었어요. 그렇다면 그렇게 오래전에 구석기 시대가 시작되었다는 것을, 구석기 시대 사람들은 뗀석기를 만들어 사용했다는 것을 우리는 어떻게 알 수 있을까요?

바로 사료 덕분에 알 수 있죠. 사료는 과거 사람들이 남긴 흔적이에요. 뗀석기 같은 유물, 생활 도구를 비롯하여 과거 사람들이 남긴 일기, 문서가 모두 역사 연구의 사료가 되죠.

역사학은 사료에 기반한 학문이며, 사료가 존재하지 않으면 역사학 역시 존재할 수 없어요. 그중에서도 역사학에서 가장 많이 사용되는 사료는 문헌 사료예요. 문헌 사료에는 정부기관이나 공공기관의 기록인 공적인 성격의 문서와, 개인문집, 메모, 유언장, 일기 등과 같은 사적인 성격의 사료로 구분돼요. 그리고 신문이나 저서, 잡지, 연표 등과 같은 출판 자료들도 있어요.

　한편 소설과 시, 민담 등 문학작품도 사료로 사용될 수 있어요. 이 경우 역사학자는 문학작품의 예술성이나 주제 의식, 허구적인 서사구조보다는 그 작품이 보여주는 시대적 맥락과 시대상에 주목하죠.

　우리 선조들이 남긴 대표적인 사료로 꼽을 수 있는 것이 『조선왕조실록』입니다. 『조선왕조실록』은 조선시대의 역사와 문화를 이해하는 데 기본이 되는 역사책이에요. 조선 태조부터 철종 때 까지의 역사를 기록한 이후 일제 강점기에 고종실록과 순종실록이 추가로 작성되었으며, 사회, 경제, 정치 등 다방면에 걸쳐 기록되었어요. 1,894권에 달하는 방대한 분량에 조선왕조 500년 역사를 고스란히 담고 있죠. 이를 통해 우리는 21세기에도 조선시대를 이해하고 연구할 수 있어요. 그러니, 매우 소중한 자료임에 분명해요.

　사료에는 문자 사료뿐만 아니라 비문자 사료도 있어요. 오늘날에는 시각적 사료와 청각적 사료 혹은 여러 가지가 결합된 멀티미디어 사료들의 중요성을 인식하고 이를 적극적으로 역사 연구나 학습에 이용하려

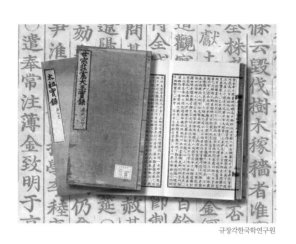

• 조선왕조실록 •

대표적인 문헌 사료인 조선왕조실록은
유네스코가 지정한
세계 기록 유산이기도 해요.

는 시도들이 이루어지고 있어요. 시각적 사료에는 그림, 조각, 사진, 건축물, 지도 등이 있으며, 청각적 사료에는 음원이나 구술기록이 있죠.

역사는 사료를 통해 듣는 과거의 이야기예요

역사를 다시 정의해 보자면 "역사는 사료(史料)를 통해 듣는 과거의 이야기"라고 할 수 있어요. 과거 사실에 대한 명확한 자료인 '사료'를 바탕으로 역사를 쓰는 역사가나, 그들의 기록을 읽는 독자들은 사실상 과거 자체만을 바라보는 것이 아니라 현재와 미래를 바라보게 되죠. 이것을 바로 "과거와 현재의 대화"라고 해요. '역사'에서 중요한 점은 역사적으로 항상 현재적인 관심에 따라 재해석되고 재평가되어 왔다는 점이에요. 우리는 현재 우리의 삶과 관점이라는 창문, 그리고 사료라는 과거의 확대경을 통해 역사를 바라보는 거죠. 우리가 현재 살아가는 삶도 여러 종류의 사료에 기록되고, 그것이 후대의 역사가들에 의해 선별되어 기록되면 그것은 역사가 되는 거예요.

사람들은 현재와 미래에 더 나은 삶을 살아가기 위해서 역사를 알기를 원해요. 과거로부터 모범이나 교훈을 찾을 수도 있고, 여러 다양한 간접 경험과 지식을 얻을 수도 있으며, 마음과 정신의 위안을 얻을 수도 있거든요. 한마디로 현재에 관심을 받지 못하는 역사는 죽은 역사라고 할 수 있어요. 또한 죽어가는 역사에 대한 무관심은 자신의 정체성에 대한 망각으로 한걸음 다가서는 행위인 동시에, 과거에 바탕을 두고 존재할 수밖에 없는 현재와 미래를 포기하는 행동이기도 합니다. 과거가 없다면 미래도 없기 때문이죠.

명화로도 역사를
공부할 수 있어요

역사가의 눈으로 그림을 함께 봐요

소위 '명화'라고 불리는 그림에서도 우리는 과거의 시대상이나 사람들의 삶의 모습을 들여다볼 수 있어요. 그럼 지금부터 선생님과 함께 역사가의 마음으로 명화를 살펴보기로 해요. 우선 옆쪽의 두 그림을 찬찬히 보세요. 위 그림은 1776년도에 장 오노레 프라고나르라는 화가가 그린 〈책 읽는 소녀〉입니다. 그리고 아래 그림은 1861년에 앙리 팡탱 라투르가 그린 〈두 자매〉라는 그림이에요. 두 그림은 각각 18세기 중엽과 19세기 중엽에 85년의 차를 두고 그려졌어요.

그런데 공교롭게도 두 그림은 책 읽는 여인을 그리고 있죠. 이것은

• 장 오노레 프라고나르 •

〈책 읽는 소녀〉

• 앙리 팡탱라투르 •

〈두 자매〉

우연의 일치는 아니에요. 18세기 중엽부터 책을 읽는 남녀들의 초상화가 폭발적으로 그려졌거든요. 만약 여러분이 역사가라면 이런 변화를 어떻게 이해할 수 있을까요?

유추해 보면 책을 읽는 여성들의 초상화가 갑자기 늘어난 것은 책 읽는 여성들의 숫자가 늘어났기 때문일 가능성이 높아요. 그리고 이건 역사적 사실이죠. 다시 말해 이 그림은 독자층이 확대되어 '독서혁명'이 일어났다고 평가되는 당시의 시대상을 잘 보여주는 그림이랍니다.

좀 더 그림을 자세히 볼까요?

자세히 보면 두 그림의 차이점이 보일 거예요. 우선 프라고나르가 그린 소녀의 독서 자세는 작위적으로 보이죠. 오른손에 책을 들고 왼팔을 의자 팔걸이에 걸친 자세는 일견 편해 보일지도 모르지만, 이런 자세로는 독서를 오래 하기가 무척 어렵거든요. 특히 책을 쥐고 있는 오른손의 위치와 모양이 매우 부자연스럽게 보이지 않나요? 궁금하면 여러분들도 같은 자세로 책을 읽어 보세요. 아마 힘들어서 금방 침대로 달려갈 거예요.

반면에 팡탱라투르가 그린 소녀는 편한 자세로 책을 읽고 있어요. 이러한 차이점은 두 시대의 풍습과 시대상의 변화와 밀접하게 관련되어 있답니다. 18세기에는 독서하는 모습의 초상화가 크게 유행했어요.

그런데 당시 사람들은 책을 마치 보석이나 다른 장신구들과 마찬가지로 하나의 연출 도구라고 생각했죠. 그래서 독서하는 모습이 부자연스럽게 보이는 거죠.

반면에 80여 년이 흐른 뒤에는 독서가 수놓기처럼 일상생활이 되었어요. 그래서 이 시기에 그려진 책 읽는 여성들도 편안해 보이는 것이랍니다. 특히 이 그림은 팡탱라투르가 자신의 누이를 모델 삼아 그린 것이어서 더 자연스러운 자세가 나왔다고 해요.

두 그림의 여성들이 입은 옷 색깔도 차이가 있어요. 화려한 노란색과 수수한 검은색의 대비가 눈에 띕니다. 팡탱라투르의 누이들이 입은 검은 의상은 19세기 부르주아 계층에서 가장 많이 입었던 옷 색깔이에요. 당시 검은색은 근면하고 검소한 부르주아의 미덕을 상징하는 색으로 각광받았죠. 그 때문에 헨리 포드가 1908년에 최초의 포드 차를 생산하면서 부르주아의 색인 검은색으로 자동차를 칠했다고 해요. 이후 오랫동안 자동차를 비롯한 많은 공산품이 검은색 혹은 흰색이나 회색 같은 무채색 계열로 선택되었답니다.

어때요? 그림을 보면서도 당시 다양한 사회상을 읽어낼 수 있지요? 이처럼 우리는 주변에서 발견되는 비문헌 사료들을 통해서도 지나간 역사가 담고 있는 많은 이야기들을 읽어낼 수 있답니다.

사극으로 역사를
접할 때 주의할 점

역사적인 사실에 상상이 더해진 창작물

자, 지금부터는 영화와 드라마의 사극에 대해서 이야기해 볼까 해요. 미리 밝혀두는데, 영화나 드라마중에는 멀티미디어 사료로 평가받는 것도 있어요. 그렇지만 사극 영상물은 역사 다큐멘터리가 아니라는 점을 명심해야 해요. 역사적인 사실과 작가의 상상력을 통해 만들어낸 허구적인 서사구조가 섞여 있다는 뜻이죠.

사극이 다른 사료와 비교할 때 검증이 필요함에도 불구하고 여러분과 사극 이야기를 나누는 것은 최근 역사 '소비'에 특히 영향을 주는 것이 바로 역사소설이나 사극 영상물(영화와 TV 드라마)이기 때문이에요.

옛날에는 소수 지배계급만이 역사를 공부할 수 있었어요

우리가 역사를 책과 영상물로 '소비'하기 시작한 것은 그리 오래되지 않았어요. 과거에 역사는 소수의 지배계급이 독점하고 있었어요. 역사책은 문자(한자)를 아는 양반들만이 읽거나 쓸 수 있었고, 대다수의 사람들은 평생 역사책이란 것을 읽을 일이 없었죠.

서양에서도 마찬가지였어요. 근대 의무교육이 시작되기 전까지는 역사를 비롯한 인문학 교육은 상류층만이 누리는 특권이었어요. 대신 일반 사람들에게는 입에서 입으로 전해지는 구전문화가 있었고, 이것들이 '야사'라는 이름으로 정착되었죠. 민초들에게 정착된 역사상은 오랜 시간을 거쳐서 쌓여 왔으며, 오늘날에도 대중들은 역사학자들의 엄밀한 학문적인 연구보다는 야사나 연극, 소설 등을 통해서 대중적으로 일반화된 통념에 더 익숙합니다.

사극에 나타난 광해군의
모습을 통해 역사를 배워 봐요

광해군의 두 얼굴

광해군은 사극에서 가장 자주 등장하는 인물 중 한 사람이에요. 사극에 자주 등장한다는 것은 그만큼 많은 사연을 갖고 있다는 의미이기도 하겠죠?

광해군은 선조의 둘째아들로, 후궁 공빈 김씨의 소생이었어요. 임진왜란이 끝난 후에 선조의 뒤를 이어 조선의 15대 임금이 되었죠. 그 이후의 모습은 사극을 통해 좀 더 자세히 살펴보기로 해요. 선생님과 함께 광해군을 이해하게 되면 아마 역사와 가까워진 느낌이 들 거예요.

먼저 80년대 중반에 〈조선왕조오백년-회천문〉이라는 사극에서 광해군 역을 맡았던 배우 이희도 씨의 이야기를 들어보기로 해요. 당시 그는 1986년 5월 5일에 이루어진 〈경향신문〉과의 인터뷰에서 자신이 맡은 배역에 대해서 이렇게 말한 바 있어요.

"창피한 얘기지만 역사는 전혀 몰랐죠. 그가 폭군이었다는 지식밖엔 없었어요."

훗날 그는 2001년에 사극 드라마 〈상도〉를 찍을 당시에 이루어진 구술 인터뷰에서 다시 한번 광해군에 대해 언급합니다.

"〈조선왕조오백년-회천문〉은 폭군으로만 알려져 있던 광해군을 실리 외교의 명수로 재평가하며 베일에 가려졌던 그의 치적을 새로운 사료를 바탕으로 흥미롭게 펼쳐나갔다는 점에 의미를 두고 싶어요. 그래서 주변 인물과의 갈등과 풍전등화 같은 나라를 두고 고민하는 광해군의 인간적인 고뇌가 극 전반에 나타나는 작품이었죠."

이 말 속에는 광해군에 대한 상반된 시각이 그대로 담겨 있어요. 어머니를 가두고 친형과 이복 동생을 죽인 패륜아로 폭군의 이미지와 전쟁 직후 혼란한 시기에 실리 외교를 펼쳐 안정을 찾은 군주! 여러분은 광해군을 어떻게 생각하나요? 또 그렇게 생각하는 이유는 무엇인가요?

폭군 광해군

중학교 국사 교과서에는 광해군과 관련된 내용이 임진왜란에 이어

• 남양주에 있는 광해군 묘 •

여러분에게 광해군은 어떤 인물인가요?
이 글을 읽으면서 함께 생각해 봐요.

등장합니다. 교과서마다 조금씩 차이는 있지만 "광해군의 중립 외교", "광해군이 쫓겨나고 인조가 왕에 오르다"라는 내용이 주를 이루지요. 하지만 1980년대 중반까지만 해도 일반인들에게 광해군은 '폭군' 혹은 '패륜아'의 상징과도 같은 인물이었어요. 1982년에 방영된 드라마 〈여인열전─서궁마마〉에서도 광해군은 폭군의 이미지가 부각된 군주였어요. 〈여인열전─서궁마마〉의 주인공은 광해군의 계모인 인목대비였는데, 인목대비는 의붓아들에 의해 서궁에 유폐되어 고난과 고통의 세월을 인내하며 보내는 비련의 여인으로 그려졌어요. '서궁'은 오늘날의 덕수궁으로서, 바로 이곳에 인목대비가 유폐되었죠. 비록 여러분은 이 드라마를 보지는 못했지만 인목대비의 입장에서 본 광해군이 어떻게 그려졌을지 대략 짐작할 수 있을 거예요.

광해군을 폭군으로 묘사한 역사적 기록들

〈여인열전─서궁마마〉가 인목대비의 편에 서서 광해군을 폭군으로 해석한 것은 당시의 사건을 기록한 『계축일기』에 기반을 두고 있기 때문이에요. 광해군을 폭군이자 패륜아로 묘사한 역사적인 주요 사료로는 크게 세 가지가 있어요. 첫째가 『계축일기』이고, 둘째는 각 문중에서 보존해 온 개인문집 기록이며, 마지막으로 『조선왕조실록』이에요. 『계축일기』는 인목대비의 폐비 사건에 대해 서술한 궁중문학이에요. 『계축

• 석어당 •

인목대비는 덕수궁 석어당에서
10여 년간 갇혀 살았어요.
훗날 인목대비는 이곳에서 광해군을 꿇어앉히고
능양군(인조)에게 옥새를 전달합니다.

일기』라 불리는 이유는 인목대비의 아들 영창대군이 광해군에 의해 죽임을 당한 해가 계축년(1613년)이기 때문입니다.

이 글은 1623년 인조반정이 일어난 이후에 대비의 측근 나인이 썼다는 설도 있고, 대비 자신의 구술을 기록한 것이라는 설도 있고, 대비의 딸인 정명공주가 쓴 것이라는 설도 있어요. 진실이 무엇이든 인목대비의 관점에서 기록된 글이기에 그녀를 핍박한 광해군에 대해서는 부정적일 수밖에 없겠지요.

각 문중의 개인문집 기록들도 쿠데타에 성공한 서인과 남인들의 입장에서 광해군을 어둡고 용렬한 국왕으로 묘사했고, 그의 치세를 어둡고 문란한 시대라고 묘사했답니다.

한편『조선왕조실록』의 경우, 인조반정 이후 권력을 장악한 서인들이 과거에 북인들이 편찬했던『선조실록』중 고쳐야 할 부분을 모아서 일종의 부록 형식으로『선조수정실록』을 간행해요. 수정실록이 서인들에게 유리하게 서술된 것임은 두말할 나위가 없겠죠. 이들은 또한 광해군 시대의 기록도 다시 고쳐 썼어요. 광해군 시대의 실록은 '실록'이라고 불리지도 못하고『광해군일기』라 일컬어지죠.

조선왕조시대에 폐위되어 복권되지 못한 왕은 연산군과 광해군 두 임금이 있으며, 이들 시대의 실록은 각각『연산군일기』,『광해군일기』라고 불립니다.『단종실록』의 경우에는 원래『노산군일기』라고 불렸지만, 1698년 숙종시대에 복위됨으로써 '실록'이라는 이름을 갖게 돼요. 그런

국회 도서관   규장각한국학연구원

• 계축일기(左) / 광해군일기(右) •

광해군을 폭군으로 해석한 대표적인 사료들이예요.
광해군은 조선의 15대 임금이지만 폐위되었기
때문에 군의 호칭으로 불려요.
조선왕조실록의 기록도 다른 왕들의 기록은 '실록'이지만
광해군의 기록은 '일기'라 불리고요.

데 『광해군일기』는 최종완성본(정초본) 이전에 만들어진 중간교정본(중초본)이 함께 남아 있어서 기록의 변화를 비교, 대조해 볼 수 있어요.

서인들은 무엇보다도 인조시대의 잘못된 정치, 특히 외교 문제와 관련해 실정을 드러내주는 대목들을 『광해군일기』에서 삭제했고, 승자의 입장에서 역사를 다시 쓰면서 인조반정으로 집권한 서인정권을 한껏 옹호합니다. 유네스코에서 기록유산으로 채택되었으며, 체계적이고 엄정한 역사 서술을 자랑하는 '실록'조차도 역사 해석의 주관성과 당파성을 완전히 배제할 수는 없었음을 보여주는 사례이지요.

광해군은 어떤 인물이었을까요?

조선 15대 임금 광해군은 1608년부터 1623년까지 왕위에 있었어요. 그는 임진왜란 중에 왕세자가 되었어요. 임진왜란에서 아버지 선조를 대신하여 분조(임진왜란 때 임시로 세운 조정)를 이끌면서 나라를 지켰어요. 이런 광해군의 모습은 2005년에 방영된 드라마 〈불멸의 이순신〉에도 등장하죠.

그후 이복동생 영창대군이 태어나면서 세력 다툼이 시작돼요. 광해군과 영창대군의 싸움이라기보다는 광해군을 왕으로 모시려는 세력들과 영창대군을 왕으로 옹립하려는 세력 간의 다툼이라고 할 수 있죠. 그 와중에 서인과 북인으로 나뉜 당파 싸움은 더욱 심해졌고, 그 결과 영창대군은 끝내 살해되고 인목대비는 서궁에 유폐되고 맙니다.

　광해군을 폭군으로 보는 사료들은 바로 이와 같은 부정적인 상황에 주목해서 광해군을 평가한 것이라 할 수 있어요.

광해군의 재평가

　그런데 20세기 후반 광해군에 대한 재평가가 이루어지면서 사극에도 큰 변화가 생겼어요. 대표적인 작품이 바로 앞에서 언급했던 〈조선왕조오백년〉 시리즈예요. 드라마 작가 신봉승 씨는 당시에 한글로 번역이 되지 않았던『조선왕조실록』을 직접 한문으로 읽으며 사실에 기반한 사극을 만들고자 했다고 해요. 그렇지만 작가가『조선왕조실록』이라는 사료만을 참조했다고 해서 그가 만든 작품이 완벽하게 사실로만 구성되었다고 말할 수는 없어요. 작가는 사료 해석을 바탕으로 여러 관점 중 하나를 택해서 드라마적인 설정을 가미해 이야기를 이끌어 나가니까요.

　드라마 〈허준〉에도 후반부에 광해군이 잠시 등장해요. 허준의『동의보감』이 반포된 것이 바로 광해군 때였거든요. 그렇기 때문에 광해군은 전쟁의 상처로 피폐해진 백성들을 위해 대동법을 실시하고『동의보감』을 반포한 온화한 임금으로 그려졌죠.

　가장 최근에는 영화 〈광해, 왕이 된 남자〉가 개봉됐죠. 이 영화에서 광해는 폭군으로 등장하지 않아요. 몸이 아픈 광해군을 대신하여 임금 노릇을 하는 가짜 광해를 부각시켜 광해군을 친근한 이미지로 느끼게 하지요.

역사가들은 광해군을 어떻게 평가했을까요?

대중들의 인식 속에서의 광해군 재평가는 20세기 후반에야 이루어지기 시작했지만, 역사학자들 사이에서는 오래전부터 광해군에 대한 복권과 재평가가 시도되었어요. 〈조선왕조실록〉이라는 드라마가 광해군에 대한 평가를 바꿔놓은 게 아니라 광해군에 대한 연구가 다양하게 이루어지면서 그런 드라마가 나온 것이죠.

우리나라 학계에서 광해군에 대한 재평가가 본격적으로 이루어진 것은 1950년대부터예요. 1958년에 역사학자 이병도는 「광해군의 대후금 정책」이라는 논문에서 광해군을 탁월한 외교 전문가로 격찬했습니다. 그 결과 여러분들이 배우는 교과서를 비롯한 오늘날의 국사교과서와 개설서, 그리고 북한의 역사서에서조차도 광해군의 군사정책 및 외교 정책은 긍정적으로 평가되고 있죠.

그렇지만 광해군이 내정에서 실정을 거듭한 것은 사실이기에 오늘날의 학자들 사이에서는 그에 대한 평가가 엇갈려요. 역사학자 한명기와 오항녕의 관점 차이가 그 대표적인 사례입니다. 한명기는 『광해군: 탁

• 양수투항도 •

여러분은 광해군의 중립 외교에 대해
어떻게 평가하나요?
탁월한 외교 전문가라고 생각하나요?
아니면 투항한 졸전이라고 생각하나요?

월한 외교정책을 펼친 군주』(2000년)에서 탁월한 외교정책가로서의 면모 이외에도 대동법 실시와『동의보감』 편찬 등의 치적을 통해 임진왜란으로 피폐해진 민생을 돌보고 국가를 재건하기 위해 노력한 군주로서 광해군을 긍정적으로 재평가합니다. 반면에 오항녕은『광해군: 그 위험한 거울』(2012년)에서 광해군의 시대를 '잃어버린 15년'이라 일컬으며, 그가 철저하게 실패한 왕이었고, 민생, 재정, 군비 확충, 문화 발전 등에서 이룩한 업적이 하나도 없었다고 혹평해요. 심지어 중립 외교의 극치로 일컬어지는 심하전투도 준비와 전략이 없이 파병하여 군사만 잃고 어설프게 기회주의적으로 투항한 졸전이라고 비판합니다.

> **심하전투**
>
> 1619년 명나라가 후금과 전투를 벌이다가 군대를 요청하자 조선에서는 강홍립이 조선군 1만 3천명을 이끌고 참전했어요. 그것이 바로 심하전투입니다. 이때 광해군은 강홍립에게 전쟁에 적극적으로 나서지 말라는 지시를 내렸어요. 당시 광해군은 임진왜란의 뒷수습을 위해 노력했기에 후금과의 전쟁을 피하려 했죠. 후금(후에 청나라)은 당시 새로운 강자로 떠오르던 나라였고, 명나라는 몰락의 길을 걷고 있었죠. 이 점을 들어 역사가들은 실리 외교를 펼친 것이라고 평가합니다. 이런 노력에도 불구하고 조선과 명 연합군은 후금에게 패했어요. 1만 3천명 중 9천명이 전사했고, 강홍립과 나머지 병사들은 후금에 항복했답니다.

기록자나 역사가의 관점을 사관이라고 해요

지금껏 살펴본 것처럼 역사 기록의 과정에서 불가피하게 기록자의 개인적인 관점이나 편견이 들어가기도 하고, 때로는 기억의 부정확성 때문에 기록이 부정확하게 남겨지기도 해요. 또한 기록자나 역사가가 확고한 관점이나 당파적 성향을 지니고 있어서 그에 따른 역사를 기록하기도 하지요. 이러한 기록 과정에서 의식적으로 개입되는 기록자나 역사가의 관점을 '사관(史觀)'이라고 합니다. 따라서 역사는 '사실'과 '사관'이라는 두 가지 차원을 지니고 있다고 할 수 있어요. 그런데 때로 사실조차도 최초의 기록에서 왜곡될 가능성을 배제할 수 없기 때문에 역사학자는 철저한 사료 비판과 여러 사료들의 교차 검증을 통해 최대한 진실된 역사에 다가가고자 노력하죠.

역사가 흥미로운 이유는 한 가지 관점만 존재하는 것이 아니라 다양한 관점에서 바라볼 수 있다는 점이에요. 역사적인 사실은 변하지 않지만, 그 사실을 만들어 나간 인간의 행위에 대해서는 시대적인 상황이나 인식의 변화에 따라 계속적으로 재평가될 수 있거든요. 우리가 함께 살펴본 광해군이 대표적인 사례지요.

여러분 중에서도 분명 이 다음에 우리 시대를 대표하는 역사가가 나올 거예요. 그러니 역사가의 마음으로 역사를 공부해 보세요. 역사가 더 이상 암기과목이 아니라는 걸 알게 될 거예요.

역사와 답사

어떻게 하면 역사를 재미있게 공부할 수 있을까요?

2013년 5월, 선생님의 박사학위 지도교수님이 한국을 방문했어요. 그때 안동문화연구원의 초청으로 국립안동대학교에서 〈프랑스의 역사 인류학 연구〉에 대해 강연을 했죠. 당시 청중들 중에는 교수님들뿐만 아니라 학부생들도 많았는데, 강연이 끝나갈 무렵 질의 응답 시간에 한 학생이 손을 들더니 이런 질문했어요.

"중·고등학교 시절에는 역사라는 과목이 정말 재미없다고 생각했는데, 대학에 와서 역사에 조금씩 관심을 가지게 되었어요. 어렵고 지루한 역사를 어떻게 하면 재미있게 공부할 수 있을까요?"

학생의 표정은 사뭇 진지하고 간절해 보이기까지 했어요. 잠시 침묵이 흐른 후 은사님의 답변이 이어졌어요.

"역사에 흥미를 갖고자 한다면, 우선 구체적인 것에 관심을 갖는 것이 좋습니다. 여러분들의 주변부터 살펴보세요. 예를 들어 여러분이 지금 바라보고 있는 산이나 들판, 강 같은 풍경은 그냥 자연적으로 존재하는 것이 아니라 오랜 시간을 거쳐 역사적으로 형성된 것입니다. 여러분의 삶에 가까이 있는 것부터 시작해서 구체적인 사물이나 현상에 관심을 가질 때 역사에 흥미를 가질 수 있을 겁니다."

은사님의 답변에 저 역시 전적으로 동의해요. 역사 공부는 책에 쓰인 것을 배우는 것만 의미하는 것은 아니에요. 역사 공부는 인간의 삶과 사회, 문화의 총체적인 면에 대해서 나와 타인의 문화를 비교하며 상대적으로 이해하는 배움의 방식 중 하나랍니다. 단순히 위인의 업적이나 연도, 정치와 법 제도, 경제 제도 등만을 달달 외운다고 역사를 제대로 배웠다고 할 수는 없어요.

여행은 역사 공부의 좋은 방법이에요

여러분이 역사에 대해 구체적인 관심을 가질 수 있도록 하는 계기로 여행을 추천합니다. 같은 곳을 여행하더라도 어떤 방식으로 보고 느끼느냐에 따라 여행의 의미가 달라지잖아요. 각지의 독특한 요리를 맛보기 위해 여행을 하면 '식도락 여행'이 되고, 다른 지역의 풍물이나 자연환경, 문화 등을 구경하기 위한 여행은 '관광'이라 하며, 종교적인 목적으로 여행을 하면 '순례'라 부르죠. 무엇인가를 배우거나 알아내기 위해 현장을 방문하는 학구적인 여행은 '답사'라 하고요. 답사(踏査)는 한자 자체에 "걸어 다니며 조사한다."라는 의미를 포함하고 있으며, 『표준국어대사전』의 사전적인 정의로는 "현장에 가서 직접 보고 조사"하는 것을 의미해요. '답사'는 '역사'와 밀접하게 관련되어 있으며, 역사를 알거나 배우기 위한 기본적인 활동으로서의 성격을 지니고 있죠.

역사를 공부하는 학생들에게 현장 방문 및 현지에서의 공부는 매우 중요해요. 겉으로는 평범해 보이는 풍경도 역사적인 의미를 알게 되면 다른 모습으로 보이거든요.

또한 책만 읽는 것보다 현장을 직접 방문하면 역사적인 배경이나 의미, 당대의 문화 등을 더 잘 이해할 수 있어요. 선생님도 학부와 석사과정 때 여러 차례 답사를 다녔어요. 때로는 한창 발굴 중이거나 발굴이 끝난 유적지를, 때로는 황량하고 평이해 보이는 풍경을 바라보며 그 공간의 역사적인 의미를 생각해 보곤 했죠. 충남 공주 석장리에 파헤쳐진 커다란 구덩이는 구석기 시대의 유적지이기에 소중했으며, 호남지방에 펼쳐진 논과 해안가의 염전을 보면서 조선시대와 일제강점기의 지주제에 대해서 생각했죠. 1992년도에 경주에 답사 갔을 때에는 한창 황룡사지 발굴 작업이 진행되고 있었는데, 약 20여 년 만인 2013년에 외국손님을 모시고 다시 방문했을 때 푸르고 너른 풀밭으로 변해 있어서 격세지감을 느꼈던 기억도 생생하네요.

답사에 가면 무엇을 할까요?

선생님은 서양사를 전공했기 때문에 박사과정은 프랑스에서 십년 정도 공부를 하여 학위를 받았어요. 유럽에 오래 살았기 때문에 간혹 여행을 할 기회가 있었는데, 특히 학과에서 매년 떠난 정기답사가 가장 기억에 남아요. 이 답사에는 유럽 중세사 전공 박사과정 학생들과 연구자, 교수 등 평균 50여 명의 다국적 인원이 참여했죠. 어떤 해에는 참여 인원의 국적이 14개국에 이르는 경우도 있었어요. 여행 기간은 짧으면 당일, 보통은 2박 3일이었고요. 이 답사를 통해서 프랑스 중부의 앙주, 남부의 랑그독, 동남부의 리옹과 인근 지역, 서부의 노르망디, 동부의 부르고뉴, 그리고 파리 인근 샹파뉴 지방을 여행했어요. 덕분에 관광객들에게는 잘 알려지지 않은 프랑스 지방 곳곳을 방문하여 현지의 역사와 문화를 많이 접할 수 있었죠. 때로는 오뉴월에 춥고 음침한 로마네스크 성당 안에서 두 시간 동안 프레스코화에 대한 설명을 듣다가 감기 환자가 속출하기도 했고요. 각 지역이나 유적을 방문할 때마다 해당 분야의 전문가나 관련 분야에서 학위 논문을 쓰고 있는 학생이 발표를 하거나, 그 지방의 향토사학자를 모시고 설명을 듣기도 했죠.

누구나 답사를 할 수 있어요

역사학도나 전문가가 아니더라도 누구나 원하면 답사를 할 수 있어요. 요즘에는 박물관이나 유적지에 어린이나 청소년을 대상으로 한 전통문화체험학습관이 많이 만들어져 있잖아요. 또한 1990년대 말 이래 유홍준 교수의『나의 문화유산답사기』덕분에 답사에 대한 관심이 높아져서 한국의 유적과 미술 등에 대한 관심이 대중적으로 확산되었죠.

문제는 여러분들이 입시 때문에 유적지 답사나 유물 관람을 부담스러워하고 있어서 학교에서 현장학습 교육과 연계된 생생한 역사교육이 잘 이루어지지 못한다는 점이죠.

여러 가지 사정으로 현장을 방문해서 역사 공부를 하는 것이 부담스럽다면, 부모님과 함께 여행을 할 때 방문하는 곳의 역사와 지리, 문화 등을 약간이나마 살펴보는 것도 놀이와 학습을 겸한 좋은 공부 방법이 될 거예요. 앞서 말했듯이 같은 곳을 방문한다 해도 어떤 방식으로 보고 듣고 느끼느냐에 따라 학구적인 답사가 될 수도, 구경거리를 찾는 관광이 될 수도 있어요. 다시 말해서 관심사에 따라 보고 듣고 알게 되는 것과 여행의 의미가 달라진답니다.

겉으로는 평범해 보이는 풍경도 그 역사적인 의미를 알게 되면 다른 모습으로 보이게 되거든요. 또한 책만 읽는 것보다 현장을 직접 방문하면 역사적인 배경이나 의미, 당대의 문화 등을 더 잘 이해할 수 있겠죠.

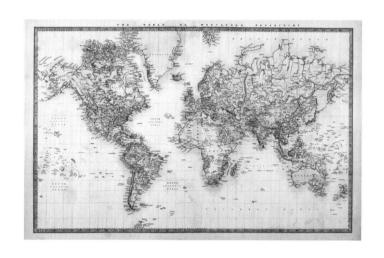

세상에는 수많은 나라가 있고
나라마다 각자의 소중한 역사를 간직하고 있어요.
역사는 세계로, 과거로 떠나는 여행이에요.

역사가 여러분의 생각하는 힘을 길러줄 거예요

서양사 수업에 학생들에게 해외 여행계획서를 짜오라는 과제를 내준 적이 있어요. 이 과제의 목적은 여행을 하고자 하는 목표지의 현재 상황과 역사적인 배경을 파악해 보라는 데에 있었죠. 그런데 여행 일정에 '면세점'을 적은 학생들이 있었어요. 물론 면세점을 들르는 일이 나쁘다는 것은 아니에요. 하지만 유적지 답사보다는 쇼핑에 더 익숙한 요즘 학생들의 모습을 보는 것 같아 마음 한편이 씁쓸했죠.

선생님은 여러분이 지성 있는 대학생으로 성장하여 저와 만나기를 바라요. 그러기 위해서는 지금부터 인문학 책을 꾸준히 읽으면서 혼자만의 생각 혹은 상상을 많이 해야 해요. 역사를 비롯한 문학과 철학과 같은 학문이 여러분이 생각을 많이 하도록 도와줄 거예요. 창의적인 사고란 남들이 보지 않는 관점으로 바라보는 것을 말해요. 책을 읽으면서 글자만 눈에 넣지 말고 그 내용을 여러 각도에서 생각해 보는 것, 사진 하나를 찍을 때에도 남들이 찍지 않는 각도와 앵글을 찾아보는 것, 이런 작은 행동이 축적됨으로써 창의적인 사고력이 향상되는 거랍니다.

역사를 공부할 때도 마찬가지예요. 정답을 외우려하지 말고 왜 그렇게 되었는지 생각을 펼쳐 보세요. 선생님과 함께 광해군을 공부할 때처럼 말이에요.

중고생에게 추천하는 역사 영화

요즘에는 많은 학생들이 드라마와 영화, 애니메이션을 통해
역사를 접한다고 들었어요. 역사를 배우는 방법이 다양해진 거죠.
선생님 역시 역사를 공부할 때 영화를 즐겨봤어요.
선생님이 즐겨봤던 추억의 영화들이에요.

아스테릭스 | Astérix et Obelix contre César

장르: 모험, 코미디, 판타지, 가족 (프랑스, 이탈리아, 독일 합작)
감독: 클로드 지디 | **개봉:** 1999.07.31 | 전체관람가

프랑스의 '국민 만화'로 불리는 만화 〈아스테릭스〉를 원작으로 하는
영화입니다. 기원전 51년 로마인들이 지중해 지역을 정복해나가던
로마 공화정 말기를 배경으로 하고 있어요. 당시 로마의 카이사르는
갈리아(프랑스어로 골. 오늘날의 프랑스와 벨기에, 독일 서부 지역)를
정복했어요. 그런데 〈아스테릭스〉 시리즈는 카이사르의 군대가 오늘
날 프랑스 북서부 브르타뉴 지방의 작은 마을은 정복하지 못하고, 이
마을의 골족(고대 갈리아의 켈트족)들에게 강력한 저항을 받는다는 가상의 역사를 제시합니다.
아스테릭스는 비록 체구는 자그맣지만 머리가 대단히 좋은 전사로 골족의 저항을 이끄는 인물
이에요. 이 가상의 역사에서 약자인 골족은 힘이 세지는 마법의 물약의 힘을 빌려 강대국 로마

의 군대를 통쾌하게 무찌릅니다. 원작자는 마법의 물약이 2차 대전 때의 프랑스의 영웅 드골 장군(이후 드골 대통령)을 상징한다고 직접 설명하기도 했습니다. 그렇다면 로마 군대는 독일의 군대, 즉 외세를 상징하겠지요. 옆의 사진은 아스테릭스의 모델이 된 갈리아 아르베르니족의 부족장 베르생제토릭스의 동상이에요. 영화와 달리 그는 카이사르에 맞서 싸우다 처형당했어요.

킹덤 오브 헤븐 I Kingdom of Heaven

장르: 로맨스,드라마,전쟁 (미국)
감독: 리들리 스콧 | **개봉:** 2005.05.04 | 15세관람가

십자군 전쟁시기인 1187년 9월 기독교도 유럽인들과 이슬람인들 사이에서 벌어진 예루살렘 공성전을 다룬 영화. 유럽인들은 1099년 이래 성지회복이라는 명목으로 침략전쟁을 벌여서 예루살렘과 주변 지역을 정복하여 예루살렘 왕국을 세웠어요. 이후 200여 년간 벌어진 기독교 진영과 이슬람 진영의 무력 충돌을 '십자군 전쟁'이라 부릅니다. 1187년의 예루살렘 전투에서 이슬람 군대는 쿠르드족 출신의 영웅 살라딘이 지휘하고 있었고, 주인공 발리안은 이에 맞서서 유럽인들을 지휘했어요. 리들리 스콧 감독은 선악 이분법으로 기독교와 이슬람 양 진영을 바라보지 않고, 살라딘의 장점을 부각시키고 십자군의 만행에 대해 통렬하게 비판하기도 합니다. 살라딘과 발리안 두 사람 모두 실존인물이지만, 발리안의 경우 많은 허구적인 설정들이 가미되었어요. 옆의 사진은 영국 런던 국회의사당 앞 리처드 1세의 동상으로 선생님이 직접 찍었어요. 리처드 1세는 1187년 예루살렘 함락 이후 십자군 전쟁에 참전하였으며, 영화 〈킹덤 오브 헤븐〉에서도 잠깐 등장합니다.

천일의 앤 | Anne of the Thousand Days

장르: 드라마(영국) | **감독:** 찰스 재롯 | **개봉:** 1969.12.18 | 전체관람가

영화의 제목인 〈천일의 앤〉은 바로 영국 왕 헨리 8세의 두 번째 부인 앤 불린을 의미해요. 그녀는 1533년 5월 28일부터 1536년 5월 17일까지 약 1,080여 일 동안 왕비 자리에 있었어요. 또한 앤 불린은 영국의 여왕 엘리자베스 1세의 어머니이기도 해요. 앤 불린의 남편인 헨리 8세는 영국 르네상스 시대를 대표하는 왕으로 영국의 종교개혁을 이끌었어요. 헨리 8세의 첫 번째 부인은 당시 강대국이자 가톨릭의 수호자였던 스페인 왕국의 공주 아라곤의 캐서린이었어요. 헨리 8세가 캐서린과 이혼함으로써 영국에서 종교개혁이 시작되었죠. 물론 헨리 8세가 단지 앤 불린과 사랑에 빠졌기 때문에 이혼을 했던 것은 아니에요. 그의 이혼 사건 이면에는 왕국의 계승권 확립(왕자 출산), 외세(스페인과 교황청, 신성로마제국)로부터의 영국의 정치적 독자성 확립 등 여러 복잡한 정치적인 문제가 존재하고 있어요. 〈천일의 앤〉은 이러한 시대적인 배경을 바탕으로 한 영화예요.

이재수의 난

장르: 드라마 (한국, 프랑스 합작) | **감독:** 박광수 | **개봉:** 1999.06.26 | 전체관람가

1901년 중앙정부의 봉건적 수탈에 대한 지방민들의 반감 및 외래종교와 토착문화 사이의 갈등 때문에 제주도에서 일어난 민란을 다룬 영화. 작가 현기영의 장편소설 『변방에 우짖는 새』(1983년)가 원작이에요. 이재수는 1894년 갑오경장 때 노비 신분에서 해방된 청년으로 1901년에 21세의 나이로 민란의 지도자가 되었다가 죽음을 당한 인물이에요. 이때는 대한제국 시대로서 근대국가 수립을 위해 광무개혁을 추진하던 고종황제는 재정확충을 위해 지방에 봉세관(封稅官, 세금을 징수하는 관리)을 파견합니다. 그런데 제주도에서 봉세관들은 천주교도들과 결탁하여 백성들을 극심하게 수탈했어요. 그 결과 제주도민들은 세금과 종교의 폐해를 시정할 것을

요구하며 봉기하였고, 처음에는 평화적으로 시작된 시위가 무력충돌로 확대되었어요. 이재수의 난은 역사 기록에서 크게 주목 받지 못했던 지방의 역사가 영화를 통해 널리 알려지게 된 사례입니다. 민란과 관계된 내용이 압축적으로 전개되기 때문에, 역사적인 배경을 알고 보면 영화의 내용을 이해하는 데 도움이 될 거예요.

마지막 황제 I The Last Emperor

장르: 드라마, 서사 (미국, 프랑스, 영국, 이탈리아 합작)
감독: 베르나르도 베르톨루치
개봉: 1988년 12월 | PG-13(부모주의, 부분적 13세미만 부적합)

중국 청나라의 마지막 황제 푸이의 생애를 다룬 영화예요. 그는 평생 허수아비 황제 노릇만 하다 2차대전 이후에는 전쟁 범죄자로 감옥에서 복역까지 한 파란만장한 삶을 산 인물입니다. 영화는 그러한 그의 생애를 담담하게 그려나갑니다. 푸이는 불과 세 살 때인 1908년에 청나라의 12대 황제로 즉위했어요. 그런데, 1911년에 신해혁명이 일어나면서 황제의 자리에서 물러납니다. 이후 푸이는 1931년에 일본이 만주를 침략했을 때 만주국의 황제가 되죠. 그 때문에 2차 대전이 끝난 후 전쟁범죄자가 되어 중국에서 9년간의 감옥 생활을 하게 되지요. 말년에는 존경받는 시민으로 살다 1967년에 세상을 떠났다고 합니다. 푸이의 삶은 역사 앞에서 무력한 개인의 모습을 보여주는 듯합니다. 어떤 이는 그를 반(反) 영웅, 즉 긍정적인 영웅상과는 반대되는 인간이라 일컫기도 했습니다. 푸이는 말년에 일본과 손을 잡은 것이 크나큰 잘못을 저지른 것이라는 점을 깨닫고 괴로워했다고 합니다. 만약 푸이가 일본인들과 결탁하지 않고 다른 선택을 했다면 그의 생애는 어떻게 달라졌을까요?

» 김남시 선생님

고등학교 미술 시간에 '미학'이라는 말을 처음 듣고 미학을 공부하기로 마음먹었어요. 결심한 바대로 대학에서 미학을 공부하고 지금은 이화여자대학교 조형예술학부에서 미학과 문화이론을 가르치고 있어요. 이 책을 읽는 학생들에게 '하고 싶은 것을 하기 위해서는 해야 하는 일들도 있다는 것'을 꼭 말해주고 싶어요. 일례로 피아노를 멋지게 치고 싶다는 바람은 매일매일 '피아노를 치는' 삶을 통해서만 이루어질 수 있어요. '하고 싶다~'가 전제되지 않으면 해야 하는 일은 고통과 괴로움이지만, 하고 싶은 목표가 생기면 해야 하는 일은 자신이 하고 싶은 일을 이루는 과정이 된답니다.

남을 흉내 내지 않고
생각하며 살아가는 삶

···

철학

philosophy

생각하며 살지 않으면 사는 대로 생각하게 돼요

'생각'이 무엇인지 함께 생각해 볼까요?

방금 이 책을 펴면서 여러분은 무슨 생각을 했나요? '철학 시간이네.' '아, 배고파.' '책 읽기 싫다!' '내일 친구랑 뭐하며 놀까?' …… 짧은 순간이지만 제각각 다른 생각을 했을 거예요. 그래요. 우리는 늘, 매일, 순간순간 자신도 모르는 사이에 생각을 해요.

넓은 의미에서 철학은 "생각하는 것"이라고 정의할 수 있어요. 생각한다는 건 돈도 들지 않아요. 별다른 도구들도 필요로 하지 않죠. 책과 연필, 노트가 있다면 요긴하겠지만 그게 없어도 충분히 생각할 수 있어요. '밖에 비가 내리네. 아 짜증나!' '이번 개그콘서트는 별로 재미없었어.' '이 아이스크림은 정말 맛있어!', '오늘 남자 친구의 패션은 완전 내 스타일!', '신나는 노래 듣고 싶다.' 등 이 모두가 생각입니다.

생각하는 것과 그냥 살아가는 것은 어떤 차이가 있을까요?

그렇다고 해서 비가 내린다고 짜증을 내는 사람에게 '철학'하고 있다고 말할 수는 없어요. 철학적으로 생각한다는 것은 이렇게 순간순간의 감정과 생각에 자기 자신을 내맡기는 것과는 달라요. 이런 종류의 생각과 감정은 노력해서 얻은 것이 아니기 때문에 '생각'한다기보다는 그냥 '살아간다'에 어울린다고 할 수 있죠.

우리가 사는 하루하루의 일상은 상당히 힘이 세요. 거기에 맞추어서 살아가다 보면 살아가는 대로만 생각하게 되죠. "생각하는 대로 살지 않으면 사는 대로 생각하게 된다."는 프랑스의 작가 폴 부르제의 명언처럼요. 폴 부르제의 말은 그러니까 "철학하자!" "철학적으로 살아가자!"라는 말과 같은 의미예요.

방금 떠오른 생각을 정돈하고 곱씹어서 다시 생각하기

그렇다면 "생각하면서 살아가기"는 어떻게 하는 것일까요? 그 첫 번째 방법은 자신이 느낀 감정과 생각들을 다시 '생각'하는 거예요. 떠오르는 감정과 생각을 표현하고 그치는 것이 아니라 그 '생각'을 대상으로 삼아 다시 '생각'해 보는 거죠. 그 생각들을 정돈하고, 곱씹어보고, '그 때 왜 내게 그런 감정, 그런 생각이 들었을까?'라고 유추하는 것이 바로 생각하면서 살아가는 모습이에요.

예를 들어 앞에서 '비가 오네. 아 짜증나!'라고 생각했다면 '비가 오 면 왜 나는 짜증이 나는 걸까?' '나만 그럴까? 아니면 다른 사람도 그럴 까?' '다른 곳에도 지금 비가 내릴까?' '비는 왜 내리는 거지?' 등 방금 떠오른 생각을 재료 삼아 생각을 이어나가는 거죠. 어때요? 이제 생각 하는 것과 그냥 살아가는 것의 차이를 이해했나요?

철학의 시작은 질문이에요

이럴 때 무엇보다 질문을 던지는 것으로부터 출발하면 좋아요. 학생 들에게 질문을 하라고 하면, "뭘 알아야 질문을 하죠."라고 말하곤 하는 데, 절대 그렇지 않아요.

예를 들어 철학자 비트겐슈타인은, "내 머리 속에 두개골이 들어 있 을까? 그것을 우리는 어떻게 확신할 수 있는가?"라는 질문을 던졌어 요. 이 질문을 듣고 참 바보 같은 질문이라고, 제정신이 아닌 사람 같다 고 생각하는 이들이 많을 거예요. 하지만 이렇게 모두가 당연하다고 생 각하는 것에 질문을 던지고 그것을 깊이 탐구하는 게 철학이에요. 바로

"내 머리 속에 두개골이 들어 있을까?"
너무 당연한 걸 왜 묻냐고요?
철학은 모두가 당연하다고 생각하는 것에
의문을 갖고 생각해 보는 학문이에요.

이런 질문으로부터 우리는 과연 우리가 '당연하다'고 알고 있는 것이 정말 그러한지, 왜 우리는 그것에 대해 당연하다고 여기게 되었는지를 생각하게 되기 때문이죠. 비트겐슈타인의 질문은 인간의 지식, 나아가 우리가 어떤 지식에 대해 갖는 확실성의 근거와 이유를 믿는 중요한 철학적 질문이에요.

질문은 호기심에서부터 나와 우리가 알고자 하는 것을 꼭 집어내는 포크나 갈퀴 같은 것이에요. 저 앞에 맛있어 보이는 케이크가 있어도 포크로 찍지 않으면 먹을 수 없듯이, 이 세상에 우리가 알고 싶고, 알아야 할 것들이 많아도 먼저 내가 질문을 던지지 않으면 나의 것이 되지 않아요.

그렇다면 철학자들은 왜 이렇게 당연한 것에 의문을 갖는 걸까요? 그것은 바로 그런 질문을 통해서 우리를 둘러싸고 있는 세상, 세상의 모든 일들의 '본질'에 도달할 수 있기 때문이에요.

철학적인 질문은 어떻게 하면 좋을까요?

질문을 할 때 유의할 점이 있어요. 질문을 하면서 어디에선가 정답이 짠! 하고 나타나기를 기대해서는 안 돼요. 질문을 한 후에는 스스로 생각해 보고, 관련 자료를 찾아가며 대답을 구하려는 노력을 해야 해요. 철학적인 질문은 여러분이 학교에서 푸는 문제집의 질문들처럼 정답이 정해져 있지 않아요. 한마디로 모범답안지가 없는 거죠.

선생님이 알려주신 정답이나 문제집의 모범답안을 외우는 게 버릇이 된 학생들은 이런 질문들이 그리 반갑지 않을 거예요. 스스로 생각해서 나름의 답을 만들어내야 하니까요.

가끔씩 혼자 생각에 잠겨 쓸데없는 생각을 많이 하면 좋아요. 사실 철학적인 질문에는 쓸데없는 생각이란 없어요. 요즘처럼 세상이 경제적으로 유용한 것과 무용한 것을 기준으로 돌아가는 상황에서는, 심지어 사람의 생각까지도, 나아가 철학적 질문들까지도 '쓸데 있는 생각'과 '쓸데없는 생각'으로 구분하는 사람들이 많아졌어요. 그런 사람들은 예를 들어 "어떻게 전기 수요가 적은 LCD 모니터를 만들까?"라는 질문이 "어떻게 하면 행복해질 수 있을까?"라는 질문보다 훨씬 더 '가치 있는' 것이라고 말하죠. 그런 '쓸데없는' 생각들을 할 시간에 문제집이라도 한 권 더 풀라고 닦달하기도 하고요. 이런 생각은 스스로 사고할 수 있는 가능성을 가로막는다는 점에서 매우 위험해요. 생각하는 방식이 고정되어 있거나 정해져 있는 답안만을 암기하다 보면 어느 순간 혼자 생각하는 것을 귀찮아하거나 어려워하게 될 거예요.

그러다 보면 살아가면서 부딪히는 다양한 문제들, 자기 스스로가 해답을 구해야만 하는 문제들, 그 해답으로부터 자신의 입장을 정하고, 어떻게 행동할지를 결정해야 하는 수많은 질문들, 그 어디에도 모범답안이 마련되어 있지 않은 그 질문들 앞에서 무력해질 수밖에 없어요.

그러므로 여러분은 좀 바보 같아 보이는 질문에 좀 용감해져 보세요.

그것이 철학을 하기 위한 첫 번째 마음가짐이랍니다.

칸트 선생님의 질문을 통해 철학을 배워요

철학자 칸트 선생님의 질문들

인류의 역사에서 중요한 생각들을 내놓은 철학자들은 누구보다 질문을 잘했던 사람들이에요. 그리고 그렇게 던진 질문의 답을 얻기 위해 집요하게 생각하고, 그 생각을 좇아갔던 사람들이지요. 역사상 수많은 철학자들이 했던 질문들, 그리고 그들이 다루었던 문제들은 매우 광범위해요. 철학이 '모든 것'에 대해, '근본적'인 차원에까지 질문을 던지는 것인 한 이는 당연한 귀결이라고 할 수 있죠. 그럼에도 그 질문들이 관계하는 일정한 영역들을 구분해 볼 수는 있어요.

대표적인 예로, 독일의 철학자 칸트 선생님의 질문은 크게 세 가지로 구분할 수 있어요.

첫째, 난 무엇을 알 수 있는가?

둘째, 난 무엇을 해야 하는가?

셋째, 난 무엇을 희망할 수 있는가?

간결해 보이지만 이 질문으로 우리는 철학의 여러 분야에 관해 이야기를 나눌 수 있어요. 지금부터 이 질문을 바탕으로 철학의 주요 분야에 대해 알아볼까요?

철학의 분야들: 인식론, 윤리학, 형이상학

첫 번째 질문은 우리는 어떻게 무언가에 대해 알게 되는가, 그 앎이 옳다는 것은 어떻게 아는가, 사물에 대한 앎과 사물 그 자체는 일치하는가, 내가 아는 것을 다른 사람도 아는가와 같은 인간의 인식과 앎, 진리에 대한 물음들이 포함돼요. 이런 물음들을 다루는 철학의 분야를 '인식론'이라고 부르죠.

두 번째는 윤리학적인 질문이에요. 특정 상황에서 나는 어떻게 행동해야 하는가? 어떻게 행동하는 것이 옳은 것이며, 왜 그러한가? 사회가 요구하는 규범들은 반드시 따라야 하는가? 사람을 해치는 것은 왜 나쁜가? 동물 실험은 해도 되는가? 이처럼 우리가 살아가는 데 제기되는 실천적 행위의 문제와 관련된 물음들이죠.

• 철학자 이마누엘 칸트 •

난 무엇을 알 수 있는가?
난 무엇을 해야 하는가?
난 무엇을 희망할 수 있는가?
여러분 스스로에게 질문을 해보세요.

칸트는 세 번째 물음을 형이상학과 관련시켰어요. 형이상학은 철학의 매우 중요한 연구 분야이며, 그만큼 역사도 오래됐어요. 신은 존재하는가? 시간에는 끝이 있을까? 인간이 죽은 후의 세계는 존재할까? 인간은 자유로운가? 역사는 발전하는 것일까? 이처럼 과학이나 실험을 통해 확인될 수 없는, 세계 전체, 존재하는 모든 것을 포괄하는 질문들이 다루어지는데, 이런 질문을 형이상학적인 질문이라고 해요.

인간은 본래 선할까요, 악할까요?

형이상학은 인간과 세계의 모든 존재하는 것들이 어떻게, 어떤 방식으로 존재하게 되었고, 존재하고 있는가라는 물음을 다루는 존재론과 신의 문제를 탐구하는 신학으로 나누어 볼 수 있어요.

예를 들어 인간의 본성이 선할까 아니면 악할까라는 질문은 형이상학적인 질문이에요. 이 질문에 대해서는 어떤 경험적인 관찰이나 연구도 확정적인 답을 내릴 수 없어요. 설사 사람들의 '선함' 혹은 '악함'을 경험적으로 실험을 통해 탐구할 수 있다고 해도, 그런 방식으로 수백, 수천 명을 연구해 통계를 냈다고 해도 그로부터 '인간의 본성이 선한지 악한지'에 대한 대답은 결코 나올 수 없어요.

그렇다고 해서 이 질문을 던지고 그에 대한 답을 생각해 보는 일이 허황되고 쓸데없는 일일까요? 그렇지 않아요. 이 질문에 어떤 답을 내리는가는 사람을 어떻게 대할 것인지, 우리가 사는 사회를 어떻게 바라볼 것인지에 대한 사회, 윤리, 정치적인 질문과 직결되기 때문이에요.

인간의 본성이 본래 선하다고 보는 사람은, 오늘날 분명히 존재하는 '악한 사람'들을 그 애초의 본성이 여러 가지의 외적인 조건과 원인으로 인해 '퇴색'되거나 '상실'되어서 생겨난 결과라고 생각하죠. 예를 들어 철학자 장 자크 루소는 『인간 불평등 기원론』에서 아직 사회를 이루고 살기 이전 '자연 상태'의 인간들은 쓸데없이 타인을 괴롭히고 싶어하지 않는, 다른 사람이나 존재가 고통 받는 걸 꺼려하는 본질적인 동정심을 가지고 있었다고 말해요. 그런데 오늘날 사람들이 갖는 이기심과 서로에 대한 증오나 공격심은, 사회와 문명을 이루고 살면서 애초에 갖고 있던 그 근원적인 동정심이 퇴색된 탓이라는 거죠.

그렇다면 우리가 할 일은, 인간이 지닌 애초의 선함을 회복할 수 있도록 그를 가로막고 변질시키며, 감추게 하는 사회적 요인들을 최소화하는 노력일 거예요. 교육도 그런 방향으로 이루어지고, 사회도 그렇게 구성되는 것이 바람직한 방향일 거고요.

인간이 본성적으로 '악하다'라는 생각에서 출발하는 사람들은 '선함'이란 그 악함을 억제하고 규제하면서 발양되는 일종의 '사회적 덕목'이라고 여기죠. 이들은 선함이란 본래적으로 이기적이고 자기중심적인 인간이 사회를 이루고 살면서 타인을 '배려'함을 배우고 내면화하면서 생겨난 덕목이라고 생각해요. 이런 전제로부터는 인간을 어떻게 교육

· 맹자(左) / 순자(右) ·

맹자는 인간은 본래 선하게 태어난다고 했고,
순자는 인간은 태어날 때 악하게 태어난다고 했어요.
과연 어느 철학자의 말이 진실일까요?

할 것인지, 잘못을 저지르는 사람을 어떻게 처벌할 것인지, 그를 위해 어떤 성격과 구조를 갖는 사회를 구성할 것인지에 대한 다른 생각이 도출될 수밖에 없겠죠?

철학은 학문의 기초랍니다

오늘날 철학은 각 학문 분야들과도 결합되어 있어요. 법학, 정치학, 사회학, 심리학, 언어학, 수학, 자연과학, 역사학 등 다양한 학문 분야들은 이전 시기 철학에서 다루던 문제와 방법들에서부터 발전되어 나왔지요. 그렇기에 그 학문들의 방법과 관점에는 철학적 물음들이 놓여 있답니다. 예를 들어 다양한 종류의 법의 성격과 적용의 문제들을 다루는 법학은, 법이 인간에게 어떤 의미를 갖는가, 우리는 왜 법을 필요로 하는가와 같은 철학적 질문에 대한 답변에서부터 출발하지요. 각 나라의 다양한 정치체제의 성격과 역사 등을 연구하는 정치학은 인간이 공동체를 이루고 사는 이유는 무엇이며, 바람직한 공동체는 어떤 것인가라는 철학적 질문을 피해갈 수 없지요. 천체와 생물, 물리적 공간과 운동의 문제들을 연구하는 자연과학은 또 어떻고요? 자연과학은 인간이 어떻게 외부의 사물을 인식하는지, 우리에게 보이는 것은 외부 사물 그 자체와 일치하는지 아닌지와 같은 철학적 물음에 대한 일정한 답변에서 시작할 수밖에 없어요. 각 학문들이 가지고 있는 이러한 철학적 질문들을 특화해서 다루는 학문 분야가 법철학, 정치철학, 사회철학, 심리철학, 언어철학, 과학철학, 역사철학 등이랍니다.

이 밖에도 기술의 본성과 그것이 인간사회에 대해 갖는 관계를 연구하는 기술철학, 인간의 문화가 갖는 특성과 성격을 사유하는 문화철학, 미학 등이 포함돼요.

우리의 지식과
그 구조에 대해 알아볼까요?

지구가 둥글다고 믿는 이유에 대해 생각해 볼까요?

철학함에 있어서 어리석거나 바보 같은 질문은 없다라는 말 기억하죠? 그렇다면 이런 질문은 어떨까요? 나는 지구가 둥글다고 '알고' 있는데, 그걸 어떻게 아는 것일까? 앞에서 말한 철학의 분야를 주의 깊게 읽은 사람이라면, 우리의 앎의 조건과 가능성에 대해 묻는 인식론적 물음이라는 것을 이해할 수 있을 거예요.

자, 우리의 질문을 다시 한번 정리해 볼게요.

"난 지구가 둥글다고 믿는다. 혹은 난 지구가 둥글다는 것을 안다. 난 그걸 어떻게 아는가?"

우선 믿을 만한 사람들에게 지구가 둥글다고 하는 사실에 대해 배웠으며, 교과서나 백과사전과 같은 신뢰할 만한 책과 다른 매체들을 통해 그 사실을 확인받았을 수 있어요. 지구가 둥글다는 사실을 가르쳐준 사람들, 예컨대 선생님들이 집단적으로 거짓말을 할 이유가 없으며, 또한 책 혹은 다른 매체들이 모두 한목소리로 지구가 둥글다고 이야기하고 있다는 사실은 그것이 거짓이 아니라는 것을 말해 주는 증거죠.

더 나아가 직접 우주선을 타고 대기권 밖에 나가 지구를 본 사람들이 지구가 둥글다는 사실을 확인해 주었고, 입증할 만한 사진도 찍었어요. 그들의 말과 사진들은 신뢰할 만하며, 그들이 거짓말을 하고 있다고 여겨지지는 않아요. (그들이 내게 거짓말을 하고 있을 이유가 없으니까요.) 나만 빼놓고 세상 모든 사람들이 나 하나를 속이기 위해 모두 작당하고 있는 것이 아니라면, 이 모든 사람들이 모두 지구가 둥글다는 것을 말하고 있는 마당에 나 혼자 지구가 둥글지 않다고 믿을 이유가 전혀 없죠. 곧 내겐 지구가 둥글다는 주장을 믿을 수많은 근거들이 존재하는 반면에 지구가 둥글지 않다는 주장을 믿을 만한 근거는 찾아볼 수 없어요. 이 것이 지구가 둥글다고 믿는 혹은 지구가 둥글다는 것을 안다고 말할 수 있는 이유예요.

신이 존재한다고 믿나요?

어떤 사람들은 예수 그리스도가 실존인물이었으며, 십자가에 못 박혀 죽었다가 사흘 후 부활했다고 믿어요. 그들은 어떻게 그러한 믿음을 갖게 되었을까요? 먼저 어려서 믿을 만한 어른에게 예수가 실존인물이며 죽은 후 부활했다는 이야기를 들었을 가능성이 매우 커요. 그 이야기를 진지하게 받아들이고 있는 책들과 다른 매체를 통해 그 사실에 대해 확인했을 수도 있고요.

그리고 수천 년 동안 인류가 진지하게 받아들이고 또 그를 통해 권위를 갖게 된 성경이라는 책이 위 사실들을 이야기하고 있죠. 교회나 성당의 믿을 만한 어른들, 신부님, 목사님 등이 그에 대해 강한 확신과 믿음을 가지고 말하며, 그 믿음에 따라 자신의 삶을 던져 살아가고 있어요. 나아가 몇몇 사람들은 죽은 예수를 덮었던 수의나 예수가 처형당한 십자가의 나무 조각 등을 발견했고, 조사한 결과 그것들이 예수 시대의 것이라는 사실이 밝혀졌다고 주장하기도 하죠. 이 많은 사람들이 구태여 내게 거짓말을 할 이유가 없는 한, 그들의 말은 거짓이 아닐 것이며 따라서 예수가 실존인물이었으며, 부활했다고 믿을 수 있을 거예요.

한편 성경은 하나의 '종교적' 텍스트일 뿐이며, 따라서 성경의 사실성은 신앙적 차원에서 받아들여야 한다는 주장들이 있어요. 또한 현대과학이 죽은 사람이 부활한다는 것은 불가능하다는 사실을 말해 주고 있

• 그리스도의 부활 •

예수 그리스도가 부활하는 장면을
그린 그림이에요.
이 화가는 어떻게 이런 믿음을
갖게 되었을까요?

다는 것도 알고요. 말하자면, 예수와 그의 부활을 믿게 하는 근거도 존재하는 한편, 그를 의심하게 할 만한, 다시 말하자면, 그를 사실적 믿음과는 다른 차원에서 받아들이게 하는, 다른 근거들도 존재해요. 따라서 예수와 그의 부활에 대한 나의 믿음은 지구가 둥글다는 나의 믿음만큼은 확실하지 않으며 변할 가능성이 있죠.

경험을 통해 직접 확인하지 않으면 믿을 수 없다고요?

무엇인가에 대한 우리의 앎은 이처럼 그 앎을 지지해 주는 다른 앎들에 의해 지탱돼요. 하나의 앎을 지탱해 주는 다른 지식 혹은 그 지식에 대한 믿음이 많으면 많을수록, 그 앎을 의심케 하는 근거가 적으면 적을수록 그 앎에 대한 확신은 더욱 커지게 마련이죠. 우리가 직접 자신의 눈으로 확인하지 않은 것들에 대해서 '확신'할 수 있게 하는 것도 앎이 지니고 있는 이러한 상호의존적, 체계적 성격이에요.

많은 사람들이 눈에 보이는 것만이 확실하다고 말해요. 혹은 내 눈으로 직접 보기 전에는 믿을 수 없다라고도 말하지요. 누군가의 말이 미심쩍을 경우, "내 눈으로 직접 확인해 봐야지."라고도 말하잖아요. 그런데 정말 우리는 우리가 직접 보지 않은, 곧 직접 경험하지 않은 사실들에 대해 아무런 확신도 가지지 못하는 걸까요?

반드시 그렇지만은 않아요. 알고 보면 우리는 오히려 우리가 경험하지 않은, 나아가 우리가 도저히 경험할 수 없는 많은 사실들에 대해서도 깊은 확신을 가지고 있어요. 그리고 바로 그 확신들 위에서 우리의 일상생활이 정상적으로 진행되고 있죠. 왜 그럴까요? 우리가 알고있는 역사적 지식들이 그 주장의 타당성을 의심하게 하기 때문이에요.

첫 번째, 우리는 이집트 왕 람세스 2세가 기관총으로 무장한 테러리스트들에 의해 사살되었다거나, 쌍둥이 빌딩 붕괴의 충격으로 사망했다고 생각하지 않아요. 그 이유는 역사적인 지식에 의거해 다음과 같이 증명할 수 있기 때문이에요.

"인류 역사에서 기관총은 빨라도 19세기나 되어서야 개발된 무기다. 이집트 왕 람세스 2세가 살았던 시기는 기원전이다. 19세기에 개발된 무기로 기원전에 살았던 누군가를 사살할 수는 없다. 따라서 람세스가 기관총에 의해 사살되었을 수는 없다."

이 논증의 타당성은 "그 누구도 시간을 거슬러 올라갈 수는 없다."는 명제에 의해 보증돼요. 또 "쌍둥이 빌딩 붕괴 사건은 2001년 9월에 일어났다. 따라서 람세스가 그 사건의 충격에 의해 사망했을 수는 없다." 는 논증 역시 그 누구도 시간을 거슬러 올라갈 수는 없다라는 위 명제에 의거해 있어요.

두 번째, 우린 직접 들여다보지는 않았지만, 내 두피 속에는 두개골이 있으며 그 안에 뇌가 들어 있다고 확신해요. 혹시 내 두개골을 내 눈으로 직접 보지 못했기 때문에 이 사실을 믿을 수 없다고 생각한 학생이 있나요? 만약 그런 생각을 했다면 앞부분에서 선생님의 설명을 매우 잘 들은 거예요.

"지금까지 확인된 모든 인간은 그 속에 뇌가 들어 있는 두개골을 가지고 있었다. 나 또한 인간이다. 따라서 나 역시 그 속에 뇌가 있는 두개골을 가지고 있음이 확실하다."

이것은 모든 인간 종은 생물학적으로 동일한 구조를 갖는다라는 명제와 귀납적 방법에 대한 믿음에 의거한 논증이에요.

세 번째, 우리는 지구가 지금 존재하고 있는 것처럼 150년 전에도 존재했었다고 확신하고 있어요. 이 확신은 어디서 온 것일까요?

이것은 다음과 같이 논증될 수 있어요.

"만일 150년 전에 지구가 존재하지 않았다면, 지금의 지구는 그 사이에 새로 생겨난 것이거나 아니면 지금도 존재하지 않을 것이다. 지구는 지금 존재하고 있으며, 150년 이전에 새로 생겨난 것이 아니다. 따라서 150년 전에도 지구는 존재했음이 확실하다."

이 논증은 물질적 사물의 객관적 존재성과 영속성, 곧 존재하는 물질은 그에 대한 나의 지각과 무관하게 존재하며, 중간에 사라졌다가 다시 생겨나거나 하지 않는다는 명제에 의해 그 타당성이 보증돼요.

믿음은 또 다른 믿음이 지탱해 줘요

앞에서 언급한 확신들은 재차 '시간의 역전 불가능성', '인간의 생물학적 동일성', '물질적 사물의 객관적 존재성과 영속성'이라는 또 다른 명제에 의거해 있어요. 소위 과학적 사실이건, 종교적 믿음이건, 아니면 연인의 사랑에 대한 의심이건 모든 의심 혹은 믿음의 구조는 이렇게 특정한 믿음(혹은 의심)과 그 믿음(혹은 의심)을 지탱해 주는 다른 믿음(혹은 의심)의 체계들로 이루어져 있어요.

사이비 종교의 신봉자들은, 이런저런 기회를 통해 자신들의 체험과 기존의 지식과 가치관 등이 그 종교의 종교적 신념을 지지하는 방식으로 기능하고 있음을 발견한 사람들이겠지요. 점점 그 종교에 몰두하는 동안 수많은 근거들이 그들의 종교적 신념을 지탱해 주죠. 더불어 종교적 신념을 의심케 할 만한 어떤 근거도 자신에게 남아 있지 않음을 발견한다면, 그는 이제 그 종교의 신봉자가 되는 거죠.

앎과 지식들을 대하는 태도

사이비 종교에 빠져드는 이유는 뭘까요?

우리의 지식과 앎, 나아가 믿음이 갖는 이러한 구조는 우리에게 한 가지 깨달음을 줘요. 왜 오늘날까지도, 예를 들어 적지 않은 사람들이 휴거나 지구 종말과 같은 사이비 종교에 빠져들고, 진화냐 창조냐라는 논쟁은 종결되지 않는지에 대해서 말이에요. 우리가 보기에는 '말도 안 되고' '비합리적'인 생각일지라도 앞에서 말한 앎의 체계적 구조를 갖추게 되면 어떤 다른 것들보다 확실한 믿음이 되기 때문이에요. 다수의 관찰이나 근거들이 서로 다른 명제나 근거들을 서로 뒷받침해 주는 체계적 관계가 되면 그에 근거한 믿음은 좀처럼 바꾸기가 힘들어요.

확신이 없어도 일상생활은 이루어져요

그래도 다행스러운 것은 이 세상에는 온갖 종류의 앎과 믿음이 존재하지만 적어도 우리에게는 그로 인해 우리의 일상적인 생활 자체를 불가능하게 하지 않게 하는 암묵적인 규칙 같은 게 작동하고 있다는 점이에요. 예를 들어 누군가는 앞에서 이야기했던 명제들에 대해 의문을 가질 수 있어요.

"정말 시간을 거슬러 올라가는 것은 불가능한 걸까?" "진정 모든 인간들은 생물학적으로 동일한 구조를 가지고 있을까?" "물질적 사물들이 객관적으로 또 영속적으로 존재한다는 것은 사실일까?" 이런 질문들을 던져보고 그에 대해 진지하게 생각해보는 사람은, 앞에서도 말했던 것처럼 철학적 생각에 꽤 익숙해 있는 셈이에요. 그렇지만 그런 사람들도 일상생활을 하면서는 이 명제들을 문제 삼지는 않아요. 다르게 말하자면 그 명제들의 확실성을 문제 삼거나 의심하지 않기에 사실상 정상적인 생활이 가능하다는 거예요.

책상 서랍에 물건을 넣어 놓으려 하거나, 누군가에게 "이따가 수학책 좀 내 책상에 갖다 줘."라고 부탁할 때 우린 그 책상이 내가 보지 않을 때도 존재한다고 확신하고 있는 거잖아요. 내시경으로 위를 검진하는 의사는 모든 인간의 위가 동일한 생물학적 구조를 갖는다고 확신하고 있고요. 카프카의 소설 『변신』에 등장하는 그레고리 잠자처럼 내일 아침 갑자기 벌레로 변신해버리지 않는다는 확신 아래서 친구와 만날 약속을 잡는 거고요. 살인범에게 징역 10년을 구형하는 판사는 그 사이 갑자기 지구가 멸망해버리지 않을 것임을 확신하고 있다고 할 수 있어요. 길을 걷고 있는 나는 갑자기 지구의 중력이 사라져 내가 하늘로 날아가버리지 않을 것이라고 확신하고요.

이처럼 우리는 일상생활의 실천적 맥락 속에서 스스로 검증하지 않은 수많은 확신들에 의거해 판단하고, 판결을 내리고, 처방하고, 약속을 하며, 길을 걸어요. 만일 누군가 우리의 일상적인 삶의 실천들을 지탱하고 있는 수많은 확신들을 심각하게 의심한다면, 더 이상 정상적인 삶을 진행시켜 나가지 못할 거예요. 심한 경우 그는 정신병자로 취급받을 수도 있겠죠. "일상생활을 뒷받침해 주는 검증되지 않은 믿음들을 의심없이 받아들일 것!" 이것이 일상생활이라는 언어 게임의 기본규칙이며, 이를 우리는 암묵적으로 따르고 있어요. 이는 마치 우리가 축구를 하면서 공을 손으로 잡아서는 안 된다는 규칙을 문제 삼지 않고 따르는 것과 같아요. 일상생활의 게임 규칙을 받아들이지 않으면, 어느 누구도 그 게임에 참여할 수 없겠죠?

규칙을 깨는 상상도 필요해요

그렇다고 해서 일상적인 삶의 게임 규칙에만 생각과 상상의 가능성을 제한시킨다면 재미없고, 창의적이지 못한 사람이 될 가능성이 매우 커요.

우리에게는 일상의 게임 규칙과는 다른 규칙을 갖는 언어 게임도 있어요. 그 속에선 우리는 시간을 거슬러 올라가는 타임머신에 대해 이야기하고, 우리와는 다른 생물학적 구조를 가진 지구에 숨어사는 외계인에 대해 말하고, 자전거를 타고 하늘을 날아다니기도 해요. 여기에서라면 람세스 2세는 타임머신을 타고 과거로 돌아간 20세기의 테러범에 의해 사살되었을 수도 있으며, 미래 세계에서 전파된 방송을 통해 쌍둥이 빌딩 붕괴 소식을 듣고 충격을 받아 심장마비로 사망했을 수도 있어요. 그 속에서는, 어느 날 아침에 벌레로 변해버린 내가 아버지가 던진 사과에 맞아 죽음을 맞이할 수도 있고, 사실상 지구와 모든 지구인들이 어떤 외계인에 의해 10초 전에 만들어진 가상 리얼리티일 수도 있어요. SF영화나 소설, 컴퓨터 게임 등의 언어 게임이 그렇죠.

정상적인 경우라면 우리는 일상생활의 언어 게임과 예술 및 판타지의 언어 게임의 규칙을 구분하고 또 그에 따라 행동해요. 때문에 우리는 극 중에서 살해당하는 배우를 구출하기 위해 무대 위로 뛰어오르거나, 미래로 가기 위해 벼랑을 향해 과속으로 질주하거나, 바퀴벌레 외계인이 두려워 바퀴벌레를 죽이지 못하거나 하지는 않아요.

당연하다고 생각하는 것을 의심해 봐요

종종 어떤 사람들은 서로 다른 언어 게임의 규칙을 혼동해 사회적 문제를 일으키기도 해요. 지구의 멸망이 온다고 믿고 집단자살을 하거나, 사이비 종교의 교주가 재림한 예수라 믿고 전 재산을 갖다 바치기도 하죠. 또 민족 신화나 설화의 영역에서 통용될 법한 언어 게임의 규칙을 사회, 정치적 삶의 영역과 섞어버린 히틀러에 의해 나치시대 독일인들은 가장 우수한 인종인 독일인이 세계를 지배해야 한다고 믿고 전쟁을 일으키기도 했고요.

특히 사회적, 윤리적 행위의 영역에서 의심 없이 받아들여 행하고 있는 많은 수의 게임 규칙들이 종종 우리의 시선과 자유를 암암리에 한계 짓는 이데올로기인 경우도 많아요. 바로 이 지점에서 앞에서 이야기했던 '생각하면서 살아가기'가 다시 한번 절실해지죠.

일상의 삶을 살아갈 때 우리가 암묵적으로 받아들이고 있는 전제들을 철학적으로 생각해보는 것과 더불어, 우리가 당연하게 받아들이고 있는 언어 게임의 규칙들에 대해 의심하고 그와는 다른 가능성에 대해 질문하기, 이것이 생각하면서 살아가는 철학의 실천이랍니다.

프랑스 바칼로레아 철학 논술 문제

바칼로레아는 프랑스의 대입자격시험이자 고등학교 졸업자격시험이에요.
시험 과목은 수학, 물리&화학, 경제학, 사회과학, 프랑스어, 철학, 역사&지리,
외국어 등입니다. 이중 가장 비중이 높은 과목 중의 하나가 철학이에요.
철학 시험은 3개 주제 중 1개를 선택해 4시간 동안 논문 형태로 작성해야 하는데,
프랑스에서는 시험이 끝난 후 각 언론매체에서 유명인사와 시민들을 모아놓고
시험 문제에 대해 각종 토론회를 열 정도로 사회적 이슈가 된다고 해요.
그동안 출제된 문제는 다음과 같아요.

2013년

문학계열	• 언어는 도구일 뿐인가? • 과학은 어떤 사실을 증명하는 것에 그치는가? • 1645년 데카르트가 엘리자베스에게 보낸 편지의 요약본에 대해 설명하시오.
사회계열	• 우리는 국가를 위해 무엇을 해야만 하는가? • 우리는 지식의 한계를 갖고 해석하는가? • 성 앙젤름(12세기 이탈리아 수도사)의 『조화로부터』의 요약본에 대해 논평하시오.
과학계열	• 우리는 정치에 관심을 두지 않고 도덕적으로 행동할 수 있는가? • 일은 우리가 자의식을 갖도록 해주는가? • 앙리 베르그송(20세기 프랑스 철학자)이 쓴 『사상과 움직이는 것』의 요약본을 보고 '진정한 판단이란 무엇인가?'에 대해 논하시오.

2008년

문학계열	• 생명에 대한 과학적 인식이 가능한가?
	• 인지는 훈련될 수 있는가?
	• 장 폴 사르트르의 『지식인을 위한 변명』 요약본에 대해 논평하시오.
상경계열	• 고통을 받지 않고 욕망을 느낄 수 있는가?
	• 자기 자신을 아는 것보다 타인을 아는 것이 더 용이한가?
	• 알렉시스 드 토크빌의 『민주주의에 대하여』 요약본에 대해 논평하시오.
자연계열	• 예술은 우리의 현실 인식을 변화시키는가?
	• 진실을 세우는 데 증명 이외의 다른 수단이 있는가?
	• 쇼펜하우어의 『의지와 표상으로서의 세계』 요약본에 대해 논평하시오.

2007년

문과계열	• 자각을 하는 것은 해방되는 일인가?
	• 예술작품은 다른 것들과 마찬가지로 실재하는가?
	• 책임과 관련한 아리스토텔레스의 『니코마코스 윤리학』의 요약본을 논평하시오.
사회계열	• 사람들은 선입견을 버리지 못하나?
	• 우리는 일을 하면서 무엇을 얻는가?
	• 도덕과 관련한 니체의 『인간적인, 너무나 인간적인』의 요약본을 논평하시오.
과학계열	• 욕망은 실재를 만족시키는가?
	• 육체 노동과 정신 노동의 대립은 어떤 의미인가?
	• 정의와 관련한 흄의 『도덕 원리들에 대한 탐구』의 요약본을 논평하시오.

» 김용민 선생님

1993년부터 연세대학교 독어독문학과 교수로 임용되어 지금까지 학생들을 가르치고 있어요. 2008년부터는 연세대 인문학연구원 부원장으로 일하면서 청소년을 위한 인문학 강좌에서 청소년들을 만나왔어요. 인문학은 낯선 세계로 떠나는 지적여행이라고 생각해요. 그 여행길에서 여러분은 풍부한 상상력과 자기완성을 경험할 거예요.

미지의 세계로
떠나는 모험

...

신화

myth

신화를 읽어야 하는 이유는 멀까요?

신화의 세계에 온 걸 환영해요

신화하면 무엇이 먼저 떠오르나요? 아마도 많은 학생들이 그리스 신화나 단군신화를 떠올릴 것 같아요. 그래요. 그리스 신화나 단군신화를 비롯한 건국신화에는 신이나 영웅이 등장해요. 이처럼 신이나 영웅들의 사적을 전하는 신성한 이야기를 일컬어 신화라고 하죠.

우리에게 단군신화가 있는 것처럼 각 나라에는 건국신화가 있어요. 로마 건국신화, 중국 건국신화, 프랑스 건국신화 ……. 각 나라마다 나라를 세우게 된 내력에 대한 이야기가 전해지죠.

재미있는 것은 나라와 민족은 다르지만 신화의 내용은 대부분 비슷하다는 거예요. 주인공 이름만 다를 뿐 주인공이 태어난 배경이나 성장 과정이 거의 같은 경우도 있어요. 그 이유는 뭘까요? 그것은 우리가 신화를 읽어야 하는 이유와 연관이 많은데요, 신화는 보편적인 인간의 삶을 이야기하고 있기 때문이에요. 그리스 신화라고 해서 반드시 그리스 사람만이 이해하고 경험할 수 있는 이야기가 아니라 전 세계 사람들이 경험하고 공감할 수 있는 이야기라고 할 수 있어요. 신화는 나라와 민족을 떠나 우리 인간들의 공통적인 체험을 표현하는 이야기거든요.

신화의 영웅들이 청소년에게 주는 교훈은 뭘까요?

좀 더 구체적으로 신화의 내용을 살펴볼까요? 신화는 우리에게 세상이 어떻게 창조되고 발전하여 오늘날의 모습을 띠게 되었는지, 우리는 어디에서 와서 어디로 가는지, 우리가 만나야 할 위험을 어떻게 넘어야 하는가를 보여줘요.

신화에는 유독 영웅들의 이야기가 많이 나와요. 그리고 영웅들은 모두 새로운 세계, 미지의 세계로 길을 떠나죠. 물론 낯선 세계로 가는 길은 결코 순탄하지 않고요. 온통 위험으로 가득 차 있죠. 신화 속의 영웅들은 그 위험을 하나씩 극복해 가며 새로운 세계에 도착해서 무엇인가를 배우거나 얻어서 다시 떠났던 자신의 세계로 돌아와 그 세계를 풍요롭게 만들어 주는 이들이에요.

신화 속의 영웅 이야기는 특히 이제 막 세상으로 발을 내디디려 하는 청소년들에게 많은 시사점을 줍니다. 그럼 이제부터 여러분에게 익숙한 그리스 신화 속 영웅들을 통해 신화가 주는 교훈을 찾아보죠.

그리스 신화의 대표 영웅, 테세우스

"가죽 부대의 긴 목을 열지 말라."

아테네의 왕 아이게우스는 두 번 결혼했지만 아들을 얻지 못했어요. 고심 끝에 그는 델피 신전에 가서 제물을 바치고 어떻게 하면 아들을 얻을 수 있을지 물었죠. 그러자 "아테네에 도착할 때까지 가죽부대의 긴 목을 열지 말라."는 신탁이 내려졌어요. 그는 신탁에서 말하는 가죽 부대가 포도주를 넣고 다니는 가죽 주머니를 말하는 것으로 생각하고 절대 술 주머니를 열지 않았죠.

돌아오는 길에 아이게우스는 아테네로 바로 가지 않고 트로이젠으로 향합니다. 현자로 알려진 트로이젠의 왕 피테우스에게 신탁의 의미를

• 델피 신전 •

델피 신전은 그리스 중서부 파르나소스 산의
중턱에 걸쳐 있어요.
이곳을 옴팔로스라고 하여 세상의 중심이라고 여겼어요.

확인하기 위해서지요. 피테우스는 아이게우스의 말을 듣고 그것이 영웅 탄생의 신탁임을 간파합니다. 하지만 아이게우스에게 그 사실을 알리지 않아요. 대신 그는 아이게우스에게 술을 권해 취하게 한 후 자신의 딸 아이트라를 그의 침실에 들여보냅니다. 피테우스는 자신의 손자를 아테네의 왕으로 만들고자 했던 거예요.

피테우스의 바람대로 아이트라는 임신을 합니다. 이 모든 사실을 알게 된 아이게우스는 아테네로 돌아가기 전에 아이트라를 제우스 신전 근처로 데려가요. 그곳에서 커다란 바위를 들어 올리고 자신의 칼과 샌들을 묻고는 다시 바위로 덮은 후에 아이트라에게 아이가 자라 아버지를 찾으면 칼과 샌들을 꺼내 아테네로 자신을 찾아오라 이르고는 길을 떠납니다.

아버지를 찾아 모험에 나선 테세우스

신화에서 늘 그렇듯 아이트라는 아들을 낳았고 이름을 테세우스, 그리스어로 '놓은 자'라고 지었어요. 그의 아버지가 증표를 바위 밑에 놓고 갔다는 의미예요. 건장한 젊은이로 성장한 테세우스는 어머니로부터 아버지에 관해 듣게 됩니다. 그 길로 커다란 바위를 들어 올리고 증표를 챙겨 마침내 아버지를 찾아 아테네로 떠나요.

당시 트로이젠에서 배를 타고 하루 정도면 아테네로 갈 수 있었어요.

· 테세우스 ·

테세우스가 아버지의 칼을 찾기 위해
커다란 바위를 들어 올리고 있어요.

하지만 테세우스는 쉬운 길을 택하지 않고 일부러 며칠씩 걸리는 육로를 선택해요. 험한 계곡과 울창한 숲, 그리고 바닷가 절벽을 지나야 하는 매우 험한 길인데도 말이죠. 길이 험하니 길목마다 도적과 악당들이 버티고 앉아 나그네들의 짐과 목숨을 빼앗는 일이 다반사였어요.

테세우스가 가는 길을 막아선 거인이나 악당들은 그야말로 제각각이었죠. 페리페테스는 엄청난 팔 힘으로 무쇠 철퇴를 휘둘러 나그네를 때려죽이고, 시네스는 소나무 두 그루를 휘어 거기에 사람들의 발을 묶고는 튕겨서 죽입니다. 스키론은 지나가는 나그네에게 자신의 발을 씻기라고 강요하고는 발로 차서 절벽으로 떨어뜨려 죽였고, 씨름의 명수 케르키온은 지나가는 사람과 씨름을 벌여 내동댕이쳐 죽여요. 이들은 테세우스가 한 고비를 넘을 때마다 나타나 그를 공격합니다. 그때마다 테세우스는 그들과 혈투를 벌여서 퇴치하고 그들의 무기를 자신의 것으로 삼았어요.

난관을 극복해야만 목표에 다다를 수 있어요

테세우스의 모험 가운데 가장 유명한 일화가 프로크루스테스의 침대예요. 혹시 들어본 적이 있나요? 프로크루스테스는 지나가는 나그네를 자기 집에 묵게 해요. 그의 집에는 침대가 있었는데, 그는 나그네를 침대에 눕힌 후 침대보다 키가 크면 발을 잘라 죽이고, 침대보다 키가 작으면 발을 잡아 늘여서 죽여요. 정말 놀랍지 않나요? 모든 사람을 침대에 맞춰서 자르고 늘린다는 생각을 어떻게 할 수 있었을까요?

프로크루스테스 이야기는 자신의 기준을 정해 놓고 모든 사람에게 그것을 강요하는 것을 의미해요. "내 기준에 다 맞춰!"라는 자세이죠. 다행히 용감한 테세우스는 프로크루스테스를 잡아서 똑같은 방법으로 복수를 합니다.

프로크루스테스를 비롯하여 테세우스가 맞닥뜨린 악당들은 그리스 신화뿐 아니라 우리가 살아가면서 부딪히는 위험이기도 해요. 한번 생각해 보세요. 자기 힘만 믿고 그것을 마구 휘두르는 사람들, 자신에게 무조건 봉사할 것을 강요하거나, 자신의 기준대로 모든 것을 처리하려는 사람들을 만난 적이 없나요?

테세우스가 아버지를 만나러 가는 길에 수많은 난관을 만난 것처럼 여러분들도 이런 난관을 만날 수 있어요. 바로 이런 진리를 우리는 신화를 통해 깨닫고, 또 난관을 극복해야만 목표에 도달할 수 있다는 교훈을 얻게 되죠.

시련을 극복하고 아테네의 왕자가 되다

테세우스가 악당들을 멋지게 물리쳤다는 소문은 그보다 훨씬 빨리 달려가 이미 아테네에 널리 퍼집니다. 아버지를 만나기 전에 이미 그

• 테세우스의 모험 •

페리페테스, 시네스, 케르키온, 프로크루스테스……
테세우스가 만난 악당들은
우리가 살아가면서 부딪히는 위험이기도 해요.

는 숱한 모험을 극복한 영웅이 된 것이죠. 테세우스는 아테네로 들어가 아이게우스를 만나요. 하지만 그동안 아이게우스의 왕비가 되어 아들까지 낳은 메데아가 미리 테세우스를 알아보고 음모를 꾀해 그를 죽이려고 하죠. 메데아는 먼저 테세우스가 왕위를 빼앗으러 온 거라고 왕을 꼬드겨요. 그런 다음 그를 만찬에 초대해 독을 탄 술을 마시게 해서 죽이려 하죠. 그러나 마지막 순간 아이게우스는 고기를 썰고 있는 테세우스의 칼이 자신이 남겨둔 것임을 알아차립니다. 그가 신고 있는 신발 역시 자신이 증표로 남긴 것임을 확인하고요. 고향과 어머니의 이름을 물은 후 마침내 아이게우스는 테세우스가 자신의 아들임을 확인합니다. 그걸 알고 메데아는 아들과 함께 동쪽으로 도망가서 거기에 페르시아를 세웠고 테세우스는 아테네의 왕자가 돼요.

테세우스가 아버지를 찾아오는 길에 겪은 시련은 결국 그가 왕자가 될 자격이 있는지를 증명하는 일종의 시험이었던 거죠.

테세우스는 유리왕 설화를 떠올리게 해요

테세우스의 아버지 찾기는 놀랍게도 우리나라의 고구려 건국신화 중의 유리왕 설화와 닮아 있어요. 고구려를 건국한 동명왕, 즉 주몽은 알에서 태어나 부여에서 성장했어요. 부여에서 그는 예씨와 결혼했지만 부여 왕자들의 시기 때문에 나라를 떠날 수밖에 없었죠. 떠날 때 그는 예씨에게 "만일 부인이 사내아이를 낳거든 내가 지녔던 유물을 일곱 모가 난 돌 위 소나무 밑에 감추어 두었으니, 그것을 찾아 내게로 오게 하시오. 그러면 그를 내 아들로 맞겠소."라는 말을 남깁니다.

아버지 없이 자라던 유리가 어머니로부터 자신의 아버지 주몽이 부여를 떠나 졸본에서 나라를 일으켰으며, 떠나기 전에 증표를 남겨두었다는 말을 듣게 돼요. 그는 증표를 찾아 헤매다 소나무 기둥이 서 있는 주춧돌 밑에서 부러진 칼을 찾아내서는 아버지를 만나러 떠나죠. 물론 유리가 아버지를 찾아가는 길에 어떤 시련을 겪었고 어떤 모험을 했는지는 유리왕 신화 속에 등장하지 않아요. 하지만 그가 아버지를 만나 증표를 제시하자 아버지가 부러진 칼의 나머지 반쪽을 맞춰보고 아들로 인정한 후 태자로 삼았고, 그 후에 주몽의 다른 아들인 온조와 비류는 고구려를 떠나 남쪽으로 내려와 나라를 세웠다는 점은 테세우스의 신화와 똑같아요.

신화는 우리가 어떻게 살아야 하는지 알려줘요

테세우스나 유리왕 모두 아버지로부터 왕위를 물려받은 후에 열심히 노력하여 훌륭한 왕이 되죠. 테세우스는 아테네 왕국을 괴롭히던 마라톤 지방의 황소를 제압하고, 8년마다 일곱 쌍의 청년과 처녀를 제물로 바쳐왔던 크레타 섬의 미노스 왕국에 스스로 제물이 되어 찾아가 괴물

미노타우로스를 처치하고 돌아와요. 또 왕이 된 후에는 아테네 최초로 주화를 주조하고 민주정치를 펼쳐요. 그리고 외국인에게도 동등한 권리를 부여하는 등 법 질서를 확립하여 아테네를 안정되고 강한 나라로 만드는 데 커다란 기초를 놓았죠.

유리왕 역시 주변 세력을 평정하고 수도를 졸본에서 국내성으로 옮기고 강국인 부여의 침략을 물리치는 등 이후 고구려가 대국으로 성장하는 기틀을 만들어요. 정말 신기하지 않나요? 그리스와 고구려는 시대도 다르고 거리도 무척 먼데 어떻게 이렇게 비슷한 이야기가 전해질 수 있을까요? 그것은 앞에서 말했듯이 신화가 우리 인간의 보편적인 경험과 삶의 지혜를 바탕으로 하고 있기 때문이에요.

여기서의 공통된 체험은 어려운 상황에 놓인 나라를 다스리기 위해서는 내부인보다는 새로운 경험과 인식, 그리고 모험을 통해 검증된 능력 있는 외부인이 더 적합하다는 역사적 인식이 작용한 결과랍니다. 그래서 두 신화가 장소와 시대가 서로 다른데도 거의 유사한 구조를 갖게 된 거예요.

신화나 고전이 결국은 인간의 삶과 인간의 공동체, 인간의 역사를 다루고 있다는 점에서 동서고금의 고전은 같은 문제를 다루고 있는 것이죠. 그러기에 인간을 다루는 인문학이 동양과 서양, 과거와 현재를 뛰어넘어 우리에게 삶을 어떻게 살아야 할지를 알려줄 수 있는 거랍니다.

미지의 세계로 길 떠남의 의미

테세우스와 유리왕의 신화는 자신이 살던 익숙한 곳을 떠나서 낯설고 위험한 미지의 세계로 들어가는 젊은이들의 이야기예요. 그들의 성취는 익숙한 세계를 떠나 모험의 세계로 나아갔기 때문에 가능했죠. 자신의 세계 안에 머물면 우물 안 개구리가 되어 넓고 깊게 볼 수가 없어요. 새로운 시각과 새로운 경험을 가져야 비로소 자신의 세계를 다르게 보고 다르게 만들어낼 수 있죠.

여러분도 잘 알고 있는 것처럼 싯다르타는 왕자의 신분을 버리고 왕궁을 떠나 6년간의 치열한 고행 끝에 부처가 되었고, 예수 역시 고향을 떠나 광야에서의 방황을 거쳐 인류의 구원자가 됩니다. 그러기에 인류의 수많은 신화와 고전작품에는 젊은이가 길을 떠나는 이야기가 많이 나와요. 오래전에 만들어진 신화나 전설, 민담에서뿐만 아니라 최근의 문학과 예술, 영화에서도 가장 즐겨 다루는 주제가 길 떠남과 모험, 그리고 귀환의 모티브라는 것은 이 주제가 그만큼 인류에게 매우 중요하다는 거예요.

유럽 문학의 시초라 여겨지는 호메로스의 서사시 『오디세이』는 오디세우스가 트로이 전쟁을 끝낸 후 집으로 귀향하기까지 10년간을 떠돌며 온갖 모험과 고초를 겪는 이야기죠. 또한 괴테의 소설 『빌헬름 마이스터의 수업시대』 역시 젊은이가 길을 떠나 숱한 어려움을 겪으며 자아를 완성해 나가는 이야기예요. 괴테의 이 소설을 성장소설이라 하는데, 세계문학사에는 이러한 성장소설이 셀 수 없이 많아요. 디킨스의 『데이비드 코퍼필드』와 『크눌프』, 이광수의 『나/소년편』와 박태순의 『형성』, 이문열의 『젊은 날의 초상』……

영화도 마찬가지예요. 로드 무비라는 장르가 따로 있듯이 많은 영화가 주인공이 길을 떠나 미지의 세계, 낯선 세계로 들어가 온갖 모험을 겪으며 성숙해지는 모티브가 주를 이루죠. 〈반지의 제왕〉이나 〈아바타〉, 미야자키 하야오의 애니메이션 영화인 〈원령공주〉나 〈센과 치히로의 행방불명〉 등 모두 미지의 세계로의 길 떠남과 모험, 그리고 자아 완성의 이야기예요.

괴테가 일생 동안 온갖 경험과 지혜를 다 모아 완성한 『파우스트』에는 "방황을 해보지 않으면 깨치지 못하는 법, 새롭게 태어나기를 바란다면 그것은 혼자 힘으로 이루어야 하는 것이다."라는 유명한 구절이 있어요. 새롭게 태어나기 위해서는 혼자 힘으로 방황을 통해 깨달음에 이르러야 한다는 말이지요.

인문 고전을 통한 간접 경험

낯선 세계로의 길 떠남은 실제로는 쉽지가 않아요. 지금 우리가 누리고 있는 모든 것을 던져버려야 하기 때문이죠. 하지만 고전은 이 문제

또한 해결해 줍니다. 고전을 읽음으로써 우리는 직접 길을 떠나지 않고서도 길을 떠나는 간접 경험을 할 수 있어요.

　인문학의 고전에는 유아기에서 성장기를 거쳐 성인기에 이르고, 성인기에서 이 세상을 떠나기까지의 문제, 더 나아가 이 사회와의 관계, 이 사회가 지니는 자연의 세계와 우주와의 관계가 들어 있어요. 또한 수많은 젊은이들이 자신의 세계를 떠나 온갖 시련과 어려움을 극복하며 마침내 목표에 도달하는 이야기가 들어 있죠.

　오늘날 우리는 인문학의 고전을 통해 직접 길을 떠나지 않고서도 낯설고 신기로운 것들이 가득한 세계를 엿볼 수 있어요. 고전을 통해 그런 인문학의 세계로 들어가는 것, 그 또한 새롭고 낯선 세계로의 길 떠남이 아닐까요?

　직접 모험의 세계로 떠나건, 아니면 인문학의 세계로 지적 여행을 떠나건 거기에서 우리는 많은 새로운 경험을 할 것이고, 그 경험이 우리의 삶을 풍요롭게 만들어줄 것이라는 데는 의심의 여지가 없죠.

도전의 상징,
이카로스

최초로 하늘을 날아 오른 이카로스

이카로스의 아버지 다이달로스는 그리스 최고의 기술자이자 과학자
예요. 도끼, 송곳, 자와 같은 많은 연장을 발명했고, 그가 만든 조각상
을 보면 마치 살아 움직일 것 같은 착각이 들 정도였대요. 그는 건축에
도 특별한 재능이 있었는데, 그가 건설한 크레타의 미노스 왕궁은 너무
도 완벽하여 난공불락의 요새가 되었어요. 하지만 온갖 발명품을 능숙
하게 만들어내 왕의 총애를 받던 다이달로스는 자신의 재능 때문에 미
노스 왕의 미움을 사게 돼요. 화가 난 미노스 왕은 다이달로스를 아들
이카로스와 함께 탑에 가두어버렸죠. 그런데 미노스 궁은 자신이 건설

했는데도 너무나 완벽해서 탈출할 방법이 없었어요. 유일한 방법은 하늘을 날아 바다를 건너는 것이었죠.

고심 끝에 다이달로스는 기술을 통해 이 문제를 해결해야겠다고 생각하죠. 깃털로 날개를 만들어 그것을 밀랍으로 붙인 뒤 하늘로 날아오르는 걸로요. 다이달로스는 아들 이카로스에게 날개를 달아주며 너무 높이도 너무 낮게도 날지 말라고 신신당부를 해요. 너무 높이 날 경우 태양열에 밀랍이 녹게 될 것이고, 너무 낮게 내려갈 경우 바다의 습기로 날개가 젖어 무거워질 것을 우려해서였죠.

두 사람은 새처럼 날아 북동쪽으로 파로스, 델로스, 사모스 섬을 지나며 순항을 거듭했어요. 그러자 나는 것에 점차 자신감을 갖게 된 이카로스는 아버지의 경고를 무시하고 하늘로 높이 날아올라요. 결국 태양에 가까이 갔다가 그만 밀랍이 녹아 바다로 추락해 죽고 말죠. 이것이 그리스 신화 속의 이카로스의 날개 이야기예요.

이카로스의 추락은 무얼 의미할까요?

이카로스의 비상과 추락이 지니는 의미는 다양한 관점에서의 해석이 가능하답니다. 우선 흥미로운 점은 이 신화의 주인공이 다이달로스가 아니라 이카로스라는 점이에요. 인간이 새처럼 날 수 있는 위대한 발명품을 만든 다이달로스를 주인공으로 보지 않고 그가 만든 날개를 붙이

• 다이달로스와 이카로스 •

"너무 높이도 너무 낮게도 날아서는 안 돼."
다이달로스는 이카로스에게 신신당부를 해요.

고 하늘을 날다 추락한 이카로스를 중심에 둔 이유는 뭘까요?

이카로스의 비상과 추락에 초점을 맞춘 것은 바로 이카로스의 행위 속에 인간의 보편적인 욕망과 그 욕망이 불러일으키는 성취, 그리고 재앙이 상징적으로 들어 있기 때문이에요. 이카로스가 비록 바다에 떨어져 죽고 말았지만 인간의 한계와 경계를 넘어서고자 한 그의 노력은 오랫동안 많은 이들에 의해 도전정신, 개척정신, 청년정신의 정수로 찬양되고 있죠. 아버지의 경고에도 불구하고 태양을 향해 하늘 높이 올라간 이카로스의 시도는 금지를 위반하고 새로운 세계로 넘어가는 영웅들의 입문의례와도 같아요. 자신이 잘 알고 있거나 어떤 일이 일어날지 예상 가능한 세계를 떠나 위험을 무릅쓰고, 때로는 목숨까지 버리며 미지의 세계로 들어가야만 비로소 새로운 것을 찾을 수 있으니까요.

알 속에 있는 새는 그 알을 깨고 밖으로 나와야만 새로운 세계를 경험할 수 있기 때문이죠. 이를 헤르만 헤세는 『데미안』에서 "새가 알에서 나오려 노력한다. 알은 곧 세계이다. 태어나려고 하는 자는 하나의 세계를 파괴해야만 한다. 그 새는 신을 향해 날아간다. 그 신의 이름은 아브락사스다."라고 표현했지요.

도전과 모험은 왜 필요할까요?

새로 태어나려는 자는 자신의 세계를 버려야 한다는 역설은 모든 신

• 이카로스의 추락 •

만약 여러분이 이카로스라면 어떻게 했을 것 같아요?
아버지의 당부에 따랐을까요?
아니면 더 높은 곳을 향해 날아올랐을까요?

화 속 영웅들의 이야기에 반복해서 나타나요. 영웅이란 방패막이가 되는 사회에서 뛰쳐나와 미지의 어두운 숲으로, 불의 세계로, 원초적인 경험의 세계로 들어간 사람들이죠. 새로운 세계, 새로운 질서를 찾기 위해 영웅들은 지금까지 아무도 가지 않은 세계에 발을 내디뎌요. 영웅은 "자신이 속하던 세계를 떠나 더 깊은 세계, 혹은 먼 세계, 혹은 더 높은 세계"로 들어가서 거기에서 "원래 살던 세계에서 의식하지 못하던 것, 혹은 의식에서 빠져 있던 것"과 만나죠. 그것을 가지고 영웅은 원래의 세계로 돌아와 인간 세계를 이롭게 하죠.

이카로스 역시 아버지의 경고를 무시하고 하늘의 끝에 도달해 보려는 모험을 강행했어요. 비록 바다에 떨어져 죽긴 했지만 새로운 세계를 추구한 그의 모험정신과 개척정신은 아직도 남아 전해지죠. 그리고 이후 많은 이들이 이카로스처럼 인간의 힘으로는 불가능해 보이는 일들을 시도하다 죽음을 맞았어요. 하지만 이들의 희생이 밑거름이 되어 마침내는 비행기와 우주선, 행글라이더가 발명되었고, 인간은 마음대로 하늘을 날 수 있게 되었죠. 인간은 결코 새가 아니기에 날 수 없다는 사실을 뒤집고 인간이 새처럼 하늘을 날 수 있게 된 것은 이카로스와 같은 개척자와 선구자가 있었기 때문이에요. 이것이 바로 여러분에게 도전과 모험이 필요한 이유랍니다.

• 울름의 재단사 •

울름의 재단사가 만들었던 행글라이더 모형이에요.
당시에는 아무도 그의 말을 믿지 않았어요.
사람은 새처럼 날 수 있다고 믿지 않았던 거죠.

이카로스의 후예들

이카로스의 후예 가운데 한 사람이 울름의 재단사입니다. 아인슈타인이 태어난 도시인 독일의 울름시에 사는 알브레히트 루드비히 베르블링거라는 재단사는 1811년 5월 31일에 도나우 강변의 요새에서 사람들이 지켜보는 가운데 자신이 만든 날개를 이용하여 하늘을 날아오르려다 실패하고 말아요. 이후 그는 많은 사람들의 조롱을 받으며 재단사로서도 어려움을 겪다가 마침내 비참한 최후를 맞게 되죠.

이 사건을 20세기 독일의 위대한 시인 베르톨트 브레히트가 어른과 어린이를 위한 동시로 새롭게 각색했어요. 『울름의 재단사(1592년 울름에서)』라는 제목의 브레히트 시는 다음과 같아요.

"주교님, 저는 날 수 있어요."
재단사가 주교에게 말했습니다.
"주의해서 보세요, 제가 어떻게 나는지!"
그리고 그는 날개처럼 생긴 것을
가지고 높고 높은 성당
지붕 위로 올라갔습니다.

주교는 계속해서 걸어갔습니다.
"그것은 새빨간 거짓말이야.

사람은 새가 아니라구.

앞으로도 사람은 절대로 날 수 없어."

주교는 그렇게 재단사에게 말했습니다.

그 재단사가 죽었어요.

사람들이 주교에게 말했습니다.

"굉장한 구경거리였어요.

그의 날개는 부서져버렸고

그의 몸은 박살이 나서

굳고 굳은 성당 마당에 놓여 있어요."

"성당의 종을 울리시오.

그것은 거짓말에 지나지 않았소.

사람은 새가 아니오.

앞으로도 사람은 절대로 날 수 없을 것이오."

주교는 사람들에게 이렇게 말했습니다.

1811년에 있었던 베르블링거의 실화를 브레히트는 중세시대인 1592년으로 앞당겨 놓았고, 울름의 재단사가 높이 100미터가 넘는 대성당 첨탑에서 비행을 시도하다 죽은 것으로 바꿔 놓았으며, 재단사와 주교를 대립적인 인물로 배치해 놓았어요. 그럼으로써 재단사의 실패가 더 도드라지고 주교의 말이 사실인 것처럼 드러나게 했어요. 진술된 시의 내용만 보면 사람은 새가 아니기 때문에 절대 날 수 없다는 주교의 말이 진리인 것처럼 보입니다. 주교의 말처럼 실제로 재단사는 날지 못하고 도나우 강으로 추락했으니까요.

실패가 주는 교훈, 위대한 패배

그런데 이 시는 또한 진리처럼 보이는 주교의 말이 사실이 아님을 독자가 알아차릴 수 있는 장치를 마련해 뒀어요. 주교가 두 번씩이나 강조하는 "앞으로도 사람은 절대로 날 수 없을 것이오."라는 말이 그 당시에는 사실이었겠지만 이 구절을 읽는 20세기 독자에게는 사실이 아니잖아요. 그 이후에 인간은 수많은 이카로스들의 노력 덕분에 새처럼 하늘을 날 수 있게 되었어요. 오히려 주교의 말이 "새빨간 거짓말"이 되어 버린 것이죠.

브레히트는 이 시를 통해 변화를 바라지 않고 자신이 보고 경험한 것, 자신이 믿는 것만을 절대적 진리로 생각하는 주교와 기존의 한계를 뛰어넘으려는 변화주의자이며 개척자인, 불가능해 보이는 것을 가능하게 만들려 노력하는 재단사를 대비시켜 재단사의 실패가 실패가 아님을 보여줬어요. 이 시는 또한 세상은 변화하며, 주교로 대표되는 중세가 지나고 인간이 중심이 되는 계몽주의가 도래하여 마침내는 모두가 함께 잘 사는 세상이 올 것이라는 브레히트의 세계관을 잘 드러내 주고 있죠.

1592년은 콜럼버스가 신대륙을 발견한 지 이미 100년이 지난 해이기도 해요. 콜럼버스의 신대륙 발견 역시 도전과 모험 정신이 낳은 결과죠. 신대륙은 지구가 평평하다고 생각하던 시대에는 존재하지 않던 곳이며, 인간이 도달할 수 없는 곳이었어요. 그곳을 발견한 지 이미 100년이나 지난 시점에도 주교는 여전히 도전정신을 부정하고 있어요. 새로운 대륙의 발견, 우주 탐험, 수많은 과학적 발견과 눈부신 기술 발전은 이카로스나 울름의 재단사처럼 위험을 무릅쓰고 새로운 영역에 도전하고 개척한 이들의 노력으로 비로소 가능해진 거죠. 그런 면에서 이카로스의 개척정신은 인류의 문명을 발전시킨 원동력이 되었다고 할 수 있어요. 그렇기 때문에 다이달로스가 아니라 이카로스의 날개로 이 신화가 불리게 된 것입니다.

프쉬케,
아프로디테의 미움을 사다

낯선 여행을 떠나는 영웅들의 이야기는 남성들에게만 해당되는 것은
아니에요. 신화 속에는 남성 영웅 못지않게 길고 힘든 여정을 끝내고
한 단계 더 높은 차원으로 도약하는 여성들의 이야기 역시 많이 등장해
요. 다시 그리스 신화로 돌아가 볼까요?

어느 왕국에 세 명의 공주가 있었어요. 첫째와 둘째도 아름다웠지만
셋째 공주 프쉬케는 눈부시게 아름답고 매혹적이었죠. 그녀를 보기 위
해 사람들이 모여들었고, 점차 그녀를 숭배하는 사람들이 늘어났어요.
프쉬케가 새로운 아프로디테라는 이야기가 나돌 정도였죠.

이는 당연히 아름다움의 어신 아프로디테의 노여움을 샀겠죠? 아프

• 아름다움의 여신 아프로디테 •

아프로디테는 자존심이 몹시 세서
자기와 아름다움을 견주는 여성을
절대 용서하지 않았어요.

로디테는 자신의 아들 에로스를 불러 프쉬케에게 사랑의 화살을 쏘아 세상에서 가장 추한 남자를 사랑하게 만들라고 명령했어요. 그런데 프쉬케를 본 순간, 에로스는 그녀의 아름다움에 취해 스스로가 사랑의 화살에 찔리고 말았죠. 결국 프쉬케를 사랑하게 된 에로스는 아프로디테의 미움을 사고 말아요.

그 후로 프쉬케는 보통 인간들의 사랑을 받지 못하게 돼요. 사람들은 그녀를 숭배하고 감탄할 뿐 감히 그녀를 사랑하거나 청혼할 엄두를 내지 못하죠. 두 언니는 이미 이웃나라의 왕자들과 결혼하여 잘 살고 있는데, 프쉬케에게는 어느 누구도 청혼하지 않는 거예요. 막내딸이 걱정이 된 왕은 신의 노여움을 산 것이라 생각하고 신탁을 물어요. 그러자 아폴로가 "이 처녀는 인간의 아내가 될 수 없는 운명이다. 미래의 남편은 산꼭대기에서 기다리고 있지만, 신도 인간도 그 뜻을 거스를 수 없는 괴물이다."라는 신탁을 내리죠. 그러고는 프쉬케를 산꼭대기에 있는 바위에 묶어 놓으라고 해요. 신탁을 거역할 수는 없는 법, 괴물을 남편으로 맞아야 할 운명을 지닌 프쉬케는 산꼭대기에 있는 바위에 묶인 채 홀로 남겨지게 되죠.

프쉬케의 모험

산꼭대기에서 눈물을 흘리고 있는 프쉬케를 서풍의 신 제피로스가 들어 올려 꽃이 흐드러지게 피어 있는 골짜기로 옮깁니다. 그 옆에는 에로스가 프쉬케를 위해 만들어 놓은 화려한 궁전이 있어요. 그곳에서 프쉬케는 남편을 맞이하는데, 그는 언제나 밤에만 나타나 동트기 전에 떠나면서 자신의 존재를 알려고 하지 말라고 하는 거예요. 얼굴을 보여 달라는 프쉬케의 간청에 남편은 말하죠.

"어째서 내 모습을 보고 싶다는 것이오? 내 사랑이 믿어지지 않는 건 가요? 혹 이루어지지 못한 소원이라도 있는 것이오? 그대가 내 모습을 본다면, 아마 나를 두려워하거나 존경할 것이오. 그러나 내가 바라는 건 그것이 아니오. 내가 바라는 것은 당신의 사랑뿐이오. 나는 신으로 서 섬김을 받는 것보다 같은 인간으로 사랑받기를 바라는 것이오."

그 다음 이야기는 모두의 예상대로 흘러가요. 심심해진 프쉬케가 남편에게 부탁해서 언니들을 궁전에 초청하죠. 언니들은 프쉬케가 결혼한 상대가 괴물일 것이라며 남편이 잠든 사이에 등불을 비춰 얼굴을 확인하고 괴물이라면 그 자리에서 목을 베어버리라고 부추기죠. 프쉬케는 결국 언니들의 꾐에 넘어가 잠든 남편의 얼굴에 등불을 비추고 말아요. 순간 거기에는 괴물이 아니라 아름답기 그지없는 에로스가 누워 있음을 확인하죠. 그 순간 등불의 기름이 어깨에 떨어지자 잠에서 깬 에로스는 화를 내며 날아가버리고 프쉬케는 황야에 버려지고 말아요. 또다시 혼자가 된 프쉬케는 자신의 잘못을 뉘우치며 에로스를 찾아 헤매죠. 이를 가여이 여긴 데메테르 여신은 에로스를 만나려면 아프로디테

• 프쉬케와 에로스 •

둘은 사랑에 빠지지만 그로 인해 프쉬케는
아프로디테의 미움을 사게 돼요.
그때부터 프쉬케의 고난이 시작되죠.

에게 용서를 빌라고 충고하죠.

프쉬케가 찾아가자 아프로디테는 "이제 네가 네 남편의 용서를 받는 길은 오직 힘써 일하고 부지런히 일하는 길뿐이다. 내 이제 살림살이하는 여인으로서 자격이 있는지 너를 시험해 보리라."고 말하며 어려운 과제를 내요. 아프로디테는 프쉬케를 신전의 곡물창고로 데려가 그곳에 뒤섞여 쌓여 있는 온갖 종류의 곡식을 저녁까지 종류별로 분류해 놓으라고 이르죠. 망연자실하여 앉아 있는 프쉬케의 앞에 개미떼가 나타나 곡식을 종류별로 분류하여 쌓아놓아요. 물론 개미를 보낸 것은 에로스죠.

다음 과제는 들판에 있는 황금양의 털을 모아오는 것이에요. 프쉬케가 강가로 나가자 강의 신이 갈대들을 부추겨 프쉬케에게 속삭입니다.

"양떼들은 날카로운 뿔과 사나운 이빨로 인간을 박멸하겠다고 설친답니다. 하지만 한낮이 되면 태양이 양떼를 그늘로 보내고, 강의 요정이 양떼를 쉬게 하니 그때 건너가 덤불과 둥치에 걸린 황금빛 양털을 거두도록 하세요."

강의 신이 일러주는 대로 한 프쉬케는 황금빛 양털을 한아름 안고 아프로디테에게로 돌아가죠.

• 프쉬케의 모험 •

만일 프쉬케가 아프로디테의 미움을 사지 않았다면,

만일 프쉬케가 아프로디테의 과제를 중간에 포기했다면,

그녀는 어떻게 되었을까요?

마지막 관문을 통과한 프쉬케

아프로디테는 못마땅해하며 세 번째 과제를 내줘요. 상자를 들고 저승세계의 왕비 페르세포네에게 가서 아름다움을 유지할 화장품을 얻어오라는 과제였죠. 프쉬케는 이제 자신이 죽을 때가 된 것을 예감하고 낭떠러지 위에 있는 탑으로 올라가 뛰어내리려 해요. 그런데 탑 속에서 누군가의 목소리가 울려나와 그녀에게 구원의 손길을 내밀어요. 하데스의 나라로 통하는 동굴, 가는 길에서 만나는 위험을 피하는 방법, 머리가 셋 달린 개 케르베로스 옆을 지나는 비법, 암흑의 강 뱃사공 카론을 설득하는 비결, 그리고 간 길을 되짚어오는 길 등을 소상하게 일러 줍니다.

그리고 "절대로 그 상자 뚜껑을 열어서도 안 되고, 안을 들여다보아서도 안 된다."는 당부를 해요. 프쉬케는 그 목소리가 일러준 대로 실행해서 마침내 저승세계에 도달하죠. 그리고 페르세포네에게서 아름다움을 채운 상자를 받아들고 다시 지상으로 돌아와요. 하지만 위험한 일을 끝내고 난 프쉬케는 상자의 내용물이 무척 궁금해져서 그만 뚜껑을 열고 들여다보고 말아요! 그 안에는 저승세계의 잠이 가득 들어 있다가 뚜껑이 열리자 일시에 몰려나와 프쉬케를 덮쳤고, 그녀는 길 한가운데에 쓰러져 잠들게 돼요. 다행히 에로스가 나타나 잠을 수습하여 다시 상자에 넣고 잠든 프쉬케를 깨운 다음 심부름을 완수하라 이르고는 제우스에게로 날아가죠. 그는 제우스에게 불쌍한 프쉬케를 어여삐 여겨 달라고 간절히 부탁했고, 제우스는 아프로디테를 설득하여 마침내 프쉬케를 받아들이게 돼요. 그렇게 해서 프쉬케는 천상에서 신들의 음식을 먹고 불사의 존재가 된 후 마침내 에로스와 결혼을 한답니다. 그리고 두 사람 사이에서 '볼룹타(기쁨)'라는 딸이 태어나죠.

프쉬케와 바리공주

수많은 역경을 이겨내고 마침내 행복을 찾은 프쉬케의 신화와 비슷한 구조를 지닌 이야기가 우리나라에도 있어요. 바로 바리공주 신화입니다. 바리공주 이야기는 무당들에 의해 전승된 서사무가로 우리나라 전 지역에 퍼져 있을 정도로 유명하죠. 여러 판본이 있지만 기본 줄거리는 이렇습니다.

옛날 어느 나라에 오구대왕과 길대부인이 살았는데, 이들은 딸만 내리 일곱을 낳았어요. 오구대왕은 화가 나서 막내딸 바리를 내다버리라고 해요. 그리하여 버려진 바리를 비리공덕 할멈 내외가 데려다 기르죠. 바리가 열다섯 살이 되었을 때 오구대왕은 병이 나서 앓아 누워요. 그 병은 오직 서천서역의 생명수를 먹어야만 나을 수 있는데, 다른 신하나 여섯 명의 딸들 모두 핑계를 대며 생명수를 구해 오는 일을 거절하죠. 그때 이 소식을 들은 바리가 찾아와 그 임무를 자청합니다.

서천서역으로 가는 길을 알아내기 위해 바리는 수많은 어려움을 헤쳐나가야 해요. 밭을 갈던 노인과 아낙은 서천으로 가는 길을 묻는 바리에게 100년을 갈아도 다 못 갈 만큼 큰 밭을 갈고 나락을 찧으면 길을 가르쳐주겠다고 하죠. 바리는 어쩔 줄 몰라 눈물만 흘리고 있는데 두더지들이 나타나 감쪽같이 밭을 갈아주고, 파랑새들이 날아와 방아를 찧어 놓아요. 두더지와 파랑새의 도움으로 다시 길을 떠난 바리는 또다시 갈림길을 만나요. 그곳에서 만난 백발노인은 홍두깨를 갈아 바늘을 만들어 놓으면 길을 알려주겠다고 하죠. 바리가 홍두깨를 끌어안고 눈물을 흘리자 그 눈물에 홍두깨가 점점 가늘어지더니 바늘로 변해요. 또 한겨울 꽁꽁 얼어붙은 강가에서 만난 할머니는 시커먼 빨래를 던져주며 하얗게 빨아 놓으라고 합니다. 바리는 방망이로 얼음을 깨고 손을 불어가며 힘들게 빨래를 마쳐야 했고, 험상궂은 노파는 자기 머리에 있는 이를 다 잡아 달라고 떼를 쓰죠. 그렇게 해서 겨우 서천서역에 도달했지만 생명수를 지키는 문지기는 바리가 자신의 아들 형제를 낳아주고 "물 3년, 불 3년, 나무 3년"의 세월을 함께 보낸다면 생명수를 주겠다고 합니다! 바리는 그 세월을 견뎌낸 후 마침내 생명수를 얻어 불라국으로 돌아와 그 생명수로 이미 죽은 아버지 오구대왕을 살려내요. 이에 감동한 오구대왕이 바리공주에게 나라의 반을 주겠다고 제안하지만, 바리는 이를 거절하고 죽은 이들을 관장하는 저승신이 되지요.

시련을 통한 개인의 완성

흥미롭게도 두 신화 속 주인공은 사람들에게 버림받고, 인간으로서 견디기 힘든 고난과 역경을 당하지만 외부의 도움과 스스로의 노력으로 그 모든 어려움을 견뎌내고 마침내 원하는 것을 얻어요. 프쉬케 신화나 바리공주 이야기는 인간의 욕망, 삶과 죽음의 관계, 봉사와 희생 등 다양한 의미로 해석할 수 있죠.

그중에서도 우리가 주목하는 지점은 시련을 통한 개인의 완성이에요. 프쉬케나 바리공주 둘 다 자신의 의지와는 상관없이 삶에서 내팽개쳐졌잖아요. 프쉬케는 공주의 신분에서 하루아침에 버림받은 천덕꾸러기가 되고 괴물의 아내로 점지받아 산꼭대기에 버려지죠. 그런데 이러한 시련은 이들을 큰 인물로 만들어주는 중요한 계기가 됩니다. 만일 프쉬케가 아프로디테의 미움을 받지 않고 그냥 아름다운 공주로 살다가 이웃나라의 왕자와 결혼했다면, 만일 바리공주가 아버지에게 버림받지 않고 막내딸로 귀여움을 받으며 잘 자랐다면 그저 그런 평범한 인물이 되었을 거예요. 그랬다면 프쉬케는 에로스와 결혼하여 영생을 얻을 수도 없었을 것이고, 바리공주 역시 아버지를 살려내고 죽은 자들을 관장하는 저승신이 될 수도 없었겠죠. 그리고 또한 이들이 자신에게 주어진 어려운 역경을 잘 견뎌내고 이겨내지 못했다면 행복한 결말을 얻지도 못했을 거예요.

시련은 우리를 강하게 단련시켜 줘요

자신에게 주어진 역경을 하나하나 극복해 나가면서 이들은 점점 성장하여 인간이 도달할 수 있는 최고 지점에 이르렀어요. 이들에게 주어진 역경은 얼핏 보기에 너무도 기이해서 평범하지 않아 보이지만 자세히 들여다보면 우리가 세상을 헤쳐나가는 과정에서 부딪히는 어려움을 극대화한 것일 뿐이에요.

특히 바리공주가 겪는 어려움은 농경사회에서 우리네 여성들에게 부여된 숱한 과제들, 밭 갈고, 낱알 정리하고, 바느질하고, 빨래하고, 물 긷고, 불 때고, 나무하는 일들과 관련이 있죠. 두 사람의 공통점은 이러한 과도한 시련을 회피하지 않고 그것을 묵묵히 받아들이고 헌신적으로 노력하여 극복했다는 거예요.

우리가 살아가면서 부딪히는 곤경과 시련에 좌절하거나 도망가지 않고 그것을 운명으로 받아들여 어떻게든 극복하려고 온 힘을 다할 때 비로소 우리는 한 단계 비약할 수 있음을 두 신화는 말해 주죠. 프쉬케와 바리공주는 그 모든 어려움 때문에 위대한 인물이 될 수 있었어요.

그렇다면 시련은 우리를 단련시켜 주는 고마운 기회라고 볼 수 있어요. 프쉬케를 괴롭히는 아프로디테나 바리공주를 괴롭히는 악역들은 두 주인공이 시련을 딛고 우뚝 설 수 있게 도와주는 인물인 셈이죠. 시련과 역경은 우리를 더 큰 인물로 만들어 주기에 일찍이 맹자는 역경을 많이 겪는 것은 하늘이 나를 크게 키우려는 의지라고 했어요. 생어우환(生於憂患), 즉 내게 다가온 걱정, 근심이 나를 살게 만들어준다는 의미입니다.

어려움에 처하면 절망하지 말고 극복하려 노력해 봐요

우리는 수많은 계곡과 봉우리가 있는 험난한 인생길을 헤쳐나가야 해요. 그러다 보면 때로는 벼랑 끝에 몰리기도 하죠. 사방을 둘러보아도 온통 어둠뿐이거나, 그 어느 곳에도 출구가 보이지 않는 암담한 상황에 처하거나, 한 발 내디딜 틈도 없는 아득한 절벽 끝까지 밀려 일촉즉발의 위기 상황을 맞을 때가 있어요. 그러나 우리의 삶이, 사회가, 주변 사람들이, 세상이 우리를 벼랑 끝으로 밀어낸다고 절망할 필요는 없어요. 어둠이 깊다는 것은 그만큼 새벽이 가까워졌다는 것이며, 다시 솟아오르기 위해서는 우선 바닥으로 내려가야 하기 때문이죠. 어느 시인이 말했듯 "많은 것을 갖기 위해서는 우선 아무것도 갖고 있지 않아야" 해요. 신화와 고전은 우리에게 절망의 순간을 어떻게 극복해야 할 것인지를 수많은 예를 통해 자세히 알려줍니다.

모든 이야기의 결론은 늘 한결같아요.

가슴 뛰는 삶을 살아라! 낯선 세계를 두려워 말라! 새로운 세계로 길을 떠나라! 자신이 진정으로 원하는 일을 하라! 그리고 시련과 역경을 감사히 받아들이라!

여러분은 그 과정에서 숱한 어려움에 부딪힐 거예요. 그러나 걱정할 필요는 없어요. 신화와 고전 속의 수많은 영웅들의 이야기가 본보기를 보여주고 있잖아요.

세계 곳곳의 오지를 다니며 목숨을 건 모험의 순간을 경험한 국제구호활동 전문가 한비야 씨 역시 다음과 같은 시를 늘 마음에 새기고 어려움을 극복했다고 해요.

천길 벼랑 끝 100미터 전. 하느님이 날 밀어내신다.
나를 긴장시키려고 그러시나?
10미터 전. 계속 밀어내신다.
이제 곧 그만두시겠지.
1미터 전.
더 나아갈 데가 없는데 설마 더 미시진 않을 거야.
벼랑 끝.
아니야, 하느님이 날 벼랑 아래로 떨어뜨릴 리가 없어.
내가 어떤 노력을 해왔는지 너무나 잘 아실 테니까.
그러나 하느님은
벼랑 끝자락에 간신히 서 있는 나를 아래로 밀어내셨다.
……
그때야 알았다.
나에게 날개가 있다는 것을. (한비야의 『그건, 사랑이었네』 중)

우리를 벼랑 아래로 밀어내는 존재는 하느님일 수도 있고, 운명일 수도 있고, 다른 사람들일 수도 있어요. 하지만 우리에겐 또한 그 역경을 이겨낼 날개가 있다는 것을 명심하고 시련을 묵묵히 받아들일 때, 우리는 한 단계 높이 비약해서 새로운 존재가 될 수 있죠. 그러니 여러분들도 지금 혹 힘든 일이 있다면, 앞으로 혹 힘든 일에 부닥치면 마음 속으로 주문을 외우세요.

"나는 이 시련을 이겨낼 수 있어. 그러면 좀 더 강한 사람이 될 거야."라고요.

teacher's choice

그리스 신화의 중심 인물 올림포스의 12신

올림포스 12신은 올림포스 산에서 살아간다고
그리스인들이 믿던 신들을 의미해요.
재밌는 것은 이 중 한 신을 제외하고는 제우스를 중심으로 모두 가족이에요.
신들의 특징을 이해하면 그리스 신화를 읽는데 도움이 될 거예요.

제우스 | Zeus | 뜻: 찬란한 하늘 | 로마신화: 주피터(Jupiter)

올림포스 최고의 신으로 하늘과 올림포스, 인간 사회 모두를 지배해요. 어머니 레아의 도움을 받아 아버지 크로노스를 죽이고 왕의 자리에 올랐죠. 천둥과 번개를 주 무기로 사용했는데, 모든 신의 힘을 합친 것보다 힘이 더 강했어요. 제우스가 있는 곳엔 항상 독수리가 함께 등장하는데, 바로 독수리를 신조로 총애하여 벼락을 독수리에게 맡겼기 때문이에요. 그리스 신화 최고의 신인만큼 자신의 책임을 잘 아는 섭리의 신으로, 그리스 신화에 등장하는 신들 중 변덕에 좌우되지 않는 유일한 신이죠. 그러나 한편 제우스는 올림포스 신 중 바람둥이로도 유명했어요. 테미스와의 사이에서 에이레네(평화), 에우노미아(절제), 디케(정의) 등의 딸을 낳았고, 디오네와 결합하여 아프로디테를 낳았고, 레토와의 사이에서 아폴론과 아르테미스를 낳았고, 이밖에도 자녀가 무척 많았어요. 그래서 아내 헤라가 제우스의 여자들을 질투하고 쫓느라 무척 바빴고, 그 과정에서 많은 이야기가 펼쳐져요.

헤라 | Hera | 뜻: 보호자 | 로마신화: 주노(Juno)

올림포스의 모든 여신 중 가장 높은 신들의 여왕으로 제우스의 누이이자 세 번째 부인이에요.

제우스와 헤라

그러나 제우스와 헤라의 사랑이 매우 오래 돼 제우스의 정식 아내로 인정받았고, 여성을 보호하는 신으로 결혼과 출산을 관장했어요. 헤라는 질투의 여신이라 불릴 정도로 질투가 심했어요. 남편 제우스가 수많은 여성과 바람을 피웠기 때문이죠. 특히 헤라는 남편 제우스의 부정이 자신을 모욕하는 것이라 여겨, 제우스의 애인뿐 아니라 그녀들이 낳은 자식들에게도 고통을 주었어요. 무지개의 여신 이리스를 시녀로 거느리며, 공작과 암소를 신성하게 여겼어요.

데메테르 | Demeter | 뜻: 곡식의 어머니 | 로마신화: 케레스(Ceres)

데메테르는 대지의 생산력, 특히 곡식을 생육하는 곡식의 여신이에요. 제우스와의 사이에서 딸 페르세포네를 낳았어요. 그런데 페르세포네는 저승의 신 하데스에게 납치되어 지하세계로 끌려가고 말아요. 딸을 찾아 헤매던 데메테르는 지상 어느 곡물도 열매 맺지 못하게 하죠. 제우스는 형 하데스에게 페르세포네를 놓아주라고 하는데, 하데스는 지하세계에서 음식을 먹으면 안 된다는 점을 이용해서 페르세포네에게 석류를 권해 먹게 해요. 결국 데메테르는 1년의 ⅓만 딸과 지내게 되었고, 헤어져 있는 기간을 겨울이라고 부르게 되었어요.

아테나 포세이돈

아테나 | Athena | 뜻: 하늘의 여왕 | 로마신화: 미네르바(Minerva)

제우스의 머리에서 태어난 처녀신이에요. 그래서 제우스가 혼자 낳은 딸로 알려졌어요. 아테나가 태어나기 직전 제우스는 몹시 머리가 아팠대요. 그래서 제우스는 헤파이스토스에게 도끼로 자신의 머리를 쪼개 달라는 섬뜩한 부탁을 해요. 머리를 쪼개자 그 속에서 아테나가 갑옷을 입고 태어났다고 해요. 태어날 때부터 무장을 하고 있어서인지 난폭하고 잔인한 전쟁의 여신으로 묘사되죠. 하지만 도시의 수호신으로, 그리스의 여러 도시에 그녀의 신전이 있어요.

포세이돈 | Poseidon | 뜻: 대지의 남편, 대지의 주인 | 로마신화: 넵투누스(Neptunus)

제우스의 형으로, 올림포스 신들 중 제우스 다음으로 힘이 강했어요. 제우스를 도와 티탄족을 성복한 뒤 바다를 다스리는 신이 되었어요. 그의 무기는 삼지창인데, 이것으로 암석을 분쇄하고, 폭풍우를 일으키고, 해안을 흔들었어요. 그래서 지진의 신으로 통하기도 해요. 평소에 흰 말이 끄는 황금 갈퀴와 놋쇠 바퀴의 수레를 타고 바다를 달려 말의 신이라고도 불렸어요.

헤스티아 | Hestia | 뜻: 난로 | 로마신화: 베스터(Vesta)

난로의 신으로 제우스의 누이이며 헤라와는 자매간이에요. 포세이돈과 아폴론에게 구혼을 받았는데, 이를 모두 거절하고 아우인 제우스에 의지해서 살아갈 것을 약속했어요. 제우스는 결혼의 기쁨 대신에 그녀가 모든 인간의 집에서 그 중앙에 자리를 차지하도록 했어요. 그래서 새로 태어난 아기의 경우 헤스티아의 둘레를 돌아야 가족의 일원으로 받아들여졌고, 식사를 할 때도 그녀에게 먼저 바쳤으며, 도시마다 헤스티아를 위한 집이 생겼답니다. 다른 신들은 인간 세상을 오갔지만 헤스티아는 한번도 올림포스를 떠나지 않았어요. 때문에 오래도록 인간들의 신전과 신들의 신전에서 숭배를 받았어요.

헤파이스토스 | Hephaistos | 뜻: 낮을 빛내는 사람 | 로마신화: 불칸(Vulcan)

제우스와 헤라의 아들인데, 완벽한 아름다움을 가진 다른 신들과 달리 추남인데다 다리를 절어요. 하지만 손재주가 매우 뛰어나 올림포스 신들의 궁전과 무기 장비들을 만들어 올림포스 명공으로 통해요. 그의 대장간은 보통 화산 곁에 있었어요. 그래서 볼케이노라는 뜻의 화산에서 이름을 따 불칸이라고 불린답니다.

헤르메스 | Hermes | 뜻: 돌무더기 | 로마신화: 머큐리(Mercury)

제우스와 마이아 사이에 태어난 아들이에요. 제우스의 전령이자 죽은 자를 지하세계의 왕인 하데스에게 인도하는 안내자이며, 부와 행운의 신으로서 상업, 도박, 격투를 비롯한 그 밖의 경기, 심지어는 도둑질에 이르기까지 숙련과 기민성을 요하는 분야를 주관하는 신이에요. 또 그는 통행인과 여행자의 수호신으로 길에 깔린 돌을 치워 도로를 정비한다고 알려졌어요. 이 때문에 돌에 헤르메스의 얼굴을 그린 이정표가 여기저기에 기념비로 세워져 있답니다. 날개 달린 모자를 쓰고 날개 달린 샌들을 신고, 모습을 감춰주는 투구를 쓴 채 바람처럼 이 세상을 돌아다니죠. 또 손에는 두 마리의 뱀이 몸을 감고 있는 '케뤼케이온'이라는 전령의 지팡이를 가지고 있어요.

헤르메스

아프로디테와 아레스   아폴론

아프로디테 | Aphrodite | 뜻: 거품에서 태어났다 | 로마신화: 비너스(Venus)

아름다움의 여신으로 그녀가 처음 올림포스로 왔을 때 모든 신들이 그녀의 아름다움에 반해 아내로 맞이하고 싶어했어요. 하지만 제우스의 명령에 따라 제우스에게 좋은 무기를 만들어주던 헤파이스토스와 결혼을 해요. 그녀는 케스토스라고 하는 자수를 놓은 띠를 가지고 있었는데, 이 띠는 애정을 일으키게 하는 힘을 가지고 있었다고 해요. 그녀가 총애한 새는 백조와 비둘기고, 그녀에게 바쳐지는 식물은 장미와 도금양이었어요.

아폴론 | Apollon | 뜻: 잘생긴 청년 | 로마신화: 아폴로(Apollo)

태양의 신이자 예언, 의술, 시, 음악, 의료 등을 관장했어요. 매우 이성적인 신이었죠. 제우스와 레토 사이에 태어난 쌍둥이로 그의 쌍둥이 누이 아르테미스도 올림포스 12신에 속해요. 쌍둥이는 태어날 때부터 고생이 많았어요. 질투심에 불타오른 헤라의 방해 때문이었죠. 그 결과 레토는 한 작은 섬의 나무 아래서 무릎을 꿇고 힘겹게 아르테미스를 낳았고, 아르테미스의 도움으로 아폴론을 낳았다고 해요. 아폴론은 헤르메스가 발명해 선물로 준 현악기 리라를 다루는 데 명수였어요. 그래서인지 그의 신탁은 시처럼 표현되었고, 많은 이들에게 영감을 주는 역할을 담당했어요.

아레스 | Ares | 뜻: 전사(戰士) | 로마신화: 마즈(Mars)

피와 살육을 좋아하는 전쟁의 신으로 제우스와 헤라의 아들이며 헤파이스토스와 형제예요. 아레스는 행동과 결정을 주관하는 신이며 공포와 테러의 신이기도 해요. 그의 여동생은 불화의 신 에리스, 아들은 파괴의 신이에요. 그는 증오와 공포로써 모든 전사들로부터 존경을 받았으며, 심지어는 그의 아들을 죽여 그와 반목하게 된 헤라클레스로부터도 역시 존경을 받아요.

아르테미스 | Artemis | 뜻: 도살자 | 로마신화: 다이아나(Diana)

아폴론의 쌍둥이 누이동생으로 빛으로 아름다움을 만들어내는 달의 여신이자 사냥(수렵)의 여신이에요. 아폴론과 마찬가지로 활을 무기로 들고 다녔어요. 그래서 그녀와 관련된 이야기에는 숲이나 산, 맹수들이 자주 등장해요. 또한 젊음의 수호신이자 어린이, 약한 자들을 수호하는 여신이기도 해요.

아르테미스

» 이전경 선생님

주시경 선생을 본받아 국어학자가 되겠다는 꿈을 안고 국문과에 입학하여, 대학과 대학원에서 언어학을 공부했어요. 지금은 연세대학교 인문학연구원에서 우리 조상이 썼던 구결과 이두 및 한글이 한국 사회 및 한국 문화에 미치는 영향에 대해 연구하고 있어요. 선생님은 여러분들이 인문학을 통해 '학문적' 지식이 아닌 '삶의' 지혜를 배우기를 바라요. 이게 바로 인문학의 기본 정신이랍니다.

소통을 향한
과학적인 노력

…

언어학

linguistics

언어학자들은
외국어를 잘할까요?

"몇 개 국어를 할 줄 아세요?"

제 소개를 해야 하는 자리에서 언어학자라고 소개하면 많은 이들이 이렇게 묻곤 해요. 언어를 연구하는 학자들은 외국어를 잘할 거라고 생각하는 거지요. 그런데 실상은 좀 달라요. 대다수 언어학자는 자국의 언어만을 잘합니다. 저는 한국어를 잘하고, 영국의 언어학자는 영어를 잘하고, 중국의 언어학자는 중국어를 잘한다는 거죠. 언어를 연구한다는 것은 한국어, 영어, 중국어, 일어 등의 언어를 연구하는 것이 아니에요. 시대에 따라 다르고, 언어학자에 따라 차이가 있지만 언어학자들은 언어에 대한 사람들의 생각, 언어에 대한 사회적인 관심, 언어를 연구하는 여러 방법 등에 대해 연구합니다. 따라서 언어학자라고 해서 특별히 외국어에 능통하지는 않아요.

기록에 남은 초창기 언어학자들

앞에서 배웠던 문학, 역사, 철학, 신화와 달리 언어학은 여러분에게 무척 생소할 거예요. 왜냐하면 언어학은 비교적 최근에 생긴 학문이거든요. 언어학이 독립된 분야로 정립된 것은 19세기 무렵이에요. 그렇다고 그 이전에는 언어에 대한 연구가 이루어지지 않은 것은 아니에요. 언어학자가 아닌 철학자, 문헌학자, 작가들이 언어에 대해 연구했죠.

언어에 대한 연구 기록으로 가장 오래된 자료는 고대 그리스 철학자들의 저술이에요. 그중 대표적인 철학자는 서양철학사 3인방인 소크라테스, 플라톤, 아리스토텔레스예요. 플라톤의 저서『대화』편을 보면 플라톤의 스승 소크라테스가 파이드로스와 문학의 본질에 대해 깊은 대화를 나누는 부분이 나와요. 이때 소크라테스는 말과 글을 비교하며 문자에 대해 비판하는데, 이것이 말과 글이라는 언어의 두 속성을 비교한 최초의 고찰이라고 할 수 있죠.

플라톤과 소크라테스는 말이 문자보다 우월하다고 생각했어요. 말은 누구와 누가 나눈 대화인지 정확하지만, 문자로 된 자료는 글쓴이가 불확실하고 또한 불특정 다수가 읽을 수 있기 때문에 말보다 무책임하다고 생각했죠. 특히 당시에는 직접 대화를 나누며 답을 찾아내는 것이 일반적이었기 때문에 문자는 살아 있는 정신의 직접적인 교류에 방해가 된다고 여겼어요. 이 밖에도 문자는 위조의 가능성이나 기억력을 저하시킨다고 언급하죠. 이런 플라톤의 문자관은 지금까지도 서양의 인문학사에서 중요 화두로 다루어지고 있어요. 아리스토텔레스는 문헌 연구 및 문학론을 연구하면서 어휘를 명사류와 동사류로 나누었어요. 이것이 동서양 최초의 문법적 언급으로 꼽혀요.

철학자로만 알고 있었던 이들이 언어학을 연구했다는 것이 조금은 신기하죠? 고대 그리스 철학자들은 언어학뿐만 아니라 수학, 과학, 천문학 등에 능통한 경우가 아주 많았어요. 철학이 모든 학문의 기초라는 사실을 잘 보여주는 사례입니다.

언어학은 인문학에 속하지만 매우 과학적이에요

인문학은 과학과 거리가 멀다고 생각하는 이들이 많은데, 언어학은 과학적인 학문이에요. 객관적인 자료를 바탕으로 판단하고 연구하는 학문이라는 뜻이에요. 이것이 인문학의 여러 분야 중 언어학이 갖는 특징이죠. 그래서 언어학자들 중에는 자신을 과학자라고 생각한 이도 있었어요. 예를 들어볼까요?

〈마이 페어 레이디〉라는 고전 영화가 있어요. 오드리 헵번이 여주인

• 소크라테스와 플라톤 •

소크라테스와 플라톤은 문자가 말보다
무책임하다고 생각했어요.
여러분도 이 의견에 동의하나요?
아니면 반대로 문자에 비해 말이
무책임하다고 생각하나요?

공으로 나와 많은 사랑을 받은 영화죠. 이 영화의 남자 주인공 히긴스 교수가 바로 언어학자예요. 그는 사람의 말을 들으면 출신과 계급 등을 정확히 알아맞히는 재주가 있었어요. 우리가 사투리를 들으면 그 사람의 고향을 알 수 있는 것처럼 그는 대화를 나누면 상대방의 고향뿐 아니라 귀족인지 평민인지 하층민인지 단번에 알아맞혔죠.

그런 그가 친한 친구와 내기를 하면서 영화가 전개돼요. 어느 날 친구에게 히긴스 교수는 하층 계급의 여인을 정해진 기간 안에 교육시켜 우아하고 세련된 귀부인으로 만들겠다고 호언장담합니다. 그런 다음 오드리 햅번의 선생님이 되어 말투 교정을 시작하죠. 그리고 결국 다른 언어학자로 하여금 오드리 햅번을 귀부인으로 착각하게 만드는 데 성공하죠.

모든 영화가 그렇듯 이 영화 역시 시대 배경을 알고 보면 더욱 재미있어요. 이 영화의 배경이 되는 19세기 말~20세기 초의 유럽은 가히 '법칙 발견'의 시기라 할 만했어요. 인간과 자연 모두 엄정한 규칙에 의해 지배되고 있으며, 체계적인 방법론에 따라 이러한 규칙을 발견할 수 있다고 믿었죠. 나아가 세상만물의 원리를 설명할 수 있다는 생각이 팽배했죠. 이것은 진화론의 영향으로, 규칙은 몇 가지 요인에 의해 변화 가능하며, 이러한 변화 또한 과학적인 방법론에 따라 예견, 해석할 수 있다고 생각했어요.

그래서 이 시기 언어학자들은 히긴스 교수처럼 엄밀한 관찰과 훈련으로 언어와 관련된 진실이나 규칙을 찾아낼 수 있다고 믿었던 거예요. 이 시기 언어학자 중에는 여러분이 잘 아는 그림 형제 중 한 명인 야코프 그림도 포함돼 있어요. 그는 게르만어의 음운변동법칙을 밝혀 유럽의 여러 언어가 하나의 언어(모어)에서 나왔다는 것을 증명했는데, 이것을 그림의 법칙이라고 하죠.

언어는 어떻게 생겼고,
최초의 언어는 무엇일까요? · 언어학의 빅이슈 ❶

언어는 어떻게 생기게 되었을까요?

언어의 기원과 관련하여 가장 오래된 주장은 언어는 신이 준 것이라는 '신수설'이에요. 그 다음으로는 르네상스 이후 등장한 '자연발달설'로, 진화론과 과학적 사고가 나오면서 자연발달설은 '자연음기원설'과 '신체적응설'로 발전하죠. 자연음기원설은 자연적인 소리의 흉내나 집단 노동에서 생긴 외침이 의사소통의 시작이라는 주장이에요. 인간의 직립 이후 두뇌와 신체 변화가 맞물려 언어를 발달시켰다는 것이 신체적응설이고요.

자연발달설은 한 가지 의문에 부딪혀요. "그렇다면 위 두 가지 요인을 모두 가진 영장류는 왜 언어를 가지지 못한 걸까?"라는 의문이죠. 학자들은 바로 이 때문에 인간의 언어가 자연적으로 점진적 진화를 거친 것이 아니라 다른 요인에 의해 영장류와 차이를 보이게 되었다고 생각하죠. 그래서 등장한 것이 '유전설'이에요.

유전설은 인간이 다른 동물들과 달리 언어를 가지게 된 것은 바로 FOXP2라는 유전자 때문이라는 주장이에요. 실제로 옥스퍼드 대학의 연구진들이 언어장애가 심각한 영국의 한 가족을 연구했는데, 이들은 FOXP2 유전자에 이상이 있었다고 해요. FOXP2는 얼굴과 음성기관의 움직임을 통제하는 뇌의 부분을 형성하는 유전자로, 여러 과학자들의 연구를 통해 이 유전자의 염기서열이 침팬지와는 두 개, 쥐와는 세 개의 차이가 있다는 것을 발견했어요. 앞으로도 여러 유전자가 언어와 관련된 것으로 드러나겠지만 유전설의 핵심은 인간의 언어 능력은 타고난 것이라는 사실이에요. 어때요? 여러분은 인간은 원래부터 언어

능력을 갖고 태어났다고 믿나요? 아니면 진화의 과정에서 언어가 생겨난 것이라고 믿나요?

최초의 언어는 무엇일까요?

언어의 기원만큼 오랫동안 연구되어 온 주제가 바로 "과연 최초의 언어는 무엇이었을까?"예요. 아주 오래전부터 학자들은 언어는 하나의 언어에서 기원하여 분화한 것이라 믿었어요. 성경에 나오는 바벨탑 이야기에도 원래 인간은 하나의 언어를 사용했는데, 하나님이 서로 단합하지 못하도록 사람들이 사용하는 말을 뒤섞어 놓았다고 나오잖아요. 이러한 신화는 현재 과학자들에게도 영향을 미쳐 언어의 발생과 분화에 대한 연구로 이어지고 있죠.

오래전부터 인류 최초의 언어가 무엇이었는지 알아보기 위한 실험들을 실시해 왔어요. 그중 가장 오래되고 엉뚱한 이야기는 이집트의 왕 프삼메티쿠스의 실험이에요. 그는 인류 최초의 언어를 알아보기 위해 갓난아기 두 명을 말 못하는 양치기와 지내게 했어요. 누군가로부터 말을 배울 수 있는 기회를 차단한 거죠. 갓난아기들이 그 어떤 언어와도 접촉하지 못하도록 격리해 놓은 다음 이 아이들이 처음으로 하는 말이 인류의 첫 번째 언어일 거라고 생각했던 거죠.

2년 후 이 아이들이 최초로 말한 것은 '베코스(bekos)'라는 단어였어

• 바벨탑 •

아주 오래전 사람들은
모두 하나의 언어를 사용했을까요?
그렇다면 그 언어는 과연 무엇일까요?

요. 베코스(bekos) …… 과연 무슨 뜻일까요? 당시 이 단어는 지금의 터키에 있었던 프리지아어로, '빵'을 뜻하는 단어였대요. 그러니까 배가 고픈 아이들이 "빵을 달라."고 의사 표현을 한 것으로 해석되어, 프삼메티쿠스 왕은 인류 최초의 언어는 프리지아어라고 결론지었죠.

하지만 영국의 언어학자 조지 율은 이에 대해 재미있는 추정을 해요. 그의 추정에 따르면 'bekos'에서 그리스어 접사 'kos'를 분리하면 염소의 울음소리 '베~'와 비슷하다는 거예요.

이 말을 듣고 여러분은 어떤 상상이 되나요? 그래요. 어린아이들이 양치기와 같이 살았다는 것을 떠올려보면, 아마도 갓난아기들은 빵을 달라고 한 것이 아니라 염소 울음소리를 흉내 낸 걸지도 몰라요.

이후에도 이와 비슷한 실험들이 이어졌어요. 그 결과, 어떤 실험에서는 히브리어가 최초의 언어라고 주장하기도 하고, 또 다른 실험에서는 독일어가 가장 오래된 언어라고 주장하기도 하죠. 또 중국어가 가장 오래된 언어라고 주장하는 실험도 있었고요.

최근에도 이런 연구는 계속되고 있답니다. 뉴질랜드 오클랜드 대학 앳킨슨 교수 등 일군의 학자들은 〈사이언스〉지에 발표한 논문에서 아프리카에서 이동한 소수의 집단이 사용한 언어가 언어의 기원이라고 주장해요. 당연히 이렇게 주장하는 이유도 밝히고 있죠. 물론 이 연구 결과는 아직 빈틈이 많아요. 하지만 이와 같은 연구가 계속되다 보면 언젠가는 가설이 아닌, 학설이 될 날이 오겠죠.

같은 언어를 쓰면 생각도 비슷해질까요? · 언어학의 빅이슈 ❷

언어가 생각을 지배한다고 믿나요?

언어와 사고가 밀접한 관계에 있다는 것은 그 누구도 부정할 수 없는 사실이에요. 그런데 언어가 사고를 지배한다는 주장은 어떤가요? 그러니까 어떤 언어를 쓰느냐에 따라 어떤 생각을 하느냐가 결정된다는 거예요. 지금은 지지를 받고 있지 못하지만 1980년대에는 많은 이들이 언어가 사고를 지배한다고 믿었어요. 언어는 하나의 세계관이라고 생각한 거죠. 그렇기 때문에 같은 언어를 사용하는 언어공동체의 구성원들은 같은 틀로 세상을 바라본다고 해석했어요. 이것은 한글의 생사를 우리 민족의 생사와 동일시한 민족주의적 언어학자들의 사상으로, 당시 언어학자들은 언어가 사고를 지배하는 것처럼 보이는 몇 가지 예들을 소개했죠.

대표적인 예가 유럽어에서 '빛'은 명사이기 때문에 오랫동안 서양학자들은 빛이 파동인지 입자인지 고민해 왔다는 거예요. 만일 '빛'에 해당하는 것이 명사가 없고 '비추다, 빛나다'처럼 모두 서술어로 존재하는 호피 인디언이 빛을 연구했다면 빛의 파동설을 훨씬 빨리 발견했을 거라고 주장하죠.

또 다른 예가 무지개 색이 과학적으로는 7개로 정리되지만, 어떤 언어권은 색을 표현하는 단어가 단순해 2개, 혹은 5개, 6개로 표현된다는 거예요. 눈이 많이 내리는 이누이트족의 언어에 눈에 해당되는 어휘가 다양한 것과 같은 예라고 할 수 있죠.

언어로 표현되지 않는 생각도 있어요

그러나 위와 같은 일화나 사례들은 단지 언어와 사고의 관련성을 보여주는 것일 뿐 전적으로 언어가 사고와 같은 과정이라거나 사고과정이 언어에 의해 지배받는다는 것을 의미하지는 않아요. 만일에 사고가 언어에 지배된다면 한국인은 한국어로 사고하고 스페인 사람은 스페인어로 사고하는 것일까요? 이 말은 한국어 중에서도 경상도 사람은 경상도 방언으로 사고한다는 말과 같아요.

요컨대 우리가 사고할 때 언어로만 하지 않아요. 여러 이유로 사회와 격리되어 자란 아이들의 경우 사회로 돌아와 교육을 받으면 일상의 예의를 배우고 자신이 겪은 것이나 의사 표현을 할 수는 있었지만, 언어를 배울 수는 없었어요. 이것은 언어 없이도 사고할 수 있다는 증거예요.

　이런 아주 드물고 비정상적인 예가 아니더라도 우리는 일상에서 언어와 사고가 따로 작동하는 것을 많이 알고 있어요. 사실 수학의 여러 공식들은 언어로 표현되지 않아요. 물론 7+8=15를 '칠 더하기 팔은 십오'라고 읽지만 이렇게 읽은 것은 그리 오래되지 않아요.

　방정식이나 악보, 그림 등은 정확한 언어 형식의 도움 없이도 수천 년 동안 잘 이해되고 발전되어 왔어요. 이러한 증거들이 언어와 사고는 분리된 것임을 증명해요. 오히려 언어는 사고와 문화의 거울이라고 하는 것이 맞다고 생각해요.

남자의 언어,
여자의 언어 · 언어학의 빅이슈 ❸

여자어라고 들어봤나요?

여성어 사전이란 앱이 있어요. 여자들과 남자들의 말이 다르기 때문에 해석이 필요하다는 취지에서 개발된 앱이에요. 남녀 언어 차이에 대한 연구는 사회언어학에서 많이 다루어졌는데, 그 요지는 『화성에서 온 남자, 금성에서 온 여자』와 같은 책이 말해 주는 것처럼 남자와 여자의 화법이 매우 다르다는 거예요.

남녀의 언어 차이는 주로 여성어의 특징을 지적하는 연구로부터 시작되었어요. 미국의 언어학자 레이코프가 이러한 연구의 개척자인데, 그는 여성어의 특징을 여섯 가지로 지적했어요.

첫째, 여성들은 엷은 자줏빛, 베이지 색, 파스텔 톤 등의 색채어를 자주 사용한다.

둘째, 여성들이 선호하는 간투사가 있다. 예를 들어 'damn(제기럴)', 'shit(젠장)'과 같은 강한 간투사보다 'oh dear(어머나)', 'fudge(어머머)' 등과 같은 부드러운 표현을 자주 쓴다.

셋째, 형용사에도 여성들이 선호하는 어휘가 있다. charming(매력적인), divine(훌륭한), adorable(사랑스러운) 등과 같은 형용사는 남자들은 거의 사용하지 않는 반면 여자들은 자주 사용한다.

넷째, 여성들은 "그렇지 않니?"와 같은 부가의문문을 남성들보다 더 많이 사용한다.

다섯째, 여성들은 평서문을 의문문의 어조로 말하는 경향이 있다.

여섯째, 욕설이나 직접적인 명령을 잘 사용하지 않고 상대의 동의를 구하는 형식을 더 잘 사용한다. 예를 들어 심부름을 시킬 때에도 여성들은 "출석부 가져와."라고 말하지 않고 "출석부 좀 가져다 줄래?"라고 말하는 경우가 많다는 거예요.

이 연구를 기초로 한국에서도 여성어에 대한 연구가 이루어지고 있어요. 음소적 특징으로 여성이 남성보다 경음을 더 많이 사용하는 것으로 나타났어요. 예를 들어 다른 거를 '따른 거'라고 발음한다든가 조금을 '쪼금'으로, 작다를 '짝다'로 발음하는 거지요. 그리고 'ㄹ첨가'를 많이 사용하는 것도 여성어의 특징이에요. '요걸로(요것으로)', '안 올라다가(안 오려다가)', '알아볼라구(알아보려고)' 등이 그 예에요. '그치(그렇지), 근데(그런데)'처럼 축약된 형태나 '요것' '조것'처럼 작고 귀여운 어감의 표현도 여성이 더 선호하는 것으로 조사되었어요.

또한 여성은 '~어요.'와 같은 비격식체를 선호하며 명령의 경우에도 청유, 의문형을 많이 사용해요. 그리고 한편으로는 남녀가 함께 있을 경우 여성은 더 소극적이거나 수동적인 경향을 보이며 친근한 대화 상황일수록 여성은 적극적이에요.

여자어가 생긴 이유는 뭘까요?

일본어와 타이어의 경우처럼 화자의 성별에 따라 대명사와 종결어미가 달라지는 경우도 있어요. 북미 인디언어의 하나인 유나어의 경우 남성이 발화할 때 규칙적으로 접미사를 덧붙여요. 또는 남자들의 말과 여자들의 말 사이에는 규칙적인 음소 대응이 일어나기도 해요. 미국 동북부의 인디언어인 그로 반트어에서는 남성어의 치폐쇄음이 여성어에서는 규칙적으로 연구개폐쇄음으로 대응해요. 예를 들어 '빵'을 가리키는 단어가 남성형은 'djatsa', 여성형은 'Kjatsa'로 분리되어 있죠. 한편 남아프리카의 줄루족의 언어에서는 남성어와 여성어 사이의 또 다른 모습의 대응을 볼 수 있어요. 이 언어에서는 여성에서 'z' 음소의 사용이 금기로 되어 있어요. 예를 들어 남자가 '물'을 발화할 때는 'amanzi'라고 말하지만 여자는 'z' 음소를 사용할 수 없으므로 'amandabi'처럼 'z'를 뺀 형태로 바꾸어 말을 해야 해요. 따라서 이 언어의 여성어의 음소 목록에서는 아예 'z'가 들어 있지 않아요.

심지어 듣는 사람의 성별에 따라 형태가 변하는 언어도 있어요. 인도 드라비다어의 한 언어에서는 '내가 간다'를 남자에게 말할 때에는 'bardan'이라고 말하지만, 여자끼리 말할 때에는 'baren'이라고 표현해요. 주어가 2인칭 단수일 때는 형태가 더 분화돼요. '네가 간다'는 남자에게 말할 때는 'barday', 여자가 여자에게 말할 때에는 'bardin', 남자가 여자에게 말할 때에는 'bardi'라고 말해요.

학자들에게 이렇게 세분된 사용이 가능한 사회는 어떤 사회인가가 더 흥미로운 연구 대상이에요. 문화인류학이나 사회학뿐만 아니라 남녀언어 차이를 연구하는 목적은 남녀 언어 차이의 자세한 목록을 원하는 것은 아니에요. "왜 이런 차이가 나타날까?"가 더 중요하죠. 여러분도 한번 생각해 보세요. 왜 그럴까요? 혹시 여성이 사회적 약자이기 때문은 아닐까요?

갓난아기는 어떻게
말을 배우게 될까요? · 언어학의 빅이슈 ❹

13년 간 언어를 접하지 못한 지니

일반적으로 아기들은 생후 5개월에 옹알이를 시작하여 한 단어 단계, 두 단어 단계 등을 거쳐 20개월 전후에 의사소통을 하게 돼요. 아기의 발달 정도에 따라 차이는 있지만 이것이 일반적인 성장과정이에요.

이렇게만 볼 때 아기들이 언어를 배워나가는 것은 매우 자연스러운 과정으로 보이죠? 그런데 학자들의 연구에 따르면 여섯 살 경까지 적절한 자극이 없으면 안타깝게도 언어를 습득하지 못해요. 이것을 깨닫게 해 준 아이가 '지니'라는 소녀죠.

지니는 주변의 소음을 병적으로 싫어하는 소음기피증에 걸린 아버지에 의해 가족과 떨어져 혼자 자라다 열세 살 때 구조됐어요. 발견 당시 지니는 전혀 말을 하지 못했죠. 이후 학자들이 지니에게 말과 글을 가르치기 위해 많은 노력을 했어요. 그 결과 지니는 아주 단순한 문법으로 의사소통이 가능해졌고, 제법 많은 단어를 이해하게 되었으며, 예의범절을 익힐 수 있었죠. 그러나 끝내 보통 사람과 같은 언어활동은 할 수 없었어요. 검사 결과 지니의 좌뇌에는 언어적 정보처리의 기제가 존재하지 않았어요. 13년 간 언어를 접할 기회가 전혀 없었던 결과죠. 이 비극적인 사례를 통해 인간의 좌뇌가 언어를 관장하며 이것이 어릴 때 활성화된다는 사실과, 다행히 우뇌를 비롯하여 뇌 전체가 의사소통과 관계된 여러 기능을 분담한다는 것을 알게 되었어요.

타잔은 정글에서 어떻게 말을 배웠을까요?

반면 에드가 라이스 버로즈의 소설『유인원 타잔』에서 타잔은 부모가 죽은 후에 유인원의 손에 길러지지만 말과 글을 깨우쳐요. 바로 오두막에서 발견한 그림책 때문이죠. 그림책에는 소년의 모습이 그려져 있고 'a boy'라고 쓰여 있어요. 또 다른 페이지에는 소녀의 모습이 있고 또 'a girl'이라고 쓰여 있죠. 이렇게 타잔은 그림과 그 그림에 부착된 기호를 하나하나 배워 혼자서 영어를 깨우칩니다. 아무도 격려하지 않았는데도 말이에요.

이와 같은 사례를 보고 당시 언어학자들과 인문학자들은 인간은 특별한 존재로서 적절한 조건만 갖추어진다면 인간으로 성장할 수 있다고 생각했어요. 문제는 적절한 자극이 무엇인가인데, 19세기에는 타잔처럼 문명의 접촉만으로 인간이 될 수 있다고 믿었어요. 그러나 20세기 들어와 여러 연구를 통해서 사람과의 접촉이 없으면, 특히 사람과의 접촉 없이 6세를 넘기면 언어능력을 갖추기 어려운 것으로 밝혀졌어요. 그러므로 정글에서 사람과 말을 해보지도 않고 단지 글만으로 인간의 언어를 깨우친다는 것은 그야말로 소설에서만 가능한 일이라고 할 수 있어요.

동물 언어의 세계, 동물들도 언어를 사용할까요? · 언어학의 빅이슈 ❺

자기만의 의사소통법을 갖고있는 동물들

휴대폰 앱에 동물언어번역기도 있다는 사실 알고 있나요? 동물이나 아이의 울음소리를 녹음하면 우리의 언어로 번역을 해줘요. 사실 이 정도는 번역기가 없어도 알 수 있어요. 아기가 울면 엄마는 그 의미를 이해하고 밥을 주거나 기저귀를 갈아주잖아요. 또 기르는 개가 짖으면 기르는 주인은 그 의미를 알아듣고요.

하지만 이것은 개의 '언어'가 인간의 언어와 같은 것이라 알 수 있는 것이 아니에요. 의사소통은 언어 외에도 많은 수단이 있으니까요. 이중 경험과 조건반사 등도 그 한 가지 요인이 되죠.

의사소통과 언어를 동일한 의미로 사용한다면 동물들 중 꿀벌에게 언어가 있다고 할 수 있어요. 꿀벌은 꿀이 있는 장소를 정확하게 알려주는 신호체계를 가지고 있거든요. 그래서 인간이 말하는 것보다 꿀에 관한 한 더 정확하게 의사소통을 할 수 있죠.

이 밖에도 북미 대평원에 거대한 동굴을 만들어 여러 대가 함께 살아가는 프레리 독 역시 꽤 정교한 기호를 가지고 있다고 밝혀졌어요. 이들의 최대 적은 코요테인데, 코요테가 나타났을 때 알리는 위험신호뿐 아니라 코요테가 없을 때에도 코요테에 대해 표현할 수 있다고 해요.

동물의 언어와 사람의 언어

만약 이렇다면 동물의 언어와 사람의 언어의 차이점은 뭘까요?

첫째, 사람의 언어는 거의 모든 상황에 적응할 수 있어요. 반면 동물의 '언어'는 특정한 목적에만 활용되죠. 위기, 먹이, 경고, 안전함 정도의 의미를 가지고 있어요. 간혹 고등동물에서 이러한 신호를 의도적으로 사용하는 경우가 나타나기도 해요. 원숭이가 먹을 것을 자기만 차지하기 위해 거짓 위험신호를 보내기도 하는데, 이를 통해 동물도 거짓말을 한다는 증거로 활용되기도 하죠. 그러나 이런 예는 동물의 언어가 가진 의사소통의 체계가 얼마나 간단한지를 보여주는 예일 뿐이에요.

둘째, 사람의 언어는 창조적이어서 무한대의 문장을 만들어낼 수 있

· 프레리 독 ·

최근 한 연구에 따르면
프레리 독은 크기와 색깔을 구별하고
새로운 것을 볼 때마다
이를 지칭하는 말을 만드는 등
고유한 언어 능력을 가졌다고 해요.

어요. 이것을 환원성, 또는 규칙반복성이라고 해요. 같은 규칙을 계속 적용하여 얼마든지 많은 수의, 무한히 긴 문장을 만들 수 있는 거지요. 예를 들면 다음과 같아요.

난 학교에 가기 싫어.

난 시험이 있는 학교에 가기 싫어.

난 시험이 있고 숙제가 많은 학교에 가기 싫어.

셋째, 사람의 언어는 의미와 형태의 연결이 자의적이어서 새로운 개념을 만들기 쉬워요. '은유'가 대표적인 것인데 문학적 감성에만 사용되는 것이 아니라 새로운 개념으로 넓혀가는 가능성을 제공해 주죠. 예를 들어 컴퓨터 용어인 비트(bit)나 웹(web)은 각각 '한 입 분량의 작은 조각', '거미줄'이란 의미를 갖고 있어요. 그런데 컴퓨터의 단위나 전산망과 같이 아주 다른 의미로 사용되고 있죠. 요즘 많이 사용하는 '착한' 가격, '착한' 생각도 마찬가지예요. 원래 '착하다.'와는 전혀 다른 의미로 바뀌어 사용되죠. 또 '재테크, 세테크'처럼 일부 요소를 이용하여 새로운 단어를 만들어내기도 하고요.

동물들도 사람의 언어를 배울 수 있을까요?

사람의 언어를 동물이나 컴퓨터에게 가르칠 수 있을까요? 역시 서구의 학자들은 이에 대한 연구를 진행했어요. 와쇼, 코코, 사라, 님 침스키, 칸지와 같은 유인원이 역사에 남아 있죠. 돌고래, 앵무새 등 상당히 많은 동물들이 놀라운 결과를 보여주기도 했고요.

이 중 코코는 고양이를 기를 정도로 감정이 풍부한 고릴라였어요. 기르던 고양이가 죽었을 때 코코가 슬퍼하는 모습이 기록 영화에 남아 있어요. 뿐만 아니라 1000개가 넘는 수화를 배워 가장 많은 단어를 배운 고릴라로 기록되어 있죠. 또 와쇼의 양자인 룰리스와 보노보 원숭이의 새끼 칸지는 연구자들이 칸지의 어미에게 건반을 이용하여 언어를 가르쳤는데, 관찰에 의해 스스로 키보드를 사용하게 되었어요. 훈련을 통해 칸지는 500여 개의 영어 음성단어를 이해하고, 200여 개의 건반언어를 사용할 줄 알았으며, 문법규칙을 이해하고 새로운 문장을 만들어 내기까지 했어요. 이러한 연구를 통해 유인원들에게 고유 언어는 없지만 언어를 배울 수는 있다는 것을 알게 되었죠.

이러한 실험은 슬픈 결과를 낳기도 했는데, 대표적인 경우가 님 침스키예요. 님 침스키는 4년 동안 뉴욕의 가정집에서 인간의 아이처럼 양육되면서 수화를 익혔어요. 동물도 언어를 배울 수 있음을 증명하기 위한 프로젝트였죠. 그러나 연구 도중 기금이 떨어지자 여러 가정을 전전하다가 결국 동물보호소에서 쓸쓸히 생을 마감했어요.

　이런 연구과정을 보면서 선생님은 동물과 인간의 차이점에 대해 생각해 봤어요. 선생님이 잠정적으로 내린 결론은 동정심이에요.

　동물의 세계에서 약자에게 공감한다는 건 곧 죽음을 의미해요. 그래서 동물들은 따돌림을 당하는 친구를 모른 척해요. 하지만 사람은 달라요. 따돌림 당하는 친구에게 따뜻한 손길을 보내는 것, 이것이 바로 동물과 인간의 차이랍니다. 결론적으로 인간적이라는 것, 사람답다는 것은 단지 말을 유창하게 하는 것이 아니라 주변 사람들의 아픔을 함께한다는 것이에요.

인문학은 지식이 아니라 지혜를 가르쳐요

인문학은 자신을 돌아보는 학문이에요

지금까지 인문학의 한 분야인 언어학에 대해 주요 쟁점들을 중심으로 알아봤어요. 앞에서 다룬 내용들은 선생님이 언어학에 대해 여러분에게 들려주고 싶은 이야기의 극히 일부분이에요. 대개의 언어학 개론 강의는 언어학의 성립과정과 언어의 체계(음소, 형태소, 문법, 의미론 등)에 대하여 큰 비중을 할애하곤 해요. 어떤 분야의 학문을 이해하기 위해서는 반드시 알아야 할 사항이 있기 때문이죠. 이밖에도 선생님은 여러분과 오늘날 많은 사람들이 관심을 가질만한 자동번역과 음성인식, 인공지능과 관련하여 컴퓨터와 일상적인 대화를 할 수 있는가 하는 등의 문제에 대해서도 이야기를 나누고 싶었어요.

그런데 선생님이 언어학의 주요 연구 분야나 흥미로운 주제에 대해 설명하지 않고 주요 쟁점을 설명한 것은 나름의 이유가 있어요. 그것은 이제 막 인문학에 입문하는 여러분들에게 인문학적인 지식보다는 인문학의 지혜를 전달하고 싶었기 때문이에요

긴 인문학의 역사에서 과학적 인문학, 또는 과학적 언어학은 고작 100년 남짓 된 학문이에요. 그러므로 앞으로 놀랄 정도로 새로운 이론이 나와 지금과는 전혀 다른 학문이 될지도 몰라요. 그러나 변하지 않는 것이 있어요. 그것은 바로 인문학의 근본적인 지향점이랍니다.

인문학의 지향점은 명확해요. 인문학의 역사에서 때론 이성이, 때로는 감성이, 때로는 공동의 선이, 때론 개인의 자유가 강조되었으나 그 근본에는 인간은 생각하는 존재이며, 자신의 행동이나 사고의 시시비비를 가릴 수 있는 존재라는 점은 변함이 없었어요. 생각이라고 해서, 어떤 완결된 생각, 완전한 진리를 말하는 것은 아니에요. '지금 여기서 나의 행동과 나의 생각은 옳은 것인가?'라는 질문을 통해 항상 자신을 점검하자는 의미죠.

여러분에게 인문학을 권유하는 이유도 바로 이런 점 때문이에요. 지식이 아니라 지혜를 전달하고자, 누군가의 생각이 아니라 생각하는 습관을 전달하고자 하는 거랍니다. 인문학은 우리 삶의 다양한 국면과 관련돼요. 어떤 실용적 목표만이 아닌 삶과 행동의 원리를 생각하게 하기

때문이죠. 그래서 인문학은 지식으로 배우는 것이 아니라 삶을 자유롭게 하고 새로운 세계에 눈을 뜨게 할 필요성으로 배워야 한답니다.

언어학의 거장들

어려서 선생님은 고대 언어학자들의 일대기를 읽으며
미해독문자를 찾아 모험을 떠나는 상상을 하며 자랐어요.
그땐 몰랐는데, 돌이켜 보니 어린 시절 미래에 대해 꿈을 꾸는 것은
정말 소중하다는 생각이 들어요.
여러분들도 언어학자들과 함께 모험을 떠나보세요.

주시경 | 1876~1914

국어를 가장 체계적으로 연구한 학자이자 교육자입니다. 글자의 통일을
매우 중요하게 여겼으며 교육을 통해 나라를 되찾을 수 있다는 믿음으로
일찍부터 국어연구와 한글의 맞춤법 통일에 뜻을 두었어요. 국어 사랑이
남달랐고 당시 선생을 뛰어넘을 학자가 없어 배재, 중앙, 양정 등 다섯 학교에서 국어교사로 근
무하면서 저녁에는 국어강습소에서 강연을 할 정도로 열정이 많았어요. 그래서 생긴 별명이 '주
보퉁이'예요. 책과 도시락을 싸갖고 서울의 광화문과 서대문, 남대문 일대를 걸어 다녀 생긴 별
명이에요. 주시경 박사의 문법은 매우 독특하고 앞선 이론이었지만 이것이 제자들에게 전부 이
어지지는 않았어요. 그러나 그의 독립정신과 한글사랑은 제자들에게 잘 전해져 한국이 남과 북
으로 나뉜 후에도 주시경 박사의 제자들은 남과 북에서 큰 영향을 발휘했어요. 남북의 표기법이
조금 달라졌지만 60년이 지난 지금도 아직 비슷한 것은 기본적으로 주시경의 맞춤법을 이어 내
려온 제자들의 힘이랍니다.

최세진 | 1473 ~ 1542

조선시대 중국어 통역관. 당시의 외국어교육기관인 사역
원에서 교수로 활동하면서 한글과 중국어 언구에 획기적
인 업적을 남긴, 조선 초기의 언어학자예요. 어학 방면에
탁월한 재주와 관심이 많아 여러 권의 책을 썼어요. 그
중 『훈몽자회』는 우리 언어학 사상 가장 영향을 많이 끼
친 교과서로 평가받고 있어요. 『훈몽자회』는 사물과 밀접
한 관련이 있는 3,360자의 한자에 한글로 음과 훈을 달
아놓은 한자 사전이에요. 특히 훈민정음의 기록을 담고

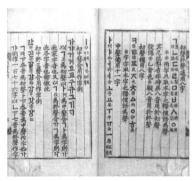

규장각한국학연구원

있는 〈범례〉 부분이 국어사 연구의 귀중한 자료로 사용되고 있어요. ㄱ, ㄴ, ㄷ과 ㅏ, ㅑ, ㅓ 등의
한글 자모의 순서와 이름을 결정한 책이 바로 『훈몽자회』 〈범례〉랍니다. 선생은 회화 학습서도
집필했어요. 『번역노걸대』와 『번역박통사』, 그리고 이 책들에 나오는 어휘 등을 해설한 『노박집
람』이 대표적인데요. 이 책들은 조선시대 후기까지 중국어, 만주어, 몽골어 교재로 사용되었어
요. 회화책이 왜 언어학에서 중요하냐고요? 이 책들에는 당시의 중국어 발음이 적혀있기 때문
에 지금은 들을 수 없는 옛날 소리를 알 수 있어요. 녹음기가 없었던 시절에 이러한 기록이 남아
있어서 학자들이 옛날 말을 연구할 수 있는 거랍니다.

장 프랑수아 샹폴리옹 | 1790~1832

이집트 상형문자를 해독하는데 중요한 역할을 한 프랑스의 언어학자이
자 역사가입니다. 16세 때 이미 라틴어와 그리스어뿐만 아니라 6개의 고
대 동양 언어에 통달해 언어의 천재로 통했다고 해요. 19세 때 그르노블
고등학교의 역사 교사가 된 이후부터 상형문자 해독에 끊임없는 관심을 기울였어요. 그 결과 여
러 사람들이 시도했지만 풀지 못한 이집트 상형문자를 해독하는 데 성공했어요.
결정적인 것은 나폴레옹이 이집트에서 발견한 로제타스톤이었는데, 이 돌에는 그리스어와 이집
트 상형문자, 이집트 민중문자로 같은 내용이 판각되어 있었어요. 따라서 프랑스는 당연히 여러

로제타스톤

고대문자연구가들을 불러 이 비석을 해독하게 했으나 20년이 지나도 진전이 없었어요. 그런데다가 프랑스가 영국에 패해 로제타스톤은 영국의 대영박물관으로 이전되었고 이번엔 영국의 학자들이 로제타스톤을 연구하게 되었죠. 프랑스와 영국의 학자들이 오랜 시간 동안 연구하면서도 큰 진전이 없었던 것을 젊은 프랑스 청년인 상폴리옹이 해독의 실마리를 푼 거예요. 당시 유럽은 이집트 등 고대사 연구에 힘을 기울이고 있었지만 이집트의 고대 문명에 대해 알려진 것은 거의 없었어요. 그러므로 고대 이집트어를 해독해 낸 것은 굉장히 큰 업적이에요.

페르디낭 드 소쉬르 | 1857~1913

스위스의 언어학자. 제노바에서 태어나 산스크리트어와 비교언어학을 전공했어요. 프랑스 고등연구원과 제네바 대학교에서 주로 산스크리트어와 인도유럽어를 강의했어요.

그는 언어를 기표(signifiant)와 기의(signifié)라는 측면으로 구분하고 이들은 어떤 필연적 관계도 없다고 주장했어요. 이 말은 '하늘'이라는 말은 [hanil]이라는 형식과 [天]이라는 의미의 결합이지만 이는 꼭 그래야 한다는 것은 아니라는 주장이에요. '하늘'이 영어로는 'sky', 프랑스어로는 'ciel' 이니 말이에요. 이러한 아이디어는 별것 아닌 것처럼 생각될 수도 있지만 이 세상을 기호로 보고 해석할 수 있는 방법을 주었어요. 예를 들어 옷차림도 기호가 될 수 있는데 어떤 옷을 입었느냐에 따라 여자, 남자, 학생, 민족, 직업 등이 구분되기도 하죠. 옷차림은 개인의 취향이기도 하지만 또한 사회적 약속이기도 하거든요. 이렇게 옷차림, 표정, 신호, 습관 등등을 기호로 보고 그 의미를 연구하는 학문을 기호학이라고 해요. 소쉬르를 기호학자로 부르기도 하는 것은 이 때문이에요.

또 소쉬르는 현대 언어학, 구조주의의 아버지로 불리는데 언어를 체계적으로 연구할 수 있는 방법을 잘 정리했기 때문이에요. 그는 언어란 일종의 구조체라고 생각했어요. 구조체란 분석될 수 있는 것이며 결합하기 위해서는 어떤 결합방법이 있어야 하는 거지요. 언어학자가 하는 일은 이 조각들이 어떤 결합법으로 묶여있는가, 이 조각은 어떤 조각과 연결되어야 하는가를 찾아내는 것이죠. 조립완구를 생각해보면 쉽게 이해할 수 있어요. 로봇 인형이 작은 조각으로 분해될 수도 있고 이것을 잘 맞는 위치에 맞추어 넣으면 다시 로봇이 되지요. 우리 인간 사회나 정치, 문화, 역사를 모두 일종의 구조를 가진 것으로 보면 각 부분을 연구하기가 조금 더 쉬워져요. 그래서 구조주의는 사회학, 역사학, 문학, 철학 등 인문학의 여러 분야에 영향을 주었지요.

촘스키 | 1928.12.7~

생존하는 가장 유명한 언어학자예요. 촘스키에게 언어학을 배우기 위해 세계 여러 나라에서 이 분이 강의하는 메사추세츠 공대에 유학을 갔어요. 또 이 분의 이론을 세계의 여러 언어학자들이 가르치기도 하고 비판하기도 했어요. 70년대부터 90년대까지는 촘스키를 중심으로 언어학이 연구되었다고 말할 수 있어요.

촘스키는 언어학이 연구해야 할 목표는 인간의 '언어수행'이 아닌 '언어능력'이라고 주장해요. 인간의 언어 수행은 귀가 잘 안 들린다든지, 구강구조에 문제가 있든지 아니면 잠깐 실수를 한다든지 하여 잘못된 발화를 할 수 있지만 이것이 잘못임을 알고 있어요. 혀가 짧은 훈장님이 '나는 바담 풍 해도 너희는 바담 풍 해라'라고 했다는 이야기를 떠올려 보세요. 그 훈장님은 구강구조 때문에 '바람 풍'이라고 말할 수는 없지만 '바람 풍'을 어떻게 발음해야 하는지 알고 있어요. 이렇게 우리의 언어능력과 수행은 일치하지 않을 수 있는데 그렇다면 더 중요한 것은 이 둘 중 어떤 것일까요? 당연히 우리가 알고 있는 언어에 대한 지식, 바로 언어능력이에요.

  그리고 또 하나 매우 중요한 아이디어는 이러한 언어능력은 선천적으로 타고난다는 것이에요. 이 말은 우리의 유전자에 언어 처리를 담당하는 능력이 들어있다는 것이죠. 지금도 많은 언어학자와 심리학자들이 유전자에 내재하는 능력이 어디까지인지 연구하고 있어요. 이런 연구가 더 발전한다면 지금보다는 좀 더 쉽게 외국어를 배울 수 있는 날이 올지도 몰라요.

PREFACE

에 대한 본교재는 Part I. 색의 이해, Part II. 감성과 이미지,
의 변화와 흐름, Part IV. 색의 활용 등 4개의 파트로 나누고 총
으로 서술하였다.

ter 1 색의 기초분야로 '색이란?' 부분에서 색과 색채를 정리하고
속성과 톤'에서 표색계, 색체계, 색명체계 등에 대한 색의 구체적
위한 색체계'에서 표색계, 색체계, 색명체계 등에 대한 색의 구체적
범위를 다룬다.

Chapter 2 색의 지각분야로 '색 지각요소'에서는 색지각의 3요소, 대뇌,
색의 지각과정을, '색의 지각적 효과'에서는 심리적 색채지각과 색의 지
각적 효과에 대하여, '색의 지각설'에서는 영·헬름홀츠의 3원색설, 헤링
의 반대색설, 단계설 및 혼합설 등을 살펴본다.

Chapter 3 색채심리분야로 '색의 감정'에서는 색을 보면 느껴지는 감성
적인 부분을 다루고 '색의 연상과 상징'에서는 색의 이미지와 연상, 계절
이미지와 연상색, 색의 상징, 안전색채 등의 내용을 그리고 '색의 공감각'
에서는 하나의 감각을 통하여 다른 감각기관의 감각을 느끼는 시각, 청각,
후각, 촉각 등의 감성적인 반응에 대하여 살펴본다.

Chapter 4 색채이미지분야로 '이미지 스케일'에서는 I.R.I. 감성 이미지를 '톤 이미지'에서는
'이미지와 감성배색'에서는 색채이미지 스케
살펴보았다.

색채 감성

정연자 지음

21세기사

Chapter 5 색의 조화와 배색분야로 '색의 조화'에서는 배색
색채조화론을 '배색'에서는 배색형식과 배색기법을, '배색실
KS색상환과 KS색조 그리고 이미지 배색 과 배색기법의 실습에
용을 다루었다.

Chapter 6 예술사와 색채분야로 고대, 중세, 근세, 근대, 현대로
예술양식에 따른 색채경향을 살펴보았다.

Chapter 7 20세기 뷰티화장품 색채분야로 20세기 전반기와 후반기
나누어 뷰티화장품 색채경향을 살펴보았다.

Chapter 8 퍼스널 컬러분야로 퍼스널컬러의 이해, 퍼스널컬러의 진단
퍼스널컬러의 유형에 대한 내용을 다루었다.

Chapter 9 컬러테라피분야로 컬러테라피의 이해, 적용, 효과 등을 살펴
보았다.

Chapter 10 색채마케팅과 색채기획분야로 색채마케팅, 색채마케팅의
전개, 색채기획 실습에 대한 내용을 다루었다.

이 책이 나오기까지 수고해 준 김진희선생께 고마움을 전하며 마지막
까지 교정과 편집으로 좋은 책을 만들어 주신 21세기사 사장님과 관계자
분들 모두에게 감사드린다.

2024.

CONTENTS

CONTENTS

PART

I

색의 이해

색의 기초

1.1 색이란?

색은 시지각의 대상으로 물리적인 빛과 그 빛의 지각 현상을 말하는 것이다. 물리학적으로 색은 빛이며 이를 가시광선의 범위 안에서 우리 눈을 통해 볼 수 있는 빛의 색인 것이다. 색의 개념과 달리 색채는 물리적 현상으로 색이 감각기관인 눈을 통해 지각되는 지각 현상과 함께 드러나는 경험 효과까지 설명하는 것이다. 색채는 물리적인 현상과 다르게 심리적인 현상으로 이해하고 있다.

1.1.1 색色

색의 사전적 의미는 '빛의 스펙트럼 파장에 의해 식별할 수 있는 시감각의 특성으로 시각의 기본적 요소 중의 하나'이다. 이는 시지각의 대상으로서 물리적 대상인 빛과 그 빛의 지각 현상으로 색은 빛의 소산이며 빛은 색의 모체이다.

그림 1-1 빛의 스펙트럼

색채학적인 분석으로 빛은 색을 설명하기 위해 관계되는 성질로서 빛을 의미하며 색으로서 빛은 방사되는 전자파 중에 우리 눈으로 지각되는 범위의 가시광선(可視光線)에 해당한다. 태양광선을 프리즘을 통하여 분광시키면 가시광선의 균형이 깨뜨려져 7가지의 단색광으로 분해되는데,

파장을 달리하는 각각의 색으로 나타난다. 이러한 가시광선에 따른 순수 색감각으로의 색, 심리물리색이라 한다.

■ 순수한 색감각, 심리물리색psychophysical color

· 색 감각에 의한 심리, 물리실험에 의한 색.

· 모든 지각을 배제한 색채, 색 감각에 의한 물리실험 색.

· 빛의 색이나 물체 표면의 반사광 등 적절한 광학 장치로 한정된 시야 속에서 객관적 판단을 하게 될 경우의 색.

· 물리적인 색으로 측색학-데이터를 근거로 한 정량적 표시가 가능한 색.

1.1.2 색채色彩

색채의 사전적 의미는 '물체가 빛을 받았을 때 빛의 파장에 따라 그 표면에 드러나는 고유한 빛의 색'을 의미한다. 이는 지각적 요소가 존재하는 것으로, 물체를 통해 색 지각을 수반하며 동시에 심리적인 성질을 가지고 있다. 즉, 물리적인 현상인 색이 감각기관인 눈을 통해 지각된 현상이나 경험 효과이다. 색채는 외적(물리적, 화학적) 및 내적(생리적, 심리적)으로 주어진 것에 의해 성립하는 시감각의 일종이다. 이것은 표면지각을 동반하는 것으로 환경, 크기나 배경에 따라 지각되는 색이 다르다. 색채는 물리적으로 물체색을 의미하나 또한 심리적 현상으로 드러나는 지각된 색을 의미한다. 그러므로 인간이 색을 감지하고 인지하는 것은 빛이라는 조건으로만 나타나는 현상은 아니다. 색에 대한 감각은 빛에 대한 지각적 현상이며, 빛이 물체와 더불어 있어 우리는 색채뿐만 아니라 질감. 거리감 그 외에도 심리적인 느낌이나 평가도 알 수 있는 것이다. 색은 물리적 현상인 빛이 감각기관인 눈을 통하여 지각된 현상으로 심리적 경험 효과와 함께 성립되는 총체적인 시각 경험이다.

■ 지각된 색perceived color

• 색 지각에 의한 물체의 반사광을 직접 보고 판단하는 색.

• 색이 물체와 더불어 있어서 나타나는 여러 가지 심리적인 현상이나 활동.

• 자극된 색으로 거리감, 기울기, 질감, 상징 등이 그 색과 함께 드러나는 것.

• 심리적인 색이며 지각되어 판단하는 색.

그러므로 색(색채)은, 빛이 물체를 비추었을 때 생겨나는 반사, 흡수, 투과, 굴절, 분해 등의 과정을 통해 인간의 눈을 자극함으로써 생기는 물리적인 지각 현상이다. 또한, 빛이 눈에 들어와 자극을 주어 뇌의 시각중추에 전달하므로 생기는 감각이다. 심리물리색(Psychophysical color)과 지각색(Perceived color)을 총칭한다.

• 색감각(色感覺 : color sensation) : 일정한 조건에 의해 나타나는 색들을 수반하는 색지각을 의미.

• 색지각(色知覺 : color perception) : 지각하는 색의 3속성(색상, 명도, 채도)에 대한 시지각을 의미.

• 시지각(視知覺) : 일상생활 속에서 시각 전달계(눈에서 대뇌까지)를 통하여 외부의 물체를 인지하는 것.

■ 외적인 측면

• **물리학적** : 빛이 직접광이든 반사광이든 눈에 도달하는 빛의 현상에 대한 이해 측면이다.

• **생리학적** : 물체의 표면에서 반사된 광선이 눈으로 들어와 시신경을 통해 뇌의 중추에 이르러 색을 지각하게 되는 것으로 눈으로 지각되어

보이는 효과를 말한다.

■ 내적인 측면

• **심리학적** : 지각된 색은 개인의 주관적 감정이나 느낌으로 심리적 연상이나 상징으로 받아들이는 의식 활동을 수반하는 영역을 특히 심리에 미치는 영향이 연구된다.

• **사회학적** : 심리학적 측면의 기억을 환기하고 가치판단을 하며 외계와 대응하는 행동으로 연결되며 생겨나는 감정적인 반응으로 문화적 현상까지 설명할 수 있다.

• **미학적** : 심리학적 측면이 생활 조형의 표현으로 연결되어 생겨나는 감정적인 반응으로 예술적 활동까지 포함한다.

1.2 색의 속성과 톤

1.2.1 색의 종류와 속성

(1) 색의 종류

색은 무채색과 유채색으로 나누어 크게 분류할 수 있다.

① 무채색(Achromatic color)

물체로부터 여러 파장의 빛이 고르게 반사될 때 지각되는 색으로 반사율이 높으면 흰색으로 낮으면 어두운 회색이나 검은색으로 보인다. 무채색 기준은 명도로서 흰색과 여러 층의 회색 및 검정에 속하는 색감이 없는 계열의 색이다. 밝고 어두운 정도의 차이로 나타나며 색상, 채도의 속성이 없는 색이다.

② 유채색(Chromatic color)

무채색을 제외한 색으로 색의 기미가 있는 모든 색을 말한다. 즉 빨강, 주황, 노랑, 초록, 파랑, 보라 등의 원색 및 중간의 색을 들 수 있다. 유채색은 무려 750만 종이나 되지만 실제 눈으로 식별할 수 있는 색은 300여 종이며 일상생활에 필요한 색은 50여 종으로 구분된다. 유채색은 색상, 명도, 채도의 3속성을 모두 가지고 있으며 혼합하여 만들 수 없는 고채도의 순수한 색을 순색, 순색에 검정이나 흰색을 섞으면 청색, 순색에 회색을 섞으면 탁색이라 한다.

(2) 색의 삼속성

색을 지각하고 다른 색과 구분할 수 있는 속성은 색상, 명도, 채도이며 이를 색의 3속성, 색의 3요소라 한다.

① 색상(Hue)

명도, 채도와 관계없이 색을 구별하는데 필요한 색의 이름으로 색 기미의 차이를 가리키는 속성이다. 일반적인 사람은 150가지 색을 구별하며 보통 6개의 단어(빨강, 주황, 노랑, 초록, 파랑, 보라)로 묘사한다. 색상에 대한 감각의 변화는 순환적이며 색상을 계통적으로 둥글게 배열한 것을 색상환, 색환이라고 한다.

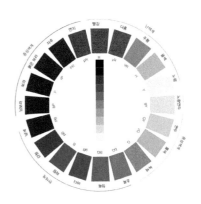

그림 1-2 20 색상환

색상환의 조건은 최소한의 우선 색인 기본색을 선정하여 진행한다. 기본색이 적을수록 색상을 만들기 쉽다. 색상을 원 주위에 배열하는 것으로 기본색 사이의 거리가 일정하게 한다. 기본색 사이의 2차 색은 명칭 결정

및 시각적 차이 간격도 일정해야 한다. 마주 보이는 색은 반대색으로 색의 보색이 되도록 한다.

- 보색(Complementary color) : 색상환에서 서로 마주 보는 위치에 있는 색, 서로 반대되는 색으로 색상의 거리가 가장 멀며 색상의 차이가 가장 큰 색으로 색상의 대비가 강하다. 보색을 이루는 두 가지 색상을 혼합하였을 때 무채색이 된다.
- 먼셀 색상환 : Red, Yellow, Green, Blue, Purple의 5가지 기본색을 기준으로 각각의 중간색을 만들어 10색을 만든다. 이를 각각의 범위별로 1에서 10으로 나누어 100 색상을 만들어 숫자 기호로 색상을 표시한다. 우리나라 표준색상환은 먼셀의 색상환이다.

② 명도(Value)

색 밝기의 척도로 색의 밝고 어두운 정도를 나타내는 것이다. 색과 색 사이의 밝기 차이를 느낌 정도로 나타내는 것으로 이는 빛의 양이 많고 적음에 따라 느끼는 물체색 밝기이다. 빛의 반사율이 높은 것이 고명도(백색), 빛의 반사율이 낮은 것이 저명도(검정)이다. 명도단계는 무채색인 흰색과 검정. 흰색과 검정 사이를 회색 단계로 표현한 것으로, 가장 어두운 단계를 0, 가장 밝은 단계를 10으로 하여 11단계로 나누고 있다. 명도단계를 이용하여 유채색의 명도를 알고 싶을 때 시각적 비교법으로 그 단계를 측정할 수 있다.

■ 명도단계(Value Scale)

무채색으로 밝기를 단계적으로 표현한 것.

0   1   2   3   4   5   6   7   8   9   10

그림 1-3 명도단계

■ 색상과 명도의 관계

• 틴트(Tint) : 밝게 만들어진 색상

• 셰이드(Shade) : 어둡게 만들어진 색상

모든색상을 흰색부터 검은색까지 틴트와 셰이드의 범위로 보여줄 수
있다.

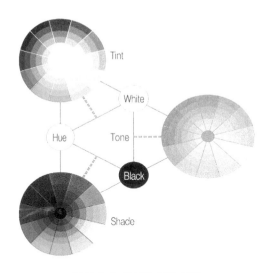

그림 1-4 색상과 명도 관계

③ 채도(Chroma)

색을 느끼는 지각적인 면에서 색의 순수성을 가늠하는 척도이다. 색의
혼합 정도, 색의 강약, 색의 맑기·선명도·포화도이다. 색의 맑고 깨끗한
정도를 나타내는 정도인 '순도'와 색의 엷음과 진함을 구별하는 척도인
'포화도'로 표시한다. 진한 색, 연한 색, 흐린 색, 맑은 색 등으로 불리며

색상 중에서 가장 채도가 높고 선명한 색을 순색이라 하며 순색에 색을 섞어 탁하거나 흐릴수록 색의 채도는 낮아지게 된다.

- 순도 : 색의 맑고 깨끗한 정도
- 강도 : 색의 엷음과 진함을 구별하는 척도인 포화도

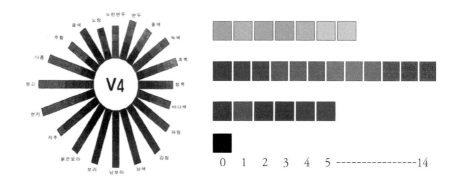

그림 1-5 채도

1.2.2 색조tone

색조는 명도와 채도의 복합개념이다. 색의 밝고 어두운 정도, 진하고 흐린 정도 등의 차이를 가지고 있으며 '톤(tone)'이라고 한다. 색의 농담, 명암, 강약을 적용하여 각 색상의 명도와 채도를 그룹화하여 만든 것이다. 같은 색이라도 여러 가지 톤을 부여할 때 다른 이미지를 형성하며 배색이나 색의 구성에 있어 전달 효과가 강하다.

■ KS 색조

KS 기본색명을 기준으로 색상을 색조로 체계화한 것이다. 10가지 색상을 사용하였으며 13개 톤으로 구분한다.

유채색은 빨간색(Red, R), 주황색(Orange, O), 노란색(Yellow, Y), 연두

색(Yellow Green, YG), 초록색(Green, G), 청록색(Blue Green, BG), 파란색(Blue, B), 남색(bluish violet, bV), 보라색(Purple, P), 자주색(reddish Purple, rP)으로 구분한다.

무채색은 하얀색(white, wh), 회색(gray, gy), 검은색(black, bk)이다.

톤은 기본, 선명한(vivid, vv), 밝은(light, lt), 진한(deep, dp), 연한(pale, pl), 흐린(soft, sf), 탁한(dull, dl), 어두운(dark, dk), 흰(whitish, wh), 밝은 회(light grayish, lg), 회(grayish, gr), 어두운 회(dark grayish, dg), 검은(blackish, bk)으로 분류한다.

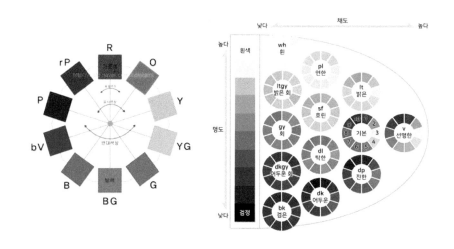

그림 1-6 KS 색조

1.3 전달을 위한 색체계

인간이 구별할 수 있는 색의 수는 약 750만개 정도이다. 이렇게 많은 색을 정확하게 전달하는 것은 어려운 일이다. 같은 적색이라도 황색의 기미가 있는 적색으로부터 보라색을 띠는 적색에 이르기까지 그 범위가 넓기

때문이다. 색을 전달하기 위해서는 견본 색을 제시하거나, 체계화된 기호
와 숫자로 표시하여 색과 잘 어울리는 적합한 색명으로 전달 할 수 있다.
그러므로 색을 전달하기 위해 가능한 많은 색을 정리하고 분류하는 것이
필요하다. 색을 표시하는 체계를 표색계라고 하며 색의 전달을 위한 구체
적 표시 방법으로 모든 색을 질서있게 정량적으로 표현하는 색채 체계를
색채계라고 한다.

- **표색** : 색채를 정량적이고 정확하게 전달하기 위해 색채에 표기하는 것.
- **표색계, 색체계** : 표색된 색을 시스템화한 것.

1.3.1 표색계

■ 현색계(Color Appearance System)

현색계는 색채(물체색, color)를 표시하는 표색계로, 일정한 번호나 기
호를 붙인 특정의 색표를 물체 표준으로 정하여 이를 시료 물체의 색채와
비교하여 색채를 표시하는 체계이다. 표준 색표의 번호나 기호는 일반적
색 지각의 심리적 3속성(색상, 명도, 채도)에 따라 정량적으로 분류하고
표시한 것이며 눈으로 보고 비교 검색할 수 있다. 현색계는 색표를 기초로
하는 표시 체계로 지각색을 표시하며 스케일을 만들고 통일된 시각의 색
공간(색입체)을 구성한다. 눈의 시감을 통해 색표계 간의 변화를 만들어
정밀한 색 좌표를 구하기 어려우나, 측색기가 필요하지 않으며 사용이 쉽
다. 주관적 판단으로 색차가 발생할 수 있으며 변색, 탈색될 수 있다. 현색
계는 먼셀 표색계, NCS, KS를 들 수 있다.

■ 혼색계(Color Mixing System)

혼색계는 색(color of light)을 표시하는 표색계로서, 심리적·물리적인

빛의 혼색 실험에 기초를 두고 있으며 현재 측색학의 대부분을 이루고 있다. 빛의 삼원색과 그들의 혼합관계를 객관화한 시스템으로 객관적인 측색 방법이다. 색을 구성하는 세 가지의 원자극 양을 측정하여 수량적으로 표시한 것으로 색 감각을 수량적으로 나타낼 수 있는 심리 물리적인 색 표시 체계이다. 물체의 파장별 반사 값을 통한 수치와 색을 얻을 수 있어 조색 및 검사 중 적합한 오차를 적용할 수 있다. 측색학의 기초로 정밀측정이 필요한 산업, 과학 분야에서 활용되고 있다. 색을 감각적(감정적)으로 가늠하기 어려우나 변색이나 탈색은 없다.

오늘날 사용하고 있는 CIE(국제 조명 위원회) 표준 표색계(XYZ 표색계)가 가장 대표적이다.

1.3.2 색체계

- 색상환 : 색상에 따라 계통적으로 색을 둥글게 연결 지어 배열한 것.
- 색입체 : 색의 3속성(명도, 채도, 색상)에 의한 3차원 공간(입체)에 배열해 놓은 것으로 각 색의 명도, 채도 단계의 차이를 표시한다. 완벽한 구형이 아닌 계란형의 구조. 색 입체를 무채색 축을 중심으로 하여 수직으로 자르면 좌우에 보색 관계인 두 가지의 색상이 보인다. 색상면은 위로 갈수록 명도가 높고 아래로 갈수록 명도가 낮다. 바깥쪽으로 갈수록 채도는 높아지고 중심으로 갈수록 채도는 낮아지는 구조이다.

(1) 먼셀 색체계

먼셀 색체계는 Albert H Munsell(1858-1918. 화가, 색채학자)이 1905년에 고안한 체계로 1940년 미국 광학회의 수정을 거친 것이다. 현색계로서 사람의 눈으로 느끼는 감각(시감)을 기준으로 색을 분류하는 체제이며 색의 삼속성을 이용하여 체계화한 것이다. 국내의 경우 한국 공업규격

(KSA0062)에서 채택하여 사용하고 있으며 색의 3속성에 의한 방법이라는 제목으로 색채 교육용으로 채택된 표색계이다.

(2) **색상(Hue)**

기본 색상은 R(Red, 빨강), Y(Yellow, 노랑), G(Green, 초록), B(Blue, 파랑), P(Purple, 보라)이다. 중간 색상은 YR(Yellow Red, 주황), GY(Green Yellow, 연두), BG(Blue Green, 청록), PB(Purple Blue, 남색), RP(Red Purple, 자주) 10가지 색상이다. 기본 10가지 색을 4단계로 구분한 40가지 색상을 주로 사용한다.

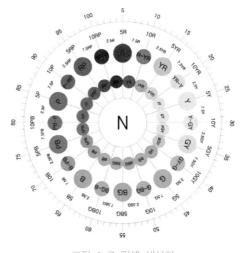

그림 1-7 먼셀 색상환

(3) 명도(Value)

이상적인 검은색을 0, 이상적인 흰색을 10으로 하여 밝기의 차가 시각적으로 같은 간격이 되도록 나누어 총 11단계로 구분한다. 명도를 1에서부터 명도 9.5까지 무채색의 단계로 사용한다. 명도는 N(Neutral, 무채색)을 붙여 N1, N2, N3, …, N9.5로 표기하고 있다.

(4) 채도(Chroma)

무채색 0을 기준으로 하여 색의 순도에 따라 채도 값을 표기하며 그 색상에서 가장 순수한 색의 채도 값이 가장 높다. 채도의 단계는 각 색상에 따라 다르다. 예를 들면 빨강은 14단계, 초록은 8단계이다.

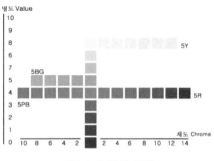

그림 1-8 먼셀 채도

(5) 먼셀의 기호 표기법

색상(Hue), 명도(Value), 채도(Chroma)의 순으로, 기호로는 H V/C로 표기한다. 예로 5R 4/14의 색상은, 5R, 명도 4, 채도 14인 색상을 의미한다. 이 색상은 순색의 빨강으로, 읽을 때는 5R 4의 14라고 읽는다.

(6) 먼셀 색입체

'색의 나무'(Munsell color tree)라고도 한다. 먼셀의 색입체는 색의 3속성을 3차원적인 공간의 형태로 만든 것이다. 무채색(**명도**)을 흰색이 위로 검은색이 아래로 향하도록 하여 세로축을 중심축으로 하였으며, 주위의 원주에는 **색상**을 배열시키고, 중심에서 원주의 바깥 둘레를 향하는 가로축을 **채도**로 구성하였다. 색상은 스펙트럼 순서로 둥글게 배열하고, 각 색상의 명도는 무채색의 축과 일치하게 위로 올라가면 고명도, 아래로 내려

가면 저명도. 채도는 중심축으로 들어가면 저채도, 바깥으로 나오면 고채
도로 배열한다.

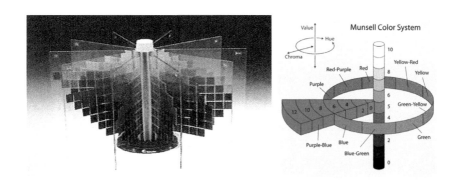

그림 1-9 먼셀 색입체

(7) 수평 단면

동일 명도 상의 각 색상 및 채도 단계를 관찰할 수 있는 등명도면이다.

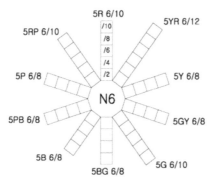

그림 1-10 수평 단면

(8) 수직 단면

동일 색상의 명도 및 채도 단계를 관찰할 수 있는 등색상면 뿐만 아니라
반대 색상의 명도 및 채도 단계를 관찰할 수 있는 보색 색상면이다.

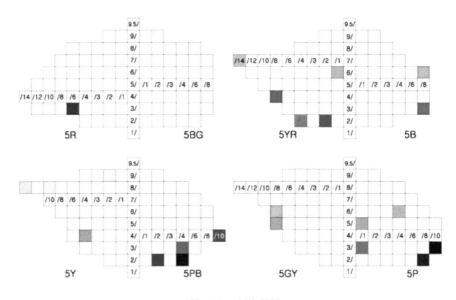

그림 1-11 수직 단면

(9) 먼셀 표색계 장단점

먼셀의 색체계에서 색상들은 각각의 보색 맞은 편에 있지만 독립적이다. 보색으로 혼합하여 만들어진 약화된 색상의 전체 범위가 없다. 동일한 기준을 참조하는 개인들 간의 색채 정보를 교류할 때 색채 번호 시스템은 큰 가치가 있다. 감산혼합, 가산혼합 색채에 모두 유용하며, 웹 디자인, 페인트와 잉크를 위한 차트, 무수한 제품마다 색채 혼합을 구체적으로 명시하는 데 필수적이다. 그러나 색채 번호는 색채를 이해하기 위한 도움을 주지 못하며 색채를 위한 문자, 숫자, 수식은 창조적인 진행을 위한 필수적인 제작 보조물이다.

■ 장점

색상, 명도, 채도의 3속성을 기호로 한 3차원의 좌표에 색감각을 배열하여 색을 보는 것이 시각적으로 쉬워 실용적이다. 실제로 사용하고 있는 모든 물체색이 먼셀의 색입체에 포함될 수 있다. 특히, 명도 단계별로 되어 있어 감각적인 배열이 확립된다. CIE(국제조명위원회)의 색표와 연관이 쉽다.

■ 단점

색상 배열에서 보색 관계를 중요시하고 있으므로 파랑, 자주 부근의 감각적인 균등이 깨질 수 있고 모든 색상의 채도 위치가 달라 배색 체계를 응용하기가 어렵다. 색상 기호는 단순한 기호이지만, 색상 명의 머리글자를 따서 사용하기에 색상의 기호와 색채가 일치하지 않는 경우가 있다. 감성 중심이고 시감에 따른 것으로 과학적이거나 기술적 영역의 운용이나 적용이 어려운 편이다.

(9) PCCS(Practical Color Coordinate System) 색체계

일본색채연구소가 1964년 발표한 컬러시스템으로 색채 조화를 목적으로 한 배색 체계이다. 먼셀·오스트발트 표색계의 장점과 ISCC- NBS 색명법을 이용해 만든 것이다. 색조(tone)를 색 공간에 표현하는데 12가지로 분류한 것이 특징이다.

■ PCCS 색상

심리 4원색인 R(Red, 빨강), Y(Yellow, 노랑), G(Green, 초록), B(Blue, 파랑)를 기준으로 하였으며, 4가지 색상은 서로 반대쪽에 위치한다. 4가지 색상을 2등 분하여 8가지 색상으로 만들고, 여기에 색상이 등간격이 느껴지도록 4색을 첨가하여 12가지 색상으로 나눈다. 다시 12가지 색상을 나눠서 24 색상으로 만든다. 색상의 기호는 숫자와 기호를 ' : '를 사용하여 연결하며, 색상 기호는 색상 명의 영문 머리글자로 표기하고, 색상의 형용사를 소문자로 앞에 붙이고 빨강의 색상부터 1 : pR, 2 : R, 3 : yR, 4 : rO, 5 : O, ..., 22 : P, 23 : rP, 24 : RP로 표시한다.

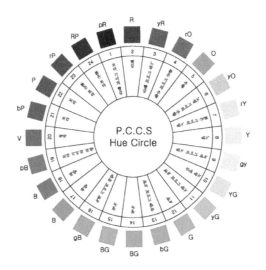

그림 1-12 PCCS색상환

표 1-1 PCCS 색상 기호와 색상 명

기호	색상 명	먼셀 색상	기호	색상 명	먼셀 색상
1 : pR	purplish red	10RP	13 : bG	bluish green	9G
2 : R	red	4R	14 : BG	blue green	5BG
3 : yR	yellowish red	7R	15 : BG	blue green	10BG
4 : rO	reddish orange	10R	16 : gB	greenish blue	5B
5 : O	orange	4YR	17 : B	blue	10B
6 : yO	yellow orange	8YR	18 : B	blue	3PB
7 : rY	reddish yellow	2Y	19 : pB	purplish blue	6PB
8 : Y	yellow	5Y	20 : V	violet	9PB
9 : gY	greenish yellow	8Y	21 : bP	bluish purple	3P
10 : YG	yellow green	3GY	22 : P	purple	7P
11 : yG	yellowish green	8GY	23 : rP	reddish purple	1RP
12 : G	green	3G	24 : RP	red purple	6RP

⑽ PCCS 명도·채도

명도는 흰색과 검은색 사이를 지각적으로 등보도가 되도록 나눈다. 백색은 9.5, 흑색은 1.5로 하고 그사이를 0.5단계씩 17단계로 구분한다.

채도는 색상의 기준 색과 같은 명도로 가장 채도가 낮은 유채색과 사이를 같은 간격이 되도록 2분할법으로 나누어 9단계로 나눈다. 채도 기호는 다른 체계와 구별해서 s(saturation의 약자)를 붙인다. 채도는 지각적 등보성 없이 절대 수치인 9단계 채도치를 적용하여 모든 색을 구성하였다.

⑾ PCCS 색조

색상이 같은 계열이라도 명암, 강약에 따라 차이가 있는데 이와 같은 색의 상태 차이를 톤이라 한다. 톤의 색 공간은 PCCS의 특징이기도 하다. 색상마다 12가지 톤으로 나누고 각 색상에서 톤이 같은 색을 모아 그룹화하였다. 색조는 pale, light, bright, vivid, strong, soft, dull, deep, dark,

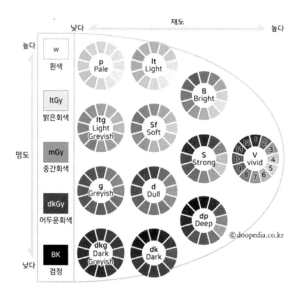

그림 1-13 PCCS색조

light grayish, grayish, dark grayish로 구분하였다. 저채도에 위치하는 톤 (pale, grayish, Light grayish , dark grayish)은 색상에 의한 명도 차이는 별로 없지만, 고채도의 vivid 톤의 그룹은 명도에 큰 차이가 있는 것을 볼 수 있다. 색상이 같은 계열의 색이라도 톤이 다르면 감정 효과는 달라지고, 색상이 다른 계열의 색이라도 톤이 같으면 감정 효과는 공통된다. 톤은 색의 이미지를 표현하거나 배색을 생각하거나 색명을 보다 정확하게 표현할 수 있다.

1.3.3 색명체계|Color Naming System

미국의 인류학자인 베를린(Brent Berlin)과 언어학자인 케이(Paul Kay)는 98개의 언어에 11개의 기본색 이름이 존재한다고 발표하였다. 사람들은 대부분 검은색과 흰색(어둠과 밝음), 빨간색, 노란색, 초록색, 파란색, 갈색, 주황색, 자주색, 분홍색 순서로 인지하였다. 또한, 간단한 언어일수록 색이름이 적고, 복잡한 언어일수록 색의 이름이 많다는 것을 알게 되었다. 색명은 언어로 색을 표시하고 전달하는 방법이다. 따라서 색감과 연결되어 있어 색에 대한 정보를 한 번에 전달할 수 있는 쉬운 방법이다. 다른 체계와 달리 감성적이고 부정확하나 언어를 통한 전달할 수 있는 빠르고 편리한 방법이다. 색명은 기본색명, 계통색명(일반색명), 관용색명으로 구분한다.

(1) 기본색명

색의 구별을 위한 색채 이름으로 전문용어이다. 단일 어형과 의미를 갖는 독립된 언어를 사용한다. 한국산업규격(KSA0011)에서는 유채색 12색과 무채색 3색으로 15색을 기본색으로 제시하고 있다.

표 1-2 기본색명

기본 색이름		대응 영어	색상기호	먼셀색표시
유채색	빨강(적)	Red	R	7.5R 4/14
	주황	Orange, Yellow Red	O, YR	2.5YR 6/14
	노랑(황)	Yellow	Y	5Y 8.5/12
	연두	Yellow Green, Green Yellow	YG, GY	7.5GY 7/10
	초록(녹)	Green	G	2.5G 4/10
	청록	Blue Green	BG	10GB 3/8
	파랑(청)	Blue	B	5PB 4/10
	남색(남)	Bluish Violet, Purple Blue	bV, PB	7.5PB 3/10
	보라	Purple	P	5P 3/10
	자주(자)	Reddish Purple, Red Purple	rP, RP	7.5RP 3/10
	분홍	Pink	P	10RP 7/8
	갈색(갈)	Brown	Br	5YR 4/8
무채색	하양(백)	White	W	N9.5
	회색(회)	(neutral)Gray/Grey	Gy	N5
	검정(흑)	Black	Bk	N0.5

(2) 계통색명(일반색명)

일반색명이라고도 하며 방법은 기본적인 색명에 형용사와 같은 수식어를 붙여서 색을 표현한다. 언어를 통해 색의 이미지를 전달할 수 있으며 적은 단어로 많은 색을 표현할 수 있어 색상에 대한 언어적 질서와 체계를 가진다.

■ KS 계통색명

한국산업규격에서 색이름의 수식어는 3가지로 색상 관련 수식어, 유채색의 명도 및 채도에 관한 수식어, 무채색 명도 관련 수식어이다.

색상에 관한 수식어는 빨간(reddish, 적), 노란(yellowish, 황), 초록빛(greenish, 녹), 파란(bluish, 청), 보라빛(purplish) 자주빛(red purplish, 자), 분홍빛(pinkish), 갈(brownish), 흰(whitish), 회(grayish), 검은(blackish, 흑)이 있다. 유채색에 사용하는 수식어는 선명한(vivid, vv), 흐린(soft, sf), 탁한(dull, dl), 밝은(light, lt), 어두운(dark, dk), 진한(deep, dp), 연한(pale, pl)이 있다. 때에 따라 2개의 수식어를 함께 사용하거나 부사(아주)를 함께 사용할 수 있다. 예를 들면 아주 밝은, 밝고 연한과 같이 사용할 수 있다. 무채색에 사용하는 수식어는 밝은(light, lt), 어두운(dark, dk)가 있다.

■ ISCC-NBS 색명법(Inter-Society Color Council-National Bureau of Standard)

ISCC-NBS 색명은 전미색채협의회(Inter-Society Color Council)와 전미국가표준국(National Bureau of Standard)이 공동으로 검토한 색명법이다. 먼셀의 색체계를 267개의 단위로 나누고, 단위마다 예술·과학·산업 분야에서 사용되는 이름과 일치하도록 이름을 붙인 것이다.

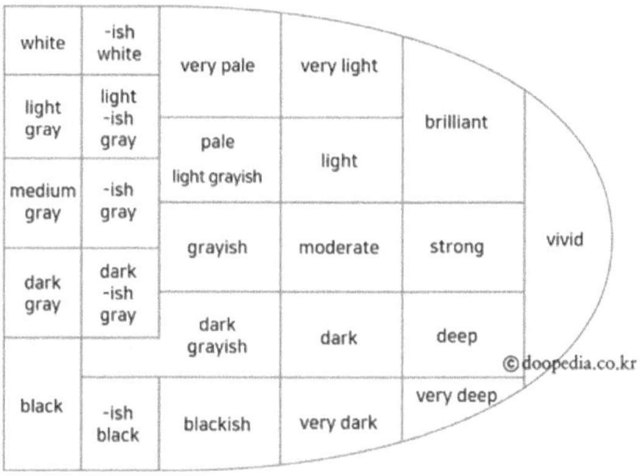

그림 1-14 ISCC-NBS색명법

무채색 축의 명도단계를 흰색(white), 밝은 회색(light gray), 회색(medium gray), 어두운 회색(dark grey), 검정(black)의 다섯 단계로 나누고, ish 수식어를 붙여 표현한다. 명도에 따라 light(l.), dark(dk.)를 사용하며 채도에 따라 grayish(gy.), strong(s.), vivid(v.)를 사용하며 명도와 채도에 따라 pale(p.), light grayish(l.gy.), dark grayish(d.gy.), blackish(bl.), brilliant(brll.), deep(dp.)를 사용하며 여기에 very를 사용하여 very light(v.l.), very dark(v.dk.), very deep(v.dp.)를 사용한다.

(3) 관용색명(고유색명)

과거에서부터 관용적으로 사용되어온 색명으로 식물, 동물, 광물, 자연, 시대 장소와 같은 곳에서 유래되어 붙인 이름이다.

- 기원을 알 수 없는 색이름으로 옛날부터 사용해 온 고유색명인 하양, 검정, 빨강, 노랑, 보라, 파랑, 보라 등이 있고, 한자로 흑(黑), 백(白), 적(赤), 황(黃), 녹(綠), 청(靑), 자(紫) 등이 있다.
- 동물 이름에서 유래된 색명은 쥐색, 살몬핑크(salmon pink, 연어 살색), 카멜(낙타새걔, 세피아(sepia), 피콕(peacock, 공작꼬리색) 등이 있다.
- 식물 이름에서는 살구색, 복숭아색, 귤색, 녹두색, 딸기색, 호박색, 팥색, 밤색, 올리브, 오렌지, 로즈, 레몬 옐로, 라벤더 라일락, 풀색 등이 있다.
- 광물이나 보석과 관련있는 이름은 금색, 은색, 고동색(古銅色), 호박(琥珀), 주사(朱砂), 철사(鐵砂), 산호(珊瑚), 에머렐드 그린(emerald green), 오커(ochre) 등이 있다
- 원료의 이름에서 따온 색명은 징크 화이트(zinc white), 쪽색, 코발트 블루(cobalt blue), 크롬 옐로(chrome yellow) 등이 있다.

- 지명이나 인명 등과 같은 고유명사에서 나온 색명은 프러시안 블루 (prussian blue), 하바나 브라운(havana brown), 보르도(bordeaux), 반 다이크 브라운(vandyke brown), 마젠타(magenta) 등이 있다.
- 자연현상에서 따온 색명은 하늘색, 바다색, 땅색, 무지개색 등으로 오랫동안 사용된 색명이므로 쉽게 인지한다.

CHAPTER 2

색의 지각

2.1 색 지각요소

2.1.1 색 지각의 3요소

흡수

광원

반사

관찰자의 눈

- **광원(빛),**   **물체,**   **눈(시각기관),**

그림 2-1 색 지각 3요소

색 지각의 3요소는 광원(빛), 물체, 눈(시각기관)이다.

(1) 광원(빛)

빛은 전자파의 일종으로 파동설과 입자설로 나누어 설명할 수 있다.

파동 현상의 방사에너지인 빛은 파동적인 면, 광양자라고 하는 입자적인 면을 모두 가지고 있으나 색을 설명하기 위한 빛의 성질은 파동과 관계한다.

- 파동설 : 전자파, 파동 현상의 방사에너지-가시광선(可視光線, Visible light)
- 입자설 : 직진성 빛의 광원인 입자가 눈에 들어가며 색 감각을 생성.

영국의 물리학자 Maxwell(1831-1879)에 의해 빛이 전자파의 일부이며 가시광선(可視光線)에 해당한다고 하였다. 가시광선(Visible Light)은 자외선과 적외선 사이에 위치해 있으며, 태양복사의 광량이 가장 많아 사람의 눈으로 지각되는 범위의 빛이다. 가시광선의 범위는 대체로 380~750nm로 파장이 가장 긴 빨강부터 가장 짧은 보라까지 해당된다. 오늘날 햇빛이 신체와 질병에 변화를 일으킨다는 연구 결과에 따라 색채조절, 색채 처방 등으로 더욱 발전하고 있다.

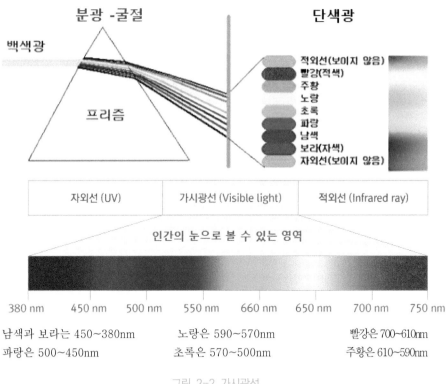

그림 2-2 가시광선

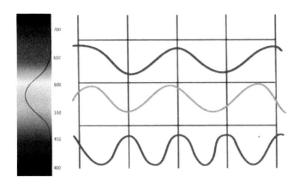

그림 2-3 빛의 파장

- **적색광** : 긴 파장으로 진동수가 적으며 투과율이 높다.
- **녹색광** : 중간 파장으로 중간의 진동수를 갖는다.
- **청색광** : 짧은 파장으로 진동수가 많으며 투과율이 낮다.

■ 빛의 성질

- **반사** : 물체의 색을 지각할 수 있는 빛의 성질로 특정한 파장의 빛을 반사하므로 색을 알 수 있다. 종류로 정반사(정반대의 단일방향으로 고르게 반사), 난반사(사방으로 흩어지며 확산되는 반사), 선택 반사(특정한 빛만 강하게 반사), 전반사(빛을 전부 반사)로 구분된다.
- **흡수** : 빛이 물체에 닿을 때 흡수를 통해 소멸되는 것으로 100% 빛을 흡수하면 검정이나 완전한 검정이라고 하기엔 무리가 있고 실제는 검정에 가까운 색이다.
- **투과** : 빛의 파장이 변하지 않고 물체를 통과하는 것으로 유리, 셀로판지 등을 들 수 있다.
- **굴절** : 빛이 선택적으로 반사되며 경계선에서 빛의 방향이 바뀔 때 일어나는 현상, 예로 프리즘, 렌즈, 무지개를 들 수 있다.
- **간섭** : 빛의 파동이 둘로 나누어진 후 다시 결합하는 현상이다. 일상

속에서 비눗방울 색, 나비의 날개 등을 들 수 있다.

- 산란 : 빛이 거친 표면에서 여러 방향으로 빛이 분산되어 퍼져나가는 현상이다.
- 회절 : 빛이 파동이 휘어지는 현상으로 매질이 균일하지 않아 빛의 진행 방향을 바꾸어 주변의 일정 범위까지 돌아 들어가는 현상이다.

(2) 물체

가시광선의 파장은 반사, 흡수, 투과 등의 현상이 일어나며 특정한 파장의 빛을 반사하므로 물체의 색을 지각하게 된다.

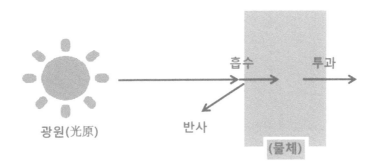

그림 2-4 물체의 지각

물체 자체의 고유색이 존재하는 것이 아니라 어떤 광원에서 빛을 받아 물체 표면의 빛이 각 파장에 따라 어떤 비율로 반사되는가의 결과로 나타나는 색감각 현상이다. 이를 물체 색이라 말하는데 이는 빛을 받아 빛의 반사로 보이는 물체의 색으로 색채라고도 한다. 물체에 닿은 빛의 반사율이 약 85% 정도면 흰색, 약 30% 정도면 회색, 약 3% 정도면 검은색이다. 즉 반사를 많이 하면 할수록 밝은색으로, 반사를 적게 하면 할수록 어두운 색으로 느끼게 된다. 따라서 무채색의 구별은 명도는 있지만, 색상이나 채도의 속성은 없는 것이다.

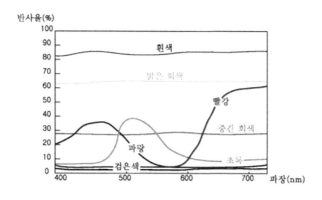

그림 2-5 빛의 반사율

■ 물체색 종류

• 반사색, 표면색(surface color : 물체색)

물체에 따라 파장의 흡수와 반사 현상이 다르다. 불투명한 물체의 색으로 질감이나 구조를 느낄 수 있으며 거리감을 감지할 수 있다. 예를들면 재질감의 차이인 부드러운(더 밝게), 거친(더 어둡게)과 같이 구분할 수 있다.

• 면색, 평면색(film color : 개구색)

거리감, 물체감, 입체감 등이 지각되지 않는 색이다. 마치 작은 구멍을 통해 보는 색이라 하여 개구색이라고 하며, 지각 표면이 배제된 순수한 색감각을 의미한다.

• 공간색(volume color : 투과색)

투명하거나 반투명한 색으로 유리컵을 통해 보이는 삼차원의 공간감을 느끼는 색이다.

• 간섭색(interference color)

빛의 간섭이 일어나는 경우의 색으로 물체 표면이 막으로 형성되어 보이는 색이다. 진주조개, 비누 물거품, 얇게 떠있는 기름, 무지개 현상 등의 색을 들 수 있다.

• 광원색(illuminant color)

발광체가 빛나는 상태를 직접 볼 때 느끼는 색으로 광원에 따라 물체의 색이 다르게 보인다. 각각의 파장에 따른 방사에너지의 차이에 의한 현상이며 백열등, 형광등, 네온사인 등이 속한다

• 조명색(illuminating color)

물체색과 조명의 색이 함께 나타나는 색으로 무대 조명색, 상품연출 디스플레이 조명색 등이다. 조명색은 조명 장치와 물체에서 반사되는 반사광이며 비추고 있는 조명은 광원색도 표면색도 아니다.

• 형광색(fluorescent color)

형광물질에 의해 나타나는 색으로 그 자체에 발광색이 있거나, 그와 같이 보이는 선명한 색이다. 빨강, 오렌지, 노랑, 초록 등 난색계와 중간 색계의 색이 많으며 색이 떠 있는 듯한 착시감을 준다. 야간의 도로 표지판, 형광펜, 형광의류 등을 들 수 있다.

⑷ 눈(시각기관)

시각은 눈으로 물체를 보는 감각이다. 눈으로 사물의 크기, 형태, 표면, 광택 등과 함께 색을 지각하는 것이다. 이는 물체의 명암, 색, 형, 움직임, 거리감을 종합한 지각으로 나타난다.

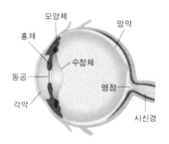

그림 2-6 눈의 구조

■ 눈의 구조와 역할

• **각막** : 공막의 투명한 연장 부분으로 불투명한 색이며 각막의 팽창, 수축 현상을 통해 물체가 망막에 정확하게 초점을 맺게 한다.

• **동공** : 홍채 조리개 가운데 있는 부분으로 빛이 통과하며, 홍채로 인해 동공의 크기가 조절된다. 어두운 곳에서는 확대되고, 밝은 곳에서 축소되며 빛의 양을 조절한다.

• **수정체** : 포커스, 핀트, 초점을 맞추는 부분이다. 눈으로 들어오는 빛을 망막에 정확하고 깨끗하게 초점을 맺도록 자동 조절하는 일을 한다. 망막의 중심와에 정확한 상을 맺히게 한다.

• **글라스체(초자체)** : 눈의 안쪽에 꽉 차 있는 끈끈한 성질의 액체로 수정체와 망막 사이의 알맞은 거리를 유지한다. 양이 많고 크기가 크면 빛이 산란되어 망막에 정확한 상을 맺게 하는데 방해될 수 있다.

눈과 카메라는 구조와 역할이 유사하다.

표 2-1 눈과 카메라 구조와 역할

눈	카메라	역할
눈꺼풀	렌즈뚜껑	렌즈표면 보호
각막	렌즈	빛을 굴절, 초점 맞춤
수정체	렌즈	핀트 조절
홍채	조리개	빛의 양 조절
망막	필름	간상체(흑백필름), 추상체(컬러필름)

■ 망막

망막에 상이 맺히면 두 가지 세포가 화학반응을 일으켜 빛의 자극을 전기신호로 변화시키는 작용을 하며, 망막에는 뇌에 이르는 전용 시신경과 신경 단말층이 있다. 세포는 생긴 모양에 따라 추상체 원추세포, 간상체 간상세포로 나뉜다. 중심와를 기준으로 추상체는 중앙에 집중적으로 분포, 주변부로 갈수록 간상체가 전반적으로 분포하고 있다.

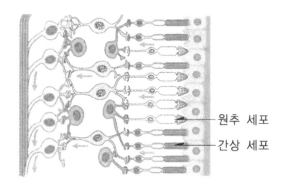

그림 2-7 시세포

■ 간상체(rod, 간상세포)

고감도의 흑백필름으로 설명할 수 있으며, 흑색, 회색, 백색을 지각하며 명암을 판단한다. 어두운 곳에서 보이게 하는 세포로, 좌우 약 1억 2천 만 개가 있다. 간상체는 중심와를 제외한 전체에 분포되어 있으며 간상체의 작용하는 시각 상태를 암소시라고 한다.

■ 추상체(cone, 원추세포)

정밀도 높은 컬러 필름으로 설명할 수 있으며 색의 차이를 알아볼 수 있는 세포이다. 색의 혼합이나 교정 등의 작업에 작용하는 세포로 단파장에 반응하는 S추상체(청추상체440nm), 중파장에 반응하는 M추상체(녹추상체545nm), 장파장에 반응하는 L추상체(적추상체 565nm)로 구분한다. 분포율은 L(6) : M(4) : S(1)이다. 세포수는 좌우 약 650만개 정도 있으며 망막의 중심와 주변에 추상체가 밀집되어 있다. 추상체만 작용하는 시각 상태를 명소시라 한다. 야행성 동물은 추상체가 없거나 적으며, 주행성 동물은 중심와에 가장 많다. 인간이 눈으로 색을 본다는 것은 각막을 거쳐 동공 수정체와 글라스체를 지나 망막에 닿으면 시신경을 통해 대뇌(시각중추)로 정보를 전달하는 것이다.

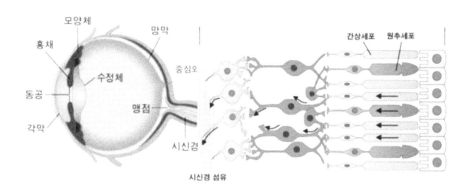

그림 2-8 눈의 구조와 시세포

■ 생리적 평형을 유지하기 위한 시각적 방어 현상

① 순응현상

환경 조건에 적합하게 적응하는 현상으로 감각기관의 자극하는 정도에 따라 감수성을 변화시키는 과정과 변화된 상태를 의미한다.

• 색순응 : 색광에 적응하는 것으로 광원에 따라 물체의 색이 다르게 보일 때 그 차이를 적게 하는 눈의 자동 조절 기능이다. 색광에 따라 색이 다르게 지각되더라도 시각기관이 항상 같은 색으로 느끼는 현상이다. 인간의 눈은 차이 나는 다른 빛의 종류에 따라 감도를 조절하여 동일한 색으로 느끼는 것을 말한다. 이는 광원의 조건과 관계없이 색이 그대로 유지하려는 성질로 색지각의 항상성이라고 하며 선글라스를 끼고 있는 동안 선글라스의 색이 느껴지지 않는 현상이다.

- 명암순응

  - 명순응(Light adaptation) : 추상체가 시야의 밝기에 따라서 감도가 작용하고 있는 상태로 어두운 곳에서 밝은 곳으로 이동할 때 눈이 빛에 순응하는 것이다. 명순응은 2~3분 정도의 시간이 필요하다. 생활의 예로 터널의 출입구 부분에 조명을 집중적으로 많이 설치하여 더욱 밝게 해주는 것을 들 수 있다.

  - 암순응(Dark adaptation) : 간상체가 시야의 어두움에 따라서 감도가 작용하고 있는 상태로 밝은 곳에서 어두운 곳으로 이동할 때 보이지 않던 것이 서서히 보이는 현상으로 약 20~30분 정도의 시간이 걸린다. 어두운 영화관에 들어섰을 때를 예로 들 수 있다.

② 추상체와 간상체의 반응 상태

- 명소시 : 추상체(원추세포)만 작용하는 시각 상태이며 색들의 차이(색혼합, 색교정 등)를 수행하는 상태이다. 추상체는 간상체의 감도보다는 떨어지나 정밀도 높은 컬러 필름과 같다.

- 암소시 : 간상체(간상세포)만 작용하는 시각 상태이며 흑색, 회색, 백색의 지각 및 명암을 판단하는 상태로 어두운 곳에서도 물체를 식별할 수 있게 된다.

- 박명시 : 명소시와 암소시의 중간 정도 밝기에서 추상체와 간상체 모두 활동하고 있는 시각 상태를 말한다

■ 푸르킨예 현상(Purkinje's phenomenon)

푸르킨예(체코의 생리학자·조직학자, 1787~1869)가 발견한 현상으로 낮에는 빨간 사과가 밤이 되면 검게 보이는 것과 같이 추상체가 낮에만 반응한다는 것이다. 이는 인간의 시감도가 조도에 따라 변화하는 현상으로 사람의 눈은 밝은 장소에서는 빨간색과 같은 장파장의 색이 선명하게 먼

곳까지 보이고, 어두운 장소에서는 파란색 등의 단파장 색이 선명하게 멀리까지 보이며, 오히려 빨간색은 거무스름하게 보인다. 색광에 대한 시감도가 명암순응 상태에 의해 달라지는 현상으로 명소시에서 암소시로 이동할 때 일어나는 색 지각 현상이다. 암소시 파랑 쪽의 시감도가 노랑이나 빨강 쪽의 스펙트럼에 비해 높아지는 현상으로 명소시에 같은 밝기의 적, 청색이 암소시에는 모두 회색으로 보이지만 적색이 청색 보다 더 어두운 회색으로 보이게 되는 것이다. 밝은 곳(명소시)에서 어두운 곳(암소시)으로 이동하는 곳에 녹, 청색계통을 사용하는 것이 식별에 용이하므로 비상계단의 비상구 표시, 도로 표지판 등에 활용하는 것을 예로 들 수 있다.

그림 2-9 비상구 표시

(5) 연령별 색지각

그림 2-10 신생아 색지각 반응

· 유아기의 아기는 엄마 배속에 있을 때 부터 빛과 어둠을 구분하지만, 태어난 후 바로 색을 구분하지 못하고 몇 주 동안은 모든 것을 흑백으로 보다가 점차 색을 구분하기 시작한다. 아기는 2~3세가 되어도 성인에 비해 약 60~80%에 해당하는 색채지각 능력을 가진다.

· 청소년기 신체의 성장이 급속히 이뤄지며 안정기에 접어들게 되면서 색채를 지각하는 능력이 더 풍부해진다. 성년기인 20대의 경우 색채지각 능력이 최대치로 절정의 시기이다.

· 장년기가 되면 눈물의 양이 부족하여 눈이 빨리 마르는 건성안이 발생하면서 탄력이 떨어지며 가까이 있는 사물이 잘 보이지 않게 된다. 동공의 지름이 줄어들어 빛을 받아들이는 능력이 저하되어 눈부심이 증가하고 시력이 낮아지는 등 빛 순응의 어려움이 나타나게 되면서 자연스럽게 밝은색을 선호하게 된다.

⑹ 동물들이 보는 색감

· **개의 시각** : 파란색, 갈색, 노란색의 색상은 볼 수 있으며 사람보다 더 넓은 각도로 세상을 본다.

· **고양이 시각** : 개와 같이 파란색, 갈색, 노란색을 볼 수 있다. 사람보다 6배 더 좋은 시력을 가지고 있다.

· **뱀의 시각** : 적외선 특히 열 탐지가 가능하므로 먹이를 찾기 용이하고 밤이나 낮이나 별반 차이가 없다.

· **쥐의 시각** : 쥐는 붉은 색을 볼 수 없다. 그러나 사시처럼 양쪽 눈으로 다른 시점을 볼 수 있다. 시야가 흐리며 슬로우모션으로 볼 수 있어 사람에게 없는 독특한 능력이 있다.

2.1.2 대뇌

뇌는 우리 몸의 신경계의 모든 기능을 담당하는 중심 기관으로 운동, 감각, 연합 뉴런이 약 10^{12}개 정도 분포되어 있다. 각 신경세포(뉴런)는 많은 다른 세포들과 연결하며 정보를 저장하고 전달하는 역할을 한다.

신경세포는 다른 세포들과 달리 약간의 공간을 두는데, 신경세포와 신경세포가 만나는 이 공간을 시냅스(synapse)라고 한다. 시냅스에서 이전 신경세포에서 나오는 신경전달물질(neurotransmitter)을 통해 다음 신경세포로 정보를 전달하는 일을 한다. 뇌는 대뇌, 소뇌, 간뇌로 구분되며 대뇌는 감각, 기억, 판단 등의 정신 활동과 밀접한 역할을 하고 있다. 대뇌피질은 뇌의 85%를 차지하며 지적 기능에 관여한다.

대뇌피질의 영역 중 전두엽은 사건을 의지적으로 계획하고 통제하거나 판단하는 역할을 담당하며 두정엽은 공간지각 및 주의 기능 관장하고 있다. 측두엽은 언어이해 및 청각 정보를 처리하는 기능이 있으며 후두엽은 시각 정보를 처리하는 역할을 담당한다. 성장기의 뇌 발달은 대뇌피질의

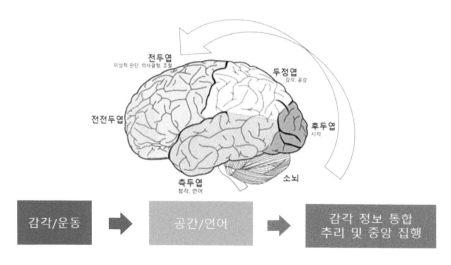

그림 2-11 대뇌 구조와 역할

뒤에서 앞으로 일어난다.

뇌에서 색을 인식하는 것은 색채의 여러 가지 의미를 느끼는 심리적인 반응으로 경험, 인상, 지식이 함께 연결되어 저장하는 것을 의미한다. 색채 경험의 종류는 생리적, 개인적, 문화적, 학습된 경험으로 구분할 수 있다. 생리적 경험은 색을 보면 일어나는 현상으로 눈에서 보이는 현상을 설명한다. 개인적 경험을 통해 개인적 기호 색이 형성되는 것을 볼 수 있으며, 문화적 경험은 집단별 특정 색으로 의미를 부여하게 되는 행동으로 연결되며 전통색, 국가의 기호색 등이 형성된다. 학습된 경험은 의사소통으로 색으로 설명할 수 있다. 사회적 질서를 위한 약속과 같은 색으로 신호등, 방위 등의 색이 형성된다.

2.1.3 색의 지각과정

우리는 색을 어떻게 볼 수 있을까? 색은 모든 환경에 노출되어 우리 눈에 보이므로 우리는 색을 인식할 수 있다. 빛이 물체의 표면에 반사되어 나타나는 색을 시각기관인 눈으로 보고 대뇌에 정보를 전달하므로 인식되는 모든 과정을 거쳐 이루어지는 것을 볼 수 있다. 즉, 광원인 빛이 있으므로 물체의 색을 만들고 이를 눈으로 보는 과정을 통해 색을 지각하고 인식하게 된다. 눈에서 지각되는 현상뿐만 아니라 뇌에 전달하여 정보로 인식되는 색의 현상까지 색을 보는 것이라 할 수 있다.

빛(광원)이 물체에 부딪쳐 반사된 빛을 인간의 눈이 받아들여 이를 통해 시각정보를 발생하므로 감정, 이미지와 같은 마음의 움직임을 발생하는 것이다. 이때 눈은, 각막을 거쳐 동공 수정체와 글라스체(초자체)를 지나 망막에 닿으면 시신경을 통해 대뇌로 정보를 전달한다. 그러므로 색의 지각과정은 빛이 눈에 들어와 망막에서 시신경을 거쳐 보내온 신호가 뇌의 시각중추에 자극을 전달하는 과정이다. 이로 인해 생기는 감각 반응을

통해 색의 정보가 뇌 속에서 지각되는 것으로 모든 과정이 동시에 이루어
진다.

- **광원(빛), - 물체 - 눈(시각기관) - 대뇌 ⇒ 물체를 보는 순간 동시에 발생**
  색채 지각의 삼요소

그림 2-12 색 지각 과정

2.2 색의 지각적 효과

색이 시각을 통해 인간에게 자극이 되며 이 자극은 생리 지각적인 효과
와 함께 감정을 일으키는 심리적인 효과를 유발한다. 색을 눈으로 볼 때
일어나는 생리 지각적인 현상과 함께 지각된 색으로 나타나는 효과를 볼
수 있다.

2.2.1 생리적 색채지각

(1) 잔상현상

잔상(殘象, After image)은 자극하던 색상(혹은 형상)이 사라진 후에도
나타나는 이미지를 말한다. 빛의 자극이 제거된 후에도 시각기관에 어떤

흥분 상태가 계속되어 시각작용이 잠시 남는 현상이다. 색을 일정 시간 동안 보고 있으면 그 색의 자극이 망막에 흔적을 남겨 자극을 제거한 후에도 자극과 동질 또는 이질의 감각 경험을 일으키는 것이다. 이는 눈의 망막에 있는 시각세포의 영향으로 나타나며 빛의 밝기와 색도, 시간, 눈의 생리 상태 등에 따라 다르게 일시적으로 나타나며 불안정하며 뚜렷하지 않다. 잔상은 정의 잔상(양성 잔상)과 부의 잔상(음성 잔상)으로 구분한다.

▪ 정의 잔상(正의 殘象, Positive after image), 양성잔상

자극의 종료 후에도 동일한 상을 보게 되는 경우로 잠복시간이 발생하지 않으며 자극에 의한 자극이 나머지를 흡수해버리는 것이다. 영화나 TV의 영상이 빠르게 이어질 때 앞의 영상 자극이 상으로써 남아 뒤의 영상과 이어지듯이 보이는 것으로 원래의 자극에 대하여 밝기와 색의 관계가 동일하게 느끼는 것이다.

예를 들면 빨간 성냥불을 어두운 곳에서 돌리면 길고 선명한 빨간 원을 그리는 것이나 내리는 비가 실처럼 보이는 것을 들 수 있다. 이는 정의 잔상이 계속해서 일어나고 있기 때문이며, 정의 잔상은 주로 짧고 강한 자극으로 일어난다.

그림 2-13 정의 잔상

■ 부의 잔상(負의 殘象, Negative after image), 음성잔상

자극의 종료 후 자극의 정반대 상을 보게 되는 경우로 자극이 끝난 1초 정도 뒤에 30초 정도 지속한다. 망막에 나타나는 현상으로 자극이 사라진 곳에서 보는 것이 아니고 흥분이 계속되고 있는 동안 시선이 향하는 곳에 지속해서 보인다. 색의 경우 잔상은 보색(물리보색, 심리보색)으로 나타난다. 원래의 색과 반대로 보이는 잔상이 생기는 것으로, 반대로 나타나는 색상을 심리 보색이라고 한다. 부의 잔상은 명도, 색상, 채도 각각에 대해서 확인할 수 있다.

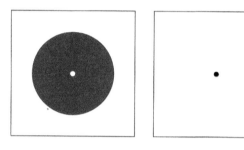

그림 2-14 부의 잔상

(2) 대비현상

대비는 눈의 망막에서 일어나는 생리적인 측면과 망막에서 일어난 신경 자극을 뇌에 전달되는 과정에서 일어나는 현상이다. 이는 어떤 특정한 색채가 주변 색채의 영향을 받아 본래의 색과는 다른 색채로 지각이 되는 것인데 실제로는 본래의 색이 없어지거나 달라지는 것은 아니다. 대비현상을 위한 비교 방법에는 같은 크기, 같은 응시 기간 등을 전제로 상황과 조건이 같아야 하며, 대비현상은 생리적 자극 방법에 따라 계시대비와 동시대비로 나누어진다.

■ 계시대비

시차적 대비라고 하며, 다른 두 색을 두고 어떤 하나의 색을 먼저 보았다가 다른 하나의 색으로 시선을 옮겼을 때 먼저 본 색의 잔상 영향으로 다른 하나의 색이 원래의 색과 다르게 보이는 현상을 말한다. 빨간색 색종이를 본 후 노란색 색종이를 보면 연두색으로 보이는 것으로 이러한 현상은 눈의 망막에 있는 시세포와 연결된 시신경의 생리적인 영향으로 일어나는 일시적인 것이다.

■ 동시대비

두 색 이상을 동시에 볼 때 일어나는 현상으로 색이 동시에 보임으로 각각의 색이 더욱 자신의 특성을 드러내는 것이다. 색의 3속성의 차이의 변화로 발생하며 색상대비, 명도대비, 채도대비, 보색대비를 들 수 있다. 대비는 인간의 눈 속에서 존재하며 인간의 심리적인 감정을 불러일으키기도 한다. 색 자극의 크기가 작을수록, 인접하는 자극의 색 차이가 클수록 대비가 강하며, 자극 색채가 서로 멀어질수록 대비는 감소한다.

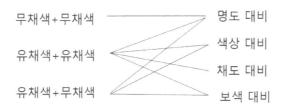

• **색상대비** : 차이를 느끼는 주된 요인이 색상으로 색상이 서로 다른 두 색이 서로의 영향으로 색상의 차이를 느끼는 현상이다. 같은 색이 배경에 의해 다른 색으로 보이는 현상을 볼 수 있는데 같은 명도와 채도를 가진 색을 색상이 다른 배경색 위에 놓으면, 색은 배경색의 보색 방향으로 기울어져 색상이 달라져 보인다.

색상의 거리가 가까울수록 현상은 크게 보이지만 색상의 차이가 멀어지면 보색대비에 가까워진다. 이러한 대비현상은 모두 배경에 대한 보색의 잔상현상으로 속성이 강해지거나 약해지는 것으로 설명할 수 있다. 색상대비의 강한 구성은 생명력, 시각적 자극, 시선 집중을 유도하며 1차색인 삼원색은 강한 대비를 이루는 배색이다.

• **명도대비** : 같은 크기의 같은 색이라도 주위 배경의 밝고 어둠에 따라 밝거나 어둡게 느껴지는 현상으로 명도가 서로 다른 두 색이 서로의 영향에 의해 명도 차가 더 크게 일어나는 현상이다. 어떤 색을 밝게 보이기 위해서는 검은색과 대비시키면 가장 효과적이며 반대로 흰색을 배경으로 한색은 가장 어둡게 보인다. 채도 대비, 색상대비 등의 다른 속성 대비보다 명도 대비의 효과가 가장 크다.

• **채도대비** : 채도가 서로 다른 두 색이 서로의 영향에 의해서 채도 차가 더 크게 일어나는 현상으로 같은 채도의 색이 배경에 따라 달라져 보이는 것이다. 다른 두 색을 인접했을 때 채도가 높은 배경에서 인접한 색은 더 낮아 보이고, 낮은 배경에서 채도가 더 높아 보인다. 채도 대비는 유채색 배경의 채도 대비와 무채색 배경의 채도 대비로 나눌 수 있다. 배경의 채도에 따라 본래의 색이 더 맑아 보이거나 탁해 보이는 채도대비는 무채색 배경 위에 유채색이 채도가 가장 높아 보인다.

(3) 보색대비

색상 차가 가장 많이 나는 보색을 이용하여 서로의 색이 더욱 선명하고 뚜렷하게 보이도록 하는 현상을 말한다. 보색대비는 상호 간 색상 차이가 강조되지만 본래 색상은 변하지 않으며, 대비되는 색이 서로의 보색잔상이 일치하기 때문에 더욱 뚜렷하게 보이는 것이다. 대표적인 보색대비로는 빨강과 청록 대비를 들 수 있다.

⑷ **면적대비**

같은 색채가 면적에 따라 명도나 채도가 다르게 보이는 것으로 크기에 따라 다르게 보이는 현상이다. 면적이 큰 색은 명도와 채도가 높아 보여 실제보다 좀 더 밝고 맑게 보이며 면적이 작은 색은 명도와 채도가 낮아져 실제보다 어둡고, 탁하게 보인다. 면적대비는 양적 대비 혹은 비례 대비라고도 한다.

이와 같이 큰 면적의 색은 강하게 보이므로 큰 면적은 눈에 띄지 않는 색을 사용하는 것이 좋으며 순색의 면적 차이는 작은 면적이 효과적이다. 이는 시각적 균형을 이루기 위해 면적을 눈이 주위의 색채와 균형을 맞추기 위해 스스로 색채의 명도를 조절하는 것이다.

■ **색의 면적효과(Area effect)**

색의 시각 반응이 색의 크기 즉, 면적에 따라 어느 정도 다르게 변한다. 그러므로 디자이너들이 사용하는 색 견본의 경우 크기가 중요하다

매스효과(Mass effect)는 큰 면적의 색은 적은 면적의 색 견본을 보는 것보다는 화려하고 강한 인상을 주는 것으로 색이 차지하고 있는 면적에 따라 색이 다르게 보이는 데서 기인한다.

⑸ **연변대비**

경계 대비라고도 하며, 동시대비 중에서 색과 색이 접하는 경계 부분 (자극 부분)에서 강한 색채 대비가 일어나는 현상을 말한다. 색과 색이 인접된 부분은 어둡게 보이고 인접부가 아닌 곳은 밝게 보이는데 이는 배열된 색 밴드의 경우 평면적이지 않고 조금 완곡 되어 있는 것처럼 보인다.

⑹ **동화**

주변의 색들이 서로 영향을 받아 인접 색에 가까운 색이 되어 보이는 현

상이다. 두 개 이상의 색을 보게 되면 여러 착시현상을 경험하게 되는데 색들은 서로 영향을 주어 인접한 색과 가깝게 느껴지게 된다. 이는 자극이 오래 지속되는 색의 정의 잔상에 의해 생겨나는 것이다. 가깝게 보면 개개의 점이나 선이 식별되지만, 일정한 거리를 두고 보면 배경과 그림이나 선이 혼합되어 보이는 동화 현상은 점이나 선의 크기, 보는 거리와 밀접한 관계가 있다. 색이 서로 동화되어 원래 색과 다르게 보이는 것으로 혼색 효과라고도 한다. 특히, 주위에 비슷한 색이 많이 배치된 경우나 좁은 사이의 색채들이 복잡하게 구성되어 있을 때 문양이나 선이 배경색과 혼합되어 보이는 것으로 베졸트 효과, 전파 효과, 줄눈 효과라고도 부른다.

(7) 색음현상(色陰現像 colored shadow)

사물에 비추어진 광원의 보색이 그림자로 보이는 현상으로 양초의 붉은색이 연필에 비추어졌을 때 연필의 그림자가 무채색인 검정이 아니라 빨간색의 보색인 청록색으로 보이는 현상을 말한다. '색을 띤 그림자'라는 의미의 색음현상은 심리 보색을 연구한 괴테가 발견한 것으로 괴테 현상이라고도 한다. 주위색의 보색이 중심에 있는 색에 겹쳐져 보이는 현상으로 작은 면적의 회색이 채도가 높은 유채색으로 둘러싸일 때 회색이 유채색의 보색 색조를 띠어 보이는 현상이다.

2.2.2 색의 지각적 효과

(1) 색의 명시성(明視性), 가시성(可視性, Visibility)

대상물의 존재 또는 모양이 원거리에서도 식별이 쉬운 성질로 두 색의 배색시 멀리서 구별되는 정도를 말한다. 색의 속성 차이가 클수록 효과적이며, 대부분 대상의 크기와 배경의 색채에 따라 다르게 보이게 된다. 명도차, 채도차, 색상차의 순으로 나타나며 색의 3속성 중에서 명도와 톤의

표 2-2 가독성이 높은 색채 대비표

순위	바탕색	글자/심볼	순위	바탕색	글자/심볼
1	yellow	black	8	red	white
2	white	green	9	green	white
3	white	red	10	black	white
4	blue	white	11	yellow	red
5	white	blue	12	red	green
6	white	black	13	green	red
7	black	yellow			

차이가 클수록 효과는 높아진다. 명시성(가시성)의 척도를 가시도(可視度)라 하며 색은 글씨, 마크, 로고 등의 가독성(legibility)을 증가시킨다. 교통표지 혹은 각종 광고물 등의 모든 시각표 지물 등은 그 목적에 따라서 눈에 먼저 띄기 쉽고 보다 빨리 정보를 전달해야만 하는 목적을 가진다. 이때, 잘 보이는 색이 그 자체의 특징처럼 판단하게 되지만 이것은 주변 색과의 관계로 인해 결정된다. 명도차가 클수록 명시성이 높다. 즉, 색의 명시성은 배경색과 글씨 색의 명도 관계로 규정한다. 이는 색을 이용하여 더욱 눈에 띄기 쉽고 빠르고 정확한 정보를 전달하려면 색의 명시성을 적극적으로 고려하는 것이 바람직하다.

⑵ 색의 주목성(유목성)

사람들의 시선을 끄는 정도, 시각적으로 주목되는 것을 말한다. 색 자체가 자극성이 강하여 눈에 잘 띄는 현상이며 색마다 사람의 관심을 끄는 정도의 차이가 있다. 형태와 면적, 연상작용, 색의 3속성 등에 따라 다르게 나타난다. 색상은 적색이 유목성이 높고 녹색은 낮다. 채도와 명도는 높을수록 유목성도 높아지는 정비례의 관계를 갖는다. 일반적으로 고명도, 고채도, 난색이 유목성이 높다. 고채도 난색 계의 색상인 빨강, 주황, 노랑은 녹색이나 파랑보다 눈에 잘 띄는 특성이 있다. 어린이의 안전을 확보하기 위해 노란색 스쿨버스를 활용하는 것을 예로 들 수 있다.

(3) 색의 식별성

식별성은 색과 색이 서로 다르게 지각되는 것을 말하는데 이는 각각의 색들이 지닌 파장의 종류에 따라 자극의 범위가 다르기 때문이다. 많은 색 중에서 색을 구별할 수 있고, 대상의 차이를 인식하기 쉬운 색의 성질을 의미한다. 식별성은 정보를 효과적으로 전달하는 데 이용되며 주로 지도나 포스터 등의 시각적인 자료에서 많이 쓰인다.

(4) 색의 지각도

사람의 눈을 가장 쉽게 끄는 인상적이고 자극적인 색과 색자극을 성취하기 위해 대비, 강조의 배치가 있어야 한다. 색 지각의 4가지 요건은 밝기, 크기, 대비, 노출 시간이다. 밝기는 빛에 근거한 모든 색 지각에서 빛은 가장 기초적인 조건이다. 크기는 색을 느끼는데 시각상의 크기이므로 적당한 사물의 크기가 필요하다. 대비는 어떤 색이든지 지각되기 위해서 색의 배경이나 바탕색, 인접색의 영향 조건이 문제가 된다. 노출 시간은 색을 보는 시간이 너무 짧거나 너무 길어도 착각이 일어날 수 있다.

표 2-3 색의 지각도 순위

색	주황	빨강	파랑	검정	녹색	노랑	보라	회색
지각도	21.4%	18.6%	17.0%	13.4%	12/6%	12.0%	5.5%	0.7%

2.3 색의 지각설

2.3.1 영·헬름홀츠의 3원색설Trichromatic theory

우리 눈의 망막에 있는 R.G.B 시세포의 흥분도에 의해 각 색을 지각하고 이것이 시신경을 통해 뇌로 전달되어 색을 보게 된다는 이론이다. 이를 1802년 영국의 의사, 물리학자이며, 고고학자인 토마스 영(Thomas Young)이 빨간색, 노란색, 파란색의 3원색설을 제시하였다. 1868년 독일의 헬름홀츠(Helmhoitz)는 이를 통해 빨간색, 파란색, 녹색의 3원색설을 제시하였으며, 이후에 토마스 영이 이론에 동의하여 영-헬름홀츠설 이라고 한다.

우리 눈의 망막조직에 빨강, 파랑, 녹색의 색각 세포가 있고 색광을 감광하는 시신경 섬유가 있어 이 세포들의 혼합이 시신경을 통해 뇌에 전달하므로 색지각을 할 수 있다는 이론이다. 가법혼색과 감법혼색을 설명할 수 있는 '빛의 혼합은 더하기', '물감의 혼합은 빼기'라는 것을 과학적으로 증명하고 색각이상의 설명이 가능한 이론이다.

■ 색각이상(Defective color vision)

망막조직의 적, 녹, 청자를 감광하는 수용 시신경에 결함이 있는 것으로 색각의 반응이 다르게 나타나는 현상, 색맹과 색약으로 구분된다.

• 색맹(color blindness) : 색의 식별 능력을 잃어 색을 구별하지 못하는 상태를 말하며 대부분 적록색맹(적색과 녹색을 식별하지 못함)의 관련 수용기 이상 현상을 말한다. 색맹은 전색맹, 적록색맹, 청황색맹으로 구분한다.

전색맹은 추상체의 기능이 전혀 없어 색의 식별이 되지 않으며, 간상체만 활동하여 명암의 판단만 되는 상태이다. 적록색맹은 적색과 녹색을 관여하는 원추세포의 이상 현상으로 색 구별이 어렵다. 색맹의 경우 대부분 적록색맹이다. 청황색맹은 청색과 황색을 식별하지 못하는 색각이상을 말한다.

• 색약 : 원거리의 색이나 채도가 낮은 색을 식별하지 못하고 단시간 내에 색을 분별하는 능력이 부족. 거의 녹색약, 적색약이 대부분이다.

■ 적록색맹을 식별하는 '이시하라' 검사법

서구 인구의 약 4.5%는 색맹이며 특히, 영국은 남성의 8%가, 여성은 0.5%만 해당한다.

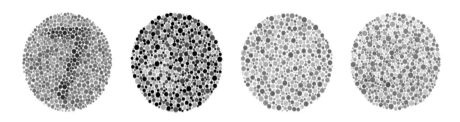

그림 2-15 이시하라 검사

2.3.2 헤링의 반대색설Opponent process theory of color vision

1874년, 독일의 생리학자 헤링Edwald Hering이 괴테가 1832년 주장한 심리4원색(Y.R.B.G)설을 바탕으로 색채 지각에 관한 연구에서 반대색론을 제시한 것으로 대응색설 이라고 한다. 인간의 망막에는 3개의 시세포질이 있다고 가정하고, 하양-검정, 빨강-초록, 노랑-파랑 등으로 짝을 이루는 복합적인 고찰 방식을 주장하였다. 모든 빛은 짝을 이루어 세 종류의 시세포에서 다시 여섯 종류의 빛으로 받아들여지며, 망막에서 분해 및 합성되어 지각된다는 이론이다. 이는 NCS시스템을 구성하는 기본 원리를 제공하였으며 헤링의 심리반대색론은 색의 잔상(보색잔상)과 대비를 설명하는데 근거가 되는 이론이다.

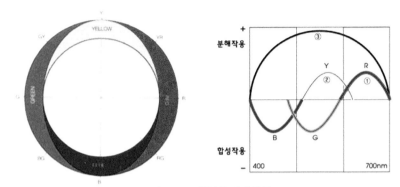

그림 2-16 헤링의 반대색설

2.3.3 단계설, 혼합설

1964년 미국의 에드워드 맥 니콜(Edward F. Mc Nichol)의 가설로 망막의 수용기 수준에는 영·헬름홀즈의 3원색설과 일치한다. 또한, 시신경계와 뇌에서는 헤링의 반대학설(4색원설)과 일치하는 두 가지 단계의 과정을 거쳐 색각이 일어난다는 이론이다.

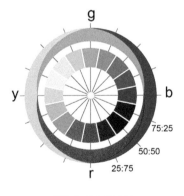

그림 2-17 단계설

감성과 이미지

CHAPTER 3

색채 심리

3.1 색의 감정

색을 보면 느껴지는 감성적인 부분이다. 시각적 감각을 통해 습득된 색의 정보는 경험과 환경, 사람에 따라 다르게 설명되고 이해된다. 이는 색이 주는 인상을 인간의 개인적인 정서, 감정표현으로 바꾸는 것으로 감정과 함께 색채 심리가 나타난다. 대뇌의 작용으로 생기는 지각적 감정과 정서적 감정이 서로 통합한 현상이 색의 감정 효과이며 색채 심리이다. 색의 감정 효과는 색에 대한 인간의 다양한 경험과 생각이 반영되어 나타나는 결과이다. 색은 감정적, 정신적, 신체적으로 우리에게 영향을 주고 특정한 효과가 나타난다. 색채는 우리를 흥분시키거나 우울하게 하고, 진정시키거나 활력을 주고, 화나게 하거나 행복하게 하고 따뜻한 느낌을 주거나 시원한 느낌을 준다. 이렇듯 색은 우리의 생각과 감정에 영향을 주어 행동까지 영향을 주는 요소 중 하나이다.

⑴ 온도감 : 따뜻함과 차가움

난색 계통은 따뜻한 느낌을 주고, 한색 계통은 차가운 느낌을 준다. 명도에 따라서 온도감이 다르다. 명도가 높은 흰색은 차갑게, 명도가 낮은 흑색은 따뜻하게 느껴진다. 인공조명에서 백열등의 빛은 따뜻한 느낌을, 형광등 빛은 차가운 느낌을 준다.

■ 난색

따뜻한 느낌의 색으로 불의 이미지가 연상되며 적극적인 효과를 줄 수 있는 색이다. Red ,orange, yellow등의 장파장 계열의 색이며 선명한 색으로 강렬하고 전진적, 충동적, 활동적, 팽창, 진출감을 주며 확대되어 커 보이는 효과가 있다.

■ 한색

차가운 느낌의 색으로 물의 이미지가 연상되며 안정적인 느낌을 줄 수 있는 색이다. Blue, green blue, purple 등 단파장 계열의 색이며 탁한 채도로 밝은 명도의 색이다. 평온, 수동적, 이지적이고 수축, 후퇴를 느끼게 하며 실제보다 더 축소되어 보이는 효과가 있다.

■ 중성색

중간 온도감을 주는 색으로 난색과 한색 사이의 중립적인 색이다. 또한, 따뜻함이나 차가움을 동시에 지닌 색으로 연두, 녹색, 자주, 보라 등이 속한다.

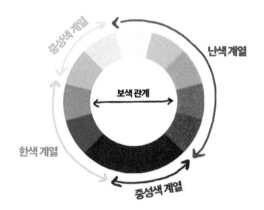

그림 3-1 색의 온도감

⑵ 흥분과 진정

불은 보면 자연스럽게 흥분이 되고, 푸른 바다를 바라보면 마음이 편안해진다. 이처럼 난색 계열의 밝고 선명한 색은 맥박을 증가시키고 내분비작용을 활발하게 하여 심리적으로 흥분감을 유도한다. 반면 한색계열의 채도가 낮은 색은 심리적으로 진정과 안정감을 유도한다. 흥분과 진정은 색의 3속성과 모두 관계되는데 특히 채도의 영향이 크다.

(3) 색의 거리감(진출과 후퇴)

같은 거리에 있어도 색이 앞으로 나오는 것처럼 느껴지는 색과 뒤로 물러나게 느껴지는 색이 있다. 진출색은 고명도, 고채도의 난색이며 후퇴색은 저명도, 저채도의 한색이 속한다. 난색은 한색보다 진출성이 있으며, 배경색보다 명도 차가 큰 밝은색이나 배경색의 채도보다 높은 색은 진출성이 있다.

(4) 색의 면적감(팽창과 수축)

색에 따라 실제보다 더 크거나 작게 느껴지는 현상이다. 커보이는 팽창색은 외부로 확산되어 팽창의 느낌을 주어 확대되어 보이는 색으로 고명도, 고채도, 진출색, 난색이 속한다. 작게 느껴지는 수축색은 내부로 움츠러들고 수축의 느낌을 주어 축소되어 보이는 색으로 저명도, 저채도, 후퇴색, 한색이 속한다.

색의 팽창과 수축은 명도에 의해 크게 영향을 받으며 한색이라도 밝은색은 어두운 난색보다 커 보인다. 순색에서는 노랑, 주황, 녹색, 빨강, 보라, 파랑 순이다. 면적과 관련된 감성으로 복식, 건축, 실내 장식에서 유의하는 부분이다.

(5) 색의 중량감(무게감)

색이 무겁게 느껴지거나 가볍게 느껴지는 현상으로 색의 중량감은 색상과 관계없이 주로 명도에 의해 좌우된다. 가벼운 느낌의 색은 편안하고 부드러운 느낌을 동반하며 고명도의 색인 흰색, 노랑, 밝은 하늘색 등이 속한다. 무거운 느낌의 색은 가라앉은 중압감이나 묵직함을 주며 안정감을 동반하며 저명도의 어두운색인 검정, 남색 등이 속한다. 특히 물체가 젖어있을 때 무게감이 더 무겁게 느껴진다. 저명도의 색은 작업에 피로감을 유발하고 고명도는 능률을 향상시키므로 도구의 색감이 중요하다.

⑹ **색의 강약감**

색의 무게감이 명도와 관련이 있으나, 강약감은 색의 채도에 의해 영향을 받는다. 채도가 높은 색은 강한 느낌을 주며, 채도가 낮은 색은 약한 느낌을 준다.

⑺ **색의 경연감**

색채가 딱딱하고 부드러운 느낌을 주는 것으로 명도에 의한 무게감과 채도에 의한 강약감이 복합적으로 작용할 때 발생한다. 경연감은 색의 채도와 명도가 함께 영향을 받는다. 딱딱한 색은 검정을 많이 함유한 중명도 이하로 고채도, 한색이 속하며, 부드러운 색은 흰색, 밝은 회색을 가진 고명도, 저채도의 난색이 속한다.

⑻ **색의 시간감**

색채는 시간의 길고 짧음을 느끼게 하는 효과를 지니고 있다. 시간감은 주로 색상과 채도가 관계하며 노랑, 빨강, 주황의 장파장 계열인 난색 계열은 시간이 느리게 가며 길게 느껴지며, 푸른 색채의 단파장 계열인 한색 계열은 시간이 빠르게 가며 짧게 느껴진다. 고명도의 색은 빨리 움직이는 것처럼 느껴지고, 저명도의 색은 둔하게 느껴진다. 미국의 색채학자 비렌(F. Birren)은 붉은색으로 장식된 실내에서 시간의 경과가 길게 느껴지고, 푸른색의 실내에서는 시간이 짧게 느껴진다는 것을 밝혔다. 그러므로 장파장 계열(붉은계통) 색의 실내는 시간의 경과가 길게 느껴지므로 오래 앉아있기 어려워진다. 이는 회전율이 필요한 장소(카페, 식당 등)에 사용하는 것이 적절하다. 단파장 계열(푸른계통) 색의 실내는 시간의 경과가 짧게 느껴지므로 시간의 지루함을 상쇄시키는 장소(병원, 대합실, 사무실 등)에서는 유용하게 사용할 수 있다.

⑼ **색의 속도감**

속도감은 속도를 빠르게 느끼거나 느리게 느껴지게 하는 색으로 명도와 채도에 영향을 받는다. 빠른 속도감을 느끼게 하는 색은 황록색, 황색, 적색, 주황색 등으로 장파장 계열과 고명도의 색이 속한다. 느린 속도감을 느끼게 하는 색은 청록색과 같은 단파장 계열로 저명도의 색이 속한다. 운동선수의 유니폼을 빨강, 주황을 사용하는 것은 속도감을 높게 보이도록 하여 상대편을 심리적으로 위축할 수 있는 효과를 주기 때문이다.

⑽ **색의 연령감**

젊어 보이게 하는 색과 나이 들어 보이게 하는 색을 의미한다. 젊은 색은 화려하게 보이는 색으로, 명도가 비교적 높고 순색이며 난색이 속한다. 난색은 행복과 자유의 느낌을, 명색조는 순수, 천진난만을, 선명한 채도인 순색은 발랄함을 전달한다. 나이든 색은 점잖아 보이게 하는 색으로, 한색 계열은 명도와 채도가 낮은 색이 속한다. 한색은 온화하고 경험이 풍부하며 성숙한 느낌을, 암색조는 원숙하게 보이며, 탁한 색조는 세련되고 평온한 느낌을 준다.

3.2 색의 연상과 상징

연상은 심리학적 용어로 하나의 관념이 그와 관계되는 다른 관념을 불러일으키는 심리적 현상을 뜻한다. 이것을 관념연합이라고도 한다. 색의 연상은 색을 보고 색과 관련 있는 사물이나 사건, 이미지 등이 색과 관련 지어 떠오르는 것을 설명한다. 연상에는 구체적 연상과 추상적 연상으로 구분한다. 구체적 연상은 색을 보며 구체적 사물을 연상하는 것으로 주로 유아-소년기에 많이 이루어진다. 추상적 연상은 색을 보며 이미지를 떠올리는 것을 말한다. 주로 청년-노년기에 이루어지며 경험, 기억, 사상 등이 영향을 주어 형성하는 것으로 색의 상징으로 표현된다. 이는 색채에 의해 자극되므로 생기는 감정의 일종으로 특정한 의미를 상징하여 사람들에게 받아들여지게 되는 것이다. 연상과 상징은 색에 부여되는 다양한 의미를 설명하는 것으로 문화적 차이, 인간의 보편적인 심리, 개인의 경험에 따라 형성된다. 문화적 차원에서는 기후, 풍속, 관습, 종교, 민족, 지역, 국가마다 다르게 형성된다. 인간의 보편적 차원은 인간의 공통된 경험에서 형성되는 것으로 설명할 수 있으며, 개인적 차원은 개인의 생활, 경험, 지식, 기억, 연령, 환경 등에 기인한 것으로 이해할 수 있다. 이처럼 색에는 형태를 넘어 인간의 감성에 직접 관여하는 성질이 있다.

3.2.1 색의 이미지와 연상

강한 에너지를 가진 색으로 따뜻하면서 대담, 정열과 생명력을 상징한다. 자극이 강한 색으로 흥분, 적극성 등을 유도하며 이로 인해 에너지 상승, 기력 회복, 혈액순환을 촉진하는 효과가 있다. 그러나 너무 많이 사용할 경우 피로를 느끼거나 주의가 산만해질 수 있다. 주목성이 높은 색으로 정지, 금지의 뜻으로 주의를 끌거나 강조하고 싶을 때 사용하는 안전색채(소화기, 긴급정지 등)이다. 빨간색을 좋아하는 사람은 타인의 주목을 즐기며 자존심이 강한 사람이다. 다소 변덕스럽고 충동적이며 금방 싫증을 내기도 한다. 그러나 활기차고 외향적인 성향의 행동력을 가지고 있다. 사람들의 시선과 관심을 끌어당기며 관능적 느낌을 줄 수 있어 극적인 반전 효과를 줄 수 있는 색이다.

빨강은 태양, 피, 심장, 사과, 붉은 깃발 등이 연상된다. 긍정적 이미지로 사랑, 기쁨, 흥분, 우월, 강력, 매력, 도전, 매력, 적극적, 뜨거움, 정열, 열정, 승리, 애정, 유혹 등이 있으며 부정적 이미지는 증오, 공포, 잔인, 파괴, 흥분, 과시, 강압, 독보적, 호전적, 두려움, 분노, 위험, 혁명 등이 있다.

주황 Orange

빨강의 정복 이미지와 노랑의 열렬한 감정이 조합한 색으로 빨강보다는 약하나 따뜻하고 활기찬 느낌을 주며 사교적이고 명랑한 생동적인 색이다. 발랄하고 활기 넘치는 느낌을 주며 밝고 친근한 색으로 보인다, 색조가 약해져 다양한 베이지색으로 사용되고, 어두워지면 갈색으로 풍부한 자연적 이미지를 표현한다.

그러나 많이 사용되면 산만하거나 거부감을 일으킨다. 음식과 관계되어서는 식욕을 자극하는 색으로 활용된다. 이로 인해 변비 완화, 식욕 촉진에 효과적이다. 주황색을 선호하는 사람은 따뜻하고 밝은 성향으로 사교적이며 친화력이 좋으며 즐겁고 유쾌한 분위기를 가진 사람이다.

주황색은 오렌지, 감, 귤과 같은 과일이 연상된다. 긍정적 이미지는 달콤한, 상큼, 에너지, 사교적, 맛있다, 즐거움, 기쁨, 만족, 건강, 활기, 친근함, 밝음, 풍부함 등이 있으며 부정적 이미지로 변덕, 미성숙, 무절제, 돌발적, 즉흥적, 욕망, 경박한, 저렴한, 무질서, 초조, 의혹 등이 있다.

노랑Yellow

빛에 가장 가까운 색으로 생동감과 명랑하고 희망적인 느낌을 준다. 반면 다분히 감정적인 색으로 까다롭고 신경질적인 느낌을 주기도 한다. 동양에서는 신성함과 권력을 상징하나 서양에서는 비겁함과 배신의 부정적인 이미지로 설명된다. 황금색은 신비스러운 이미지로 영적 세계를 의미하는 것으로 사용되기도 한된다.

노란색을 선호하는 사람은 이상이 높은 성향을 가지고 있으며 표현력과 유머, 센스가 풍부하며 지적이고 행동파이다. 변화를 즐기며 긍정적이고 낙천적인 성격의 소유자이며 다소 유아적이고 천진난만 성향을 가지고 있다.

노란색은 바나나, 해바라기, 병아리, 아침햇살, 봄, 어린아이를 연상시킨다. 긍정적인 이미지로 순수, 행복, 위로, 귀여움, 가벼운, 부드러운, 천진난만, 희망, 따뜻함, 명랑, 즐거움, 환희 등이 있으며 부정적 이미지로 유치함, 미숙, 조급, 감정적, 철부지, 까다로움, 배신, 연약한, 겁쟁이, 질투, 인색한, 교만, 불신 등이 있다.

초록Green

노란색과 파란색 사이의 감정을 일으키는 중성적인 색으로 안정감을 줄 수 있고 차분하고 온화한 느낌을 준다. 자연과 식물을 상징하며 자연의 생명력을 지닌 색이다. 그러므로 평온하고 신선하며 자연스러운 느낌을 주는 동시에 상쾌함을 동반하는 색이다. 사람의 눈에 가장 편안한 색으로 피로가 회복되는 색이다. 안정감과 안전을 표현할 수 있는 색으로 마음의 긴장을 풀어주고 진정시키는 효과가 있다. 초록을 선호하는 사람은 초록의 편안하고 차분한 느낌을 좋아하며 과시욕이 없고 보수적이고 모범적인 인상을 준다.

초록은 자연, 숲, 나무, 산, 풀, 개구리, 수박, 여름, 외계인 등이 연상된다. 긍정적 이미지로는 편안, 균형, 느긋함, 인내심, 번영, 희망, 조화, 신선함, 안정감, 성장, 휴식, 편안함, 생명, 평화 등이 있으며 부정적 이미지는 미숙한, 정적인, 부패, 지루함, 우유부단, 느리다, 흥미가 없는 등이 있다.

모든 문화권에서 정신, 하늘, 신을 의미하는 색으로 전 세계가 가장 선호하는 색이다. 자연의 큰 부분인 하늘과 바다의 색으로 시원하고 세련된 느낌을 주는 색이다. 차가운 색으로 고요하고 차분하여 명상적이고 지적이며 이성적인 색이다. 밝은 파랑은 미래, 개방, 활기 신뢰감을 느끼게 하며 어두운 남색은 무겁고 우울하고 가라앉은 분위기를 만든다. 파랑은 혈액을 정상적으로 순환하게 하므로 맥박을 낮추는 효과를 가지고 있다. 파랑을 선호하는 사람은 냉정하지만, 헌신적이고 생각이 깊은 성향의 사람이 많다, 분별력과 자제력이 있으며 논리적인 성향이 있어 계산적이고 잇속이 밝기도 하다.

파랑은 하늘, 바다, 아침, 물, 사파이어 등이 연상된다. 긍정적 이미지는 시원함, 이성적, 냉철함, 편안, 차분, 조용함, 논리적, 젊음, 꿈, 성공, 신뢰, 정직, 지성, 지혜, 진보적, 미래, 평온, 상쾌함이 있으며 부정적 이미지는 차가움, 냉정함, 가라앉는, 소심한, 우울한, 관료적, 보수적, 권위적, 고독, 금욕 등이 있다.

보라색은 물리적으로나 심리적으로 반대되는 따뜻한 색인 빨강과 차가운 색인 파랑이 혼합된 색이다. 그러므로 빨강과 파랑의 특성을 동시에 지닌 양면을 가진 신비로운 색으로 독특하며 매력적이고 고귀함과 권력을 상징한다. 반면 정서불안이나 우울함, 질투 등과 같은 병적인 색으로 인식하기도 한다. 서양에서는 왕의 색으로 'be born in the purple'로 왕의 신분으로 태어남을 의미한다.

푸른 계열의 보라는 어둡고 깊은 이미지, 위엄과 장엄함 등을 붉은 계열의 보라는 여성적이고 화려한 느낌을 드러낸다. 보라색을 선호하는 사람은 개성적이며 평범하지 않은 매력을 소유한 자이며, 예술적 감수성이 풍부한 편이다. 반면, 자기중심적이고 허영심이 있으며 높은 지위를 동경하는 성향이 있다.

보라는 포도, 제비꽃, 라일락 등을 연상시킨다. 긍정적 이미지는 예술적인, 고귀한, 고급스러운, 신비로운, 우아한, 관능적인, 화려한, 우아한, 섬세함, 비밀스러움, 비범함, 신성한 등이 있으며 부정적 이미지는 광기, 불안, 인공적인, 피로, 퇴폐, 허영, 공허함, 변덕, 까다로움, 예민한, 튄다, 고집이 세다, 평범하지 않다 등이다.

핑크 Pink

 분홍은 빨강과 같은 화려함은 없으나 조용하고 분위기가 있는 색상으로, 아이들과 여성을 대표하는 색이다. 분홍은 낭만적이고 로맨틱한 이미지가 대부분이지만, 가볍고 유치한 느낌을 주기도 하고, 자신감이 없어 보이고 가냘픔을 느끼게 만들어 동정심을 유발하기도 한다. 누드 핑크, 피치 핑크, 캔디 핑크, 쇼킹 핑크 등 다양한 톤의 핑크는 순수함과 귀여움, 관능적인 표현까지 가능하다. 색이름 가운데 가장 최근에 생겨난 것으로 1600년대 초반부터 pink가 색을 가리키는 용어로 쓰이기 시작하였으며 옅은 장밋빛을 의미했다. 핑크는 14세기부터 to pink의 형태로 쓰이던 동사였으며 '구멍이 뚫린 패턴으로 장식하다'라는 뜻이었다. 그래서 날이 지그재그 모양으로 생긴 가위를 영어로 핑킹가위(pinking shears)라고 부른다. 또한 핑크는 패랭이 속으로 분류되는 꽃들을 가리키는데 꽃잎 모양이 지그재그로 생긴 것을 볼 수 있다.

 분홍은 꽃, 소녀, 사랑 등이 연상된다. 핑크의 긍정적 이미지는 행복한, 여성스러움, 사랑스러움, 부드러움, 온화함, 귀여움, 활기찬, 달콤한, 낭만적, 소녀스러운, 고급스러움, 매력적인 등이 있으며 부정적 이미지는 독보적, 진보적, 감정적, 화합이 어렵다, 천박한, 유치한, 가냘픔 등이 있다.

갈색 Brown

브라운은 빨강과 주황이 검은색을 만난 색이며 클래식하고 전통적이며 친근하면서도 인간적인 느낌의 색이다. 시각과 동시에 후각을 자극할 수 있는 색으로 브라운을 보면 커피와 함께 향을 떠올리게 된다. 브라운은 특유의 품격 때문에 나이가 들수록 좋아지는 색이다. 자연에서 보이는 갈색은 자연스러운 편안함과 안정된 분위기를 주는 깊은 가을 색으로 풍성함과 안정감을 주지만, 쇠퇴의 의미도 함께한다. 엷은 색조의 갈색은 부담스럽지 않은 밝은 느낌을 주며, 어두운 갈색은 따뜻하고 편안한 느낌을 주지만 지나치게 사용하면 단조롭고 지루한 느낌을 주기도 한다. 갈색 계열은 중후하고 지적인 느낌을 주는 색상으로 조화가 잘 된 배색은 세련된 인상을 주지만, 그렇지 않으면 평범하고 진부한 배색이 된다.

갈색은 대지, 낙엽, 흙 등이 연상된다. 브라운의 긍정적 이미지는 진지함, 편안함, 연락함, 자연스러움, 친근한, 한결같은, 고급스러움, 결단, 성실, 검소함 등이 있으며 부정적 이미지는 무거움, 지루함, 보수적인, 경직되어 있는, 자극이 없다 등이 있다.

하양White

모든 빛의 반사로 지각되는 색이며, 빛의 가산 혼합으로 모든 빛이 합쳐져 나오는 혼합체이나 색상을 느낄 수 없다. 하양은 깨끗하고 순수하여 정적인 특징을 가진다. 지나치게 순백한 색은 냉정하고 차가운 느낌으로 비인간적인 이미지를 주어 근접하기 어려운 거리감을 형성하기도 한다. 청결하고 위생적인 색으로 인식되어 있으며 신성하고 축복의 색이나, 서양에서는 유령이나 영혼의 색으로 인식하며 죽음이나 불길함을 상징하기도 한다. 흰색은 모든 색과 잘 어울리며 색들의 관계를 완화하여 돋보이게 하는 효과를 주는 색이다. 흰색을 선호하는 사람은 기품 있고 고귀한 인품을 가지고 있으며 자존심이 강하며 완전한 것을 추구하는 완벽주의적 성향이 보인다.

흰색은 눈, 솜, 천사, 웨딩드레스, 진주, 우유, 백합 등이 연상된다. 긍정적 이미지는 깨끗한, 순수한, 순결, 축복, 신성, 진실, 청초함, 청결, 결백, 가벼움, 선함, 정직, 소박함, 무결점 등이 있으며 부정적 이미지는 냉정한, 서늘한, 비인간적인, 공허함, 허무함, 차가움, 고독함, 불안정, 약하다 등이 나타난다.

회색Gray

밝음과 어두움의 대비 사이에서 생겨난 색으로 시각적으로 자극이 없는 색이다. 다른 색을 돋보이게 하는 역할을 하는 색으로 무난한 색이다. 자기주장이 없는 사람, 기회주의적인 사람을 비유적으로 '회색분자'라 한다. 그늘진 느낌의 색으로 노년을 의미하며, 금욕적이고 수수한 느낌으로 수도승 이미지를 나타내기도 한다. 어두운 회색은 음산한 이미지를 드러내므로 도시의 삭막함과 허무함을 '회색 도시'라고 표현한다. 현대의 회색은 첨단도시를 상징하는 모던함과 세련미의 대표적 색채로 사용되며 빛나는 회색과 같은 은색은 미래지향적인 느낌으로 화려함과 초현실적인 분위기를 연출할 수 있다. 회색을 선호하는 사람은 사람 관계에서 모나지 않게 타협적이며, 평화를 추구하는 성향을 가지고 있다. 그러므로 엇갈린 의견이 생길 때 잘 조절하는 성격으로 안정적인 틀에 맞춘 생활을 선호하는 사람이다.

회색은 재, 쥐, 제복, 아스팔트, 안개, 구름 등이 연상된다. 회색의 긍정적 이미지는 점잖은, 세련된, 고상한, 모던, 차분한, 수수한, 중립적, 현대적, 포용적, 도시적, 겸손함 등이 있고 부정적 이미지는 평범한, 소극적, 중립, 무기력, 음울, 쓸쓸한, 삭막한, 우유부단, 확실하지 않은, 낡은, 쓸쓸한, 무기력한 등이 있다.

검정 Black

모든 빛을 흡수하는 색이며 빛이 없는 어두움을 의미한다. 좌절과 죽음을 의미하는 어둠, 죄악 등의 불길하고 음산한 이미지로 타락과 저주를 대변하기도 한다. 무게감과 힘이 느껴지는 강한 이미지로 위엄과 권위 카리스마가 있으며 동시에 절제된 금욕적 이미지로 아무것도 가지지 않은 허무를 보여주기도 한다. 검정은 다른 색을 선명하게 만드는 효과가 있어 유채색과 사용하면 더 강한 인상을 드러낼 수 있다. 현대에서는 패션에 일반적으로 사용되며 매력적이고 섹시하게, 가장 단순하면서 파격적인 색으로 사용되고 있다.

검정은 밤, 장례, 연탄, 석탄, 숯, 아프리카, 까마귀, 흑장미, 머리카락, 칠판 등이 연상된다. 검정의 긍정적 이미지는 위엄, 강함, 엄숙한, 진중한, 고급스러운, 모던한, 비범함, 깔끔함, 명확한, 위엄있는, 품위 있는, 엄숙한, 힘이 있는 등이 있으며 부정적 이미지로 공포, 어둠, 죄, 허무, 부정, 침묵, 비애, 금기, 죽음, 절망, 두려움, 부패한, 악한, 파괴적인, 숨기다 등이다.

3.2.2 계절 이미지와 연상색

■ 봄

봄은 사람에게 생명의 기운을 느끼게 하여 움직이고 싶은 원동력을 주는 계절이다. 만물이 소생하고 싹트는 어린아이와 같은 이미지를 나타내며 미래의 희망적 이미지를 표현한다. 맑고 화사하며 부드러운 느낌을 주는 색으로 녹색을 띤 황색, 레몬 엘로우, 연한 자색, 하늘색 등이 봄을 표현하는 색이다.

■ 여름

여름은 가장 활기 있고 힘을 느끼게 하는 계절로 젊음의 이미지, 열정적이고 활동적 이미지를 드러낸다. 뜨거운 햇살의 강렬한 색이 연상되며 바다의 시원함을 함께 느낄 수 있는 색이다. 색의 채도가 높아지는 계절인 여름의 색은 강렬하고 성숙한 느낌을 주는 짙은 녹색(Forest Green), 감청색, 코발트 그린(Cobalt green), 아이스 블루(ice blue), 흰색 등이 있다.

■ 가을

곡식과 과일 등이 결실을 보는 가을에는 풍요로움과 만족스러움을 느끼게 하기도 하며, 추수를 끝낸 황폐한 들판이나 갈색의 낙엽은 허무함과 외로움, 쓸쓸하고 고독한 정서로 대비되어 보인다. 이러한 가을은 완숙되어 가는 여유를 가진 안정된 이미지로 산과 들의 갈색은 장년의 느낌을 전달할 수 있다. 가을 색으로는 황색, 크롬 엘로우(Chrome yellow), 올리브(olive), 비스터(bister), 코랄(coral) 등이 있다.

■ 겨울

겨울은 휴식과 노년을 연상하는 계절이며 춥고 어두운 겨울은 눈을 상징하는 흰색으로 깨끗함과 차가운 날씨를 느끼게 한다. 냉기가 서린 회색 날씨는 비애, 우울, 쓸쓸함 등을 떠오르게 한다. 겨울 색은 회색빛(graylish), 은백색, 황색을 띤 적색 등이 어울린다.

3.2.3 색의 상징

■ 종교적 상징

종교색은 그들의 신을 색채와 결부하여 종교적으로 신성시하고 숭배하는 색을 의미한다. 이집트는 태양을 상징하는 색이 황금색, 노랑 혹은 빨강이었고, 고대 그리스에서는 노랑이나 황금색은 아테나 신을 상징했다. 노랑은 힌두교와 불교에서도 신성시되는 종교색이었고 개신교와 천주교에서는 하나님과 성모 마리아를 고귀한 청색으로 상징하며 영원함과 고귀함을 의미하였다. 이슬람의 종교색인 초록색은 오아시스를 상징하는 색이며 모하메드를 상징하는 색으로 신성하게 여겼다.

■ 방위의 상징색

방위를 상징하는 네 개의 색은 미적 표현이 아닌 주술적이고 상징적 의미이다. 티베트는 동쪽-흰색, 서쪽-빨강, 남쪽-파랑, 북쪽-노랑으로 여겼다. 고대 아일랜드는 동쪽-자주, 서쪽-암갈색, 남쪽-흰색, 북쪽-검은색으로 표시하였다. 미국은 동쪽-검은색, 서쪽-노랑, 남쪽-파랑, 북쪽-회색으로 표시한다. 한국과 중국은 동쪽-파랑, 서쪽-흰

그림 3-2 오방색

색, 남쪽-빨강, 북쪽-검은색, 중앙-노랑으로 상징하며 오방색이라 한다.

■ 지역의 상징색

올림픽 마크의 5륜은 오대양을 상징하는 색으로 되어 있다. 색으로 대륙을 구분하는 것으로 파랑은 유럽, 노랑은 아시아, 검정은 아프리카, 초록은 오세아니아, 빨강은 아메리카를 상징한다.

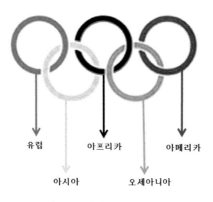

유럽　　아프리카　　아메리카

아시아　　오세아니아

그림 3-3 지역의 상징색/오륜기

■ 국기의 상징색

국기는 국가를 상징하는 것으로서 전통과 이상, 특정한 색과 모양으로 표시한다. 국기의 색은 선명하고 인식하기 쉬워야 한다. 국기의 색은 국가별로 상징색을 정하여 사용하는데 상징하는 내용이 나라마다 민족 고유의 전통에 따라 서로 다르다. 국기의 색을 살펴보면, 빨강은 애국자의 희생적인 피, 정열, 혁명, 박애, 무용 등을, 파랑은 강, 바다, 하늘, 희망, 자유 등를, 노랑은 황금, 부강한 나라, 태양, 사막, 번영 등을, 초록은 농업, 삼림, 국토와 자연의 아름다움, 번영, 희망, 이슬람교 등을, 검은색은 흑인, 역사의 암흑시대, 고난, 의지 등을, 흰색은 자유, 평화 또는 진리, 순결을 상징한다. 모든 국기는 독립, 정의, 자유, 단결 등의 이념은 특정 색에 한정되지 않고 사용한다.

| 대한민국 | 캐나다 | 브라질 | 기니 |

그림 3-4 국기의 색

3.2.4 안전 색채

안전 색채란 색으로부터의 연상과 상징 등을 이용해 사업장이나 교통보안시설의 재해 방지 및 구급 체제를 위한 시설에 사용하는 색이다. 색이 지닌 특성을 이용하여 위험을 제거하거나 예방하는 데 적용되는 색으로 위험 시설, 위험 장소, 위험 물질에 대한 경고, 비상시의 지시나 안내 사항 또는 안전 의식의 고취를 통해 사고를 방지하기 위하여 쓰인다.

안전색채는 색채로써 직감적인 연상을 일으킬 수 있어야 하며 가능한 사용하던 관습 (화제-빨강, 장례-검정 등)을 고려해서 선택해야 한다. 색을 쓰이는 의미가 적정하게 사용되도록 하며 어두운 곳에서도 잘 볼 수 있도록 고려해야 한다.

표 3-1 안전 색채의 목적과 사용표

색채	안전색	먼셀색표	의미/목적	사용 예
	빨강	7.5R4/15	방화	방화표시, 배관계식별, 소화표시
			금지	금지표시,
			정지	긴급 정시 버튼, 정지신호기,
			고도위험	화약 경고표, 발파 경고표, 화약류의 표시
	주황	2.5R6/14	위험	위험표시, 배관계식별 위험표시, 스위치박스 뚜껑안쪽면, 기계 안전커버 안쪽면, 노출기어의 옆면, 눈금판의 위험범위
			항해, 항공 보완시설	구명보트, 구명구, 구명대, 수로표지, 선박 계류, 부표, 비행장용 연료차, 비행장용 구급차
	노랑	2.5Y8/14	주의	주의표시, 감전 주의 표지, 크레인, 구내 기관차의 범퍼, 낮은 대들보, 충돌할 우려가 있는 기둥, 바닥의 돌출물, 피트 가장자리, 바닥면의 끝, 호퍼 주위 및 계단의 발딛는 곳 가장자리, 걸쳐 놓은 다리, 전선 방호구, 도로상의 바리게이트, 해로운 물질을 잘게 부수는 용기 또는 사용 장소, 가전 제품의 경고 표시
	초록	10G4/10	안전	안전지도 표시, 안전기,
			피난	유도표지, 비상구 방향을 나타내는 표지, 위치를 나타내는 경표 및 대피소, 갱구, 특정구역의 방향을 나타내는 표시
			위생, 구호,	구호표지, 위생지도표지, 노동위생

색채	안전색	먼셀색표	의미/목적	사용 예
			보호	기, 보호구상자, 들것, 구급상자, 구호소 위치 및 방향을 나타내는 표지
			진행	통행신호기
	파랑	2.5PB3.5/10	의무적 행동	지시표시.
			지시	보호안경의 착용, 가스측정을 지시하는 표지, 수리중 또는 운전 휴게장소를 나타내는 표지, 스위치박스의 바깥면
	자주	2.5RP4/12	방사능	방사능 경고, 방사능 표지, 방사능 동위 원소 및 이것에 관한 폐기 작업실, 저장 시설, 관리 구역 등에 설치하는 울타리
	하양	N9.5	보조색	통행료, 정돈, 청결, 방향 지시
	검정	N1	보조색	

3.3 색의 공감각

공감각이란 하나의 감각을 통하여 다른 감각기관의 감각을 느끼는 것으로, 시각, 청각, 후각, 촉각 등이 같이 감성적인 반응을 보이는 것이다. 이는 색이 시각 및 기타 감각 간에 교류되는 현상이다. 색이 지닌 공감각적 특성을 활용한다면 정확하고 강하게 메시지나 의미를 전달할 수 있다. 이처럼 색을 통해 다른 감각을 느끼는 것을 '색의 공감각'이라 하며, 색의 공감각은 시각 외에 맛, 냄새, 음(音), 촉감 등을 느껴지게 하는 색의 수반 감정이 나타난다. 시각이 아닌 미각, 청각, 후각에서도 색을 느낄 수 있거나 반대로 색을 통하여 다른 감각을 느낄 수 있다.

(1) 색과 미각-맛

비렌(Faber Birren, 1900~1988, 미국의 색채학자)에 의하면 주황색은 강한 식욕의 소구력이 있는 색이며 미각과 밀접한 관계가 있다고 하였다. 색과 맛은 긴밀한 관계를 갖는다. 음식의 색은 즉각적으로 식욕을 자극하여 식욕을 증진, 감퇴하기도 한다. 색의 감정이 미각을 수반하여 식생활 환경을 조성할 수 있다. 황색의 마가린이 흰색의 버터보다, 빨갛게 익은 과일이 푸른 계통의 풋과일보다 더 맛있게 보이는 것과 같다.

프랑스 색채연구가 모리스 데리베레는 맛을 대표하는 색으로 단맛, 짠맛, 신맛, 쓴맛을 제시하였다. 단맛은 Red, Pink를, 짠맛으로 Blue Green, Gray, White를, 신맛으로 Yellow, Yellow Green을, 쓴맛으로 Brown, Maroon, Olive Green으로 제시하였다.

■ 단맛

Red. Pink, Orange로 난색계열 색이 많으며 미각을 자극하는 맛의 이미지로 잘 익은 빨간 사과, 오렌지, 딸기 등을 연상된다. 주황은 미각을 가장 자극하는 색이며 분홍은 달콤한 맛을 더 느끼게 한다. 단맛을 표현하기 위한 배색은 적색에 주황색, 적색을 띤 황색의 배색이 어울린다.

■ 짠맛

Blue Green, White, Light Gray의 한색 계열이 속하며 소금의 색인 흰색과 밝은 회색이 대표적인 색이다. 바다의 해산물의 색채인 녹색 계통의 한색은 짠맛을 느끼게 한다. 짠맛의 배색은 연녹색과 흰색, 연청색과 회색의 배색이 조화롭다.

■ 맛

Yellow, Yellow Green의 난색이 속하며 입안에 침이 고인다고 말할 수 있는 색이다. 신맛의 대표적인 과일로 레몬의 노랑, 연두, 녹색이 주된 색이며 과일의 덜 익은 색은 신맛을 가장 많이 자극하는 색이다. 신맛을 위한 배색은 녹색을 띤 황색에 황색을 띤 녹색의 배색이 적절하다.

■ 쓴맛

Brown, Olive Green, Black을 들 수 있으며 커피와 한약처럼 쓴맛의 대표적인 색은 짙은 갈색, 검정이다. 어두운 톤의 색상이 쓴맛을 연상시킨다. 쓴맛은 청색(heavy blue), brown, olive green과 자색의 배색이 적당하다.

(2) 색과 후각-냄새, 향

향이 있는 물질의 입자가 후각 기관인 코를 자극하여 대뇌에 전달되어 심리적 변화를 일으키는 현상으로 색에서 느껴지는 향은 개인의 경험 차에 따라 다르게 나타난다. 좋은 냄새의 색은 맑고 순수한 색으로 bright, pale 톤의 고명도 색이 적용되며 나쁜 냄새의 색은 어둡고 흐린 난색 계열의 색으로 나타난다. 톡쏘는 냄새는 오렌지색을 연상하게 되며 진한 냄새는 녹색을 연상하게 된다. 은은한 향기는 연보라를 연상하는 것처럼 색과 향에서, 색의 여러 가지 연상과 이미지를 통해 나타나므로 색과 향은 직접적인 관련이 있다. 그러므로 향이 나는 제품에 색채를 적용하는 것은 신중하게 고려해야 할 사항이다(향수, 화장품, 디퓨저, 세탁세제 등) 프랑스 색채학자 모리스 데리베레의 향과 색은 다음과 같다.

표 3-2 향과 색

향		색
장뇌(camphor)		white,light yellow
사향(MUSK)		red-brown, golden yellow
꽃(FLORAL)		rose
박하(MINT)		green
에테르(ETHEREAL)		white, light blue
커피(COFFEE)		brown

(3) 색과 청각

어떤 주파수나 음파가 귀를 자극하여 나타나는 감각으로 소리와 함께 색도 느끼는 현상으로 청각의 공감각이다. 이를 색청(色聽, Color audition)이라 하는데 음에서 색을 느껴 색으로 표시할 수 있는 것이다. 이 것을 색음현상이라고도 한다. 색음현상은 소리를 통하여 색을 연상하게 하는 현상으로 소리의 높낮이에 따라 각기 다른 색이 연상된다. 높은 소리 는 고명도, 고채도의 색을, 낮은음은 어두운 저명도의 색을, 탁한 음은 저 채도의 회색 계열이 색이 연상된다. 예리한 소리는 노란 기미의 빨강, 에 머렐드 그린, 남색 등과 같이 선명한 색이 그려진다. 마찰음의 색은 회색 기미의 색과 거칠게 칠해진 색으로 표현된다. 사람의 말소리를 색으로 표 현하면 똑똑한 말소리는 선명하고 높은 채도의 색으로, 우물거리는 소리 는 중간 밝기의 낮은 채도의 색이 연상되며, 다정한 말소리는 밝고 따뜻한 색을, 냉정한 대화는 푸른 계통의 색을 연상시킨다.

색의 분광 효과로 발견된 7가지 색을 뉴턴은 칠음에 연계시켜 색과 소리의 조화론을 설명하였다. 빨강-도, 주황-레, 노랑-미, 녹색-파, 파랑-솔, 남색-라, 보라-시로 연결하여 색과 소리를 연결하였다. 카스텔은 색채와 음악의 척도를 연구하여 각 음계와 색을 연결하였으며 색채 음악으로 발전되었다. C는 청색, D는 초록, E는 노랑, G는 빨강, A는 보라로 설명하였다. 그러나 아직 색채 음악에 대한 공통의 이론으로 발전하지 못하고 있다. 미술 작품에서 색채와 소리를 연관시킨 경우의 대표적인 예는 몬드리안의 작품인 '브로드웨이 부기우기'를 들 수 있다.

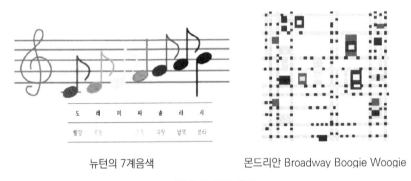

<table>
<tr><td>뉴턴의 7계음색</td><td>몬드리안 Broadway Boogie Woogie</td></tr>
</table>

그림 3-5 색과 청각

(4) 색과 촉각

직접적인 피부의 감각을 통해 느끼는 것보다 시각을 보조하여 색상, 명도, 채도의 적절한 선택으로 촉감(색의 특성이나 재료감 등)을 더욱 증가시키는 역할을 한다. 명도가 높은 색은 부드러운 느낌, 저채도의 어두운색은 단단하고 딱딱한 느낌을 준다. 난색 계열(빨강, 주황 등)은 메마르고 건조한 느낌을 주며 한색 계열(파랑, 청록 등)은 습하고 촉촉한 느낌을 전달한다.

광택감은 고명도, 고채도의 색으로 밝은 톤의 색이 적절하며, 윤택감은 깊은 톤의 색이 좋다. 거친 촉감은 진한 색이나 회색 기미의 색이 어울리며 유연한 촉감은 따뜻하고 가벼운 톤이 적당하다. 점착감은 기름의 끈끈한 느낌으로 짙은 올리브그린이나 진한 중성 난색이 적절하게 표현된다.

(5) 색과 시각-형태

색과 형태는 추상적으로 밀접한 관계가 있다. 요하네스 이텐은 색채와 모양의 조화 관계를 정리하였다. 노랑은 명시도가 높아 뾰족하고 날카로운 느낌을 주어 세속적이기보다는 영적인 느낌으로 삼각형과 역삼각형을 연상시킨다. 빨강은 눈길을 강하게 끌면서 단단하고 견고한 느낌을 주므로 사각형을 연상시킨다.

파랑은 차갑고 투명하고 영적인 느낌을 주어 원이나 구를 연상시킨다. 빨간색은 정사각형을 느끼게 하며 안정감을 주고 주황색의 직사각형은 긴장감을, 육각형의 녹색은 원만함을 느끼게 한다. 파란색의 정원은 영원함을 느끼게 하며 타원의 보라색은 고귀함을, 검은색의 사다리꼴은 단호함을 느끼게 한다.

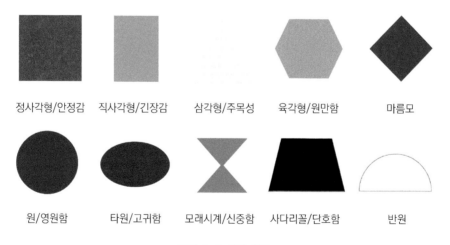

정사각형/안정감   직사각형/긴장감   삼각형/주목성   육각형/원만함   마름모

원/영원함   타원/고귀함   모래시계/신중함   사다리꼴/단호함   반원

그림 3-6 색과 형태

이미지와 배색

4.1 이미지 스케일

이미지는 마음속에 언어로 그린 그림처럼 육체적 지각 작용으로 나타난 감각적 형상이 마음속에 재생되는 것이다. 오브제와 반대 개념으로 내부에 그려진 심상이며, 이미지는 매우 감각적이므로 명확하거나 구체적이지 않다. 이미지는 연상작용과 같아 지식보다는 풍부한 경험을 통해 습득된다. 색의 연상은 특정한 의미를 상징화하면서 색과 관계하는 사물이나 이미지를 생각해내어 설명한다.

색 이미지는 색채라는 자극체를 통해 일어나는 감정적인 반응이며 심리적 현상이다. 색마다 특수한 이미지를 표현하며 이와 함께 색상과 톤, 배색에 따라 다양한 이미지를 형성할 수 있다. 색 이미지의 표현은 대부분 언어적 기능을 통해 이루어진다.

(1) 색채 이미지 스케일

색을 보고 느끼는 심리적 감성을 분석하고 구분하는데 기준이 되는 메트릭스(matrix)로 색채에서 느껴지는 심리(이미지)를 바탕으로 한다. 사람들이 보편적으로 느끼는 감성을 기준에 따라 공간좌표에 위치시켜 만든 좌표로 객관적 통계를 내는 방법이다. 이미지 스케일은 이미지 공간(Image Map)을 활용하는데 기본축의 제시로 색의 포지셔닝이 이루어진다. 이처럼 색채 이미지 스케일은 이미지 공간을 통하여 색채에 대한 의미를 부여하는 시스템으로 감각과 과학을 결합한 방법이다.

이미지 스케일은 다양한 색이 가지는 감정 효과, 연상과 상징, 공감각, 전달 과정 등을 체계적으로 분석하여 특정한 언어로 객관화하여 구성한 것으로 이미지 감성 공간이다. 감성 배색이나 색채 계획과 디자인을 진행할 때 가장 기본적인 활용 지식이 되며, 색에 대하여 객관성과 정확성을 부여할 수 있는 체계이다. 이미지 스케일은 색채 감성을 표현하는 객관적인 도구로 색을 통해 다양한 커뮤니케이션을 도모할 수 있어 유행색을 예측하거나 새로운 색을 개발하기 위한 자료로 활용된다.

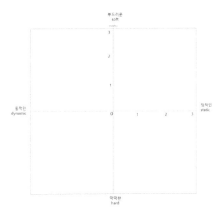

색채 이미지 스케일은 가로축은 동적인-정적인, 세로축은 부드러운-딱딱한을 사용하여 반대 이미지로 축을 구성한다. 중심을 이미지가 0인 상태로 하며, 중심에서 멀어질수록 각 축의 이미지 차이 정도(1약간, 2꽤, 3대단히)가 커진다. 단색 혹은 배색의 이미지를 이미지 스케일의 각 축에 배치하여 공간을 구성한다.

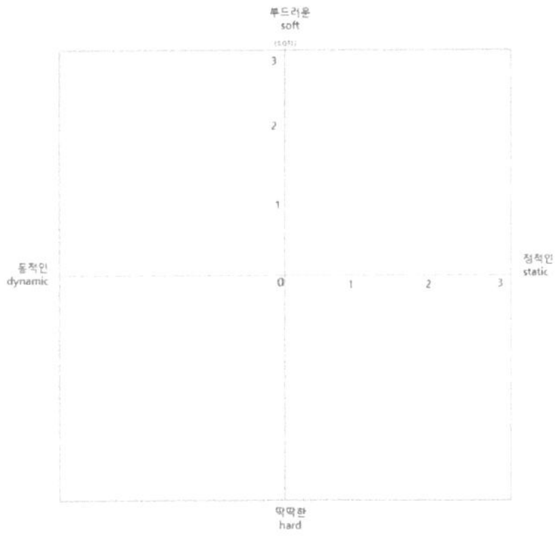

그림 4-1 이미지 스케일

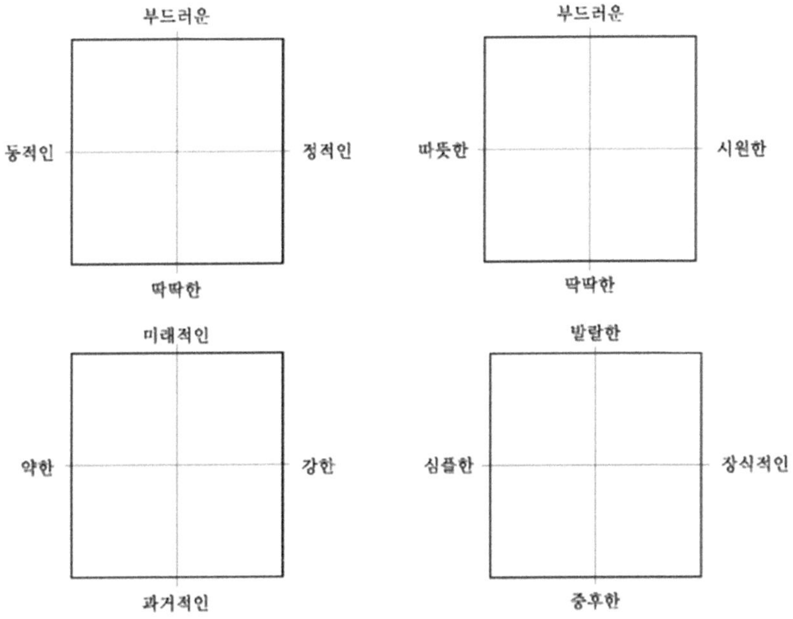

그림 4-2 다양한 이미지스케일 공간

　　이미지 스케일의 공간의 축을 구성하는 형용사는 분석을 위한 것으로 그에 적합한 언어를 적용하여 공간을 구성할 수 있다.

■ 단색 이미지 스케일

　　색을 그 이미지에 따라 심리적 판단 인자를 축으로 하는 공간에 위치시켜 한눈에 파악할 수 있는 색채 감성 공간에 빨강과 파랑, 노랑과 초록 등의 하나의 색에서 느껴지는 이미지의 차이를 공간상 거리의 차이 또는 그 색의 위치와 같은 시각적 정보로 비교해 볼 수 있게 제시한 것이다. 이미지 스케일 공간에서 색을 읽는 방법은 다음과 같다. 거리가 떨어져 위치하는 색은 이미지의 차이가 커 다른 이미지를 갖는다는 것이다. 반면, 거리가 가까이 위치하는 색은 이미지의 차이가 적어 유사한 이미지를 갖는다. 이미지 스케일 중앙부는 탁한 색이면서 온화한 색이 위치하며, 주변부에는 맑은 색이면서 개성이 뚜렷한 색이 위치한다. 중심점의 0은 이미지의 원점으로 상하좌우로 늘어날수록 이미지의 강도가 점차 강해지는 것으로 본다.

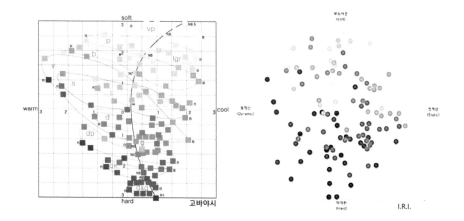

그림 4-3 단색 이미지스케일

■ 배색 이미지 스케일

배색 이미지 스케일은 비슷한 느낌을 주는 배색을 함께 묶어 각각의 그룹을 만드는 것이다. 그룹별로 형용사 키워드를 부여하고 배색의 특징과 느낌의 차이를 명확히 보이도록 제시한다. 이미지의 미묘한 차이를 표현할 수 있는 최소의 기본 단위인 3색 배색을 이용하여 배색한다. 색상과 색조 배색으로 표현되며 배색을 통해 메시지를 전달한다. 형용사를 사용하여 언어로 이미지 표현이 가능하며, 이와 같은 감성 언어는 이미지 배색연출에 다시 활용될 수 있다.

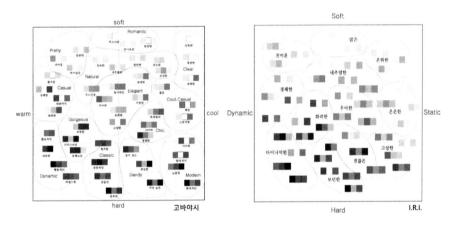

그림 4-3 단색 이미지 스케일

■ 언어 이미지 스케일

언어 이미지 스케일은 색의 이미지를 언어와 연관되어 제시한 것으로 색을 보고 느끼는 감정을 형용사 어휘로 분류해 낸 것이다. 배색 이미지 스케일과 비슷한 의미의 형용사들을 묶어 그룹을 형성한다. 색을 표현하는 감성 언어는 이미지를 설명할 수 있는 언어로 색을 표현하는 방법이다. 언어 이미지는 색상 외의 디자인 요소들인 형태, 소재 등의 객관적인 이미지 분석에도 활용이 가능하다.

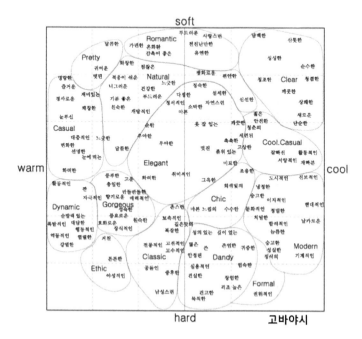

그림 4-3 배색 이미지 스케일

이미지 스케일 공간에서 동적이며 부드러운 좌표 공간은 친근감이 이미지로 설명할 수 있으며 정적이고 부드러운 공간은 세련된 이미지로 표현된다. 동적이고 딱딱한 좌표 공간은 역동적인 분위기를 연출하며 정적이고 딱딱한 공간은 신뢰감을 주는 이미지를 준다.

4.2 이미지와 감성배색

디자인에 있어 이미지의 표현은 무엇보다 중요하다. 이는 감성적 표현인 가치 있는 접근 방법으로 강조되고 있다. 개인적인 감성이 부각되게 하고 개인의 삶의 질 향상을 가져다 준다. 이러한 감성은 다양한 이미지를 통해 표현되며 커뮤니케이션이 이루어진다. 이와 함께 색상과 톤의 배색에 따른 감성배색을 통해 이미지를 표현하고 있다. 배색시 톤과 색상 대비를 효과적으로 구분하여 이미지를 연출하므로, 색상을 명시하지 않아도 색채 이미지로 감성 전달이 가능하다. 색채는 서로 다르게 배색되므로 보이는 효과에 따라 변화의 메시지를 전달할 수 있다. 이미지 배색은 언어 이미지가 표현 가능하며 반대로 감성을 표현한 언어는 다시 이미지 배색으로 연출 가능하다.

이미지를 표현할 때 쉽게 설명할 수 있는 형용사들을 사용하여 감성적 표현을 하며 다양한 감성 이미지를 분류해 놓은 것이 I.R.I.형용사 이미지 스케일이다. I.R.I. 감성 이미지는 귀여운, 맑은, 우아한, 온화한, 은은한, 내추럴, 경쾌한, 다이나믹, 화려한, 모던한, 점잖은, 고상한 이미지로 12가지로 구분한다.

(1) 귀여운(pretty) 이미지

귀여운 이미지는 어린아이들의 뛰어노는 모습에서 느껴지는 명랑함과 생동감 있는 발랄한 소녀 같은 분위기이다. 주로 난색의 밝고 선명한 색조를 사용하여 화사하고 사랑스러운 이미지로 표현한다. 헤어스타일은 앞머리를 내리거나 단발 머리형으로 연출하고, 메이크업에서는 주로 오렌지, 핑크 등을 주조 색으로 하며 블러셔를 더해 생기 있고 사랑스러운 이미지를 연출한다. 네일은 리본이나 비즈 장식을 활용하여 귀여운 이미지를 연출하기도 한다. 감성언어는 아기자기한, 즐거운, 사랑스러운, 재미있는, 쾌활한, 달콤한, 향기로운 등이 있다.

(2) 맑은(pure) 이미지

맑은 이미지는 투명하고 연한, 옅은, 가벼운 등과 같은 숲속의 맑은 공기나 얼음물이 연상되는 순수하고 깨끗한 이미지이다. 흰색을 주조색으로 하여 연한 톤, 맑은 톤의 유사색조 배색을 주로 한다. 연한 블루 색을 이용하여 전체적으로 청초한 느낌을 표현하고 한색 계열의 색을 주로 사용하지만 옅은 난색도 함께 사용하여 깨끗한 이미지를 나타낸다. 투명한 피부 연출과 맑은 톤의 고명도의 색을 이용한 아이섀도로 심플하게 표현하며 립메이크업은 진하지 않게 연출한다. 헤어는 단순하고 깔끔한 단발이나 스트레이트 스타일로 연출한다. 네일도 흰색이나 맑고 투명한 느낌의 색으로 표현한다. 감성언어는 가벼운, 부드러운, 상쾌한, 얇은, 깔끔한, 섬세한, 투명한 등이 있다.

(3) 우아한elegant 이미지

우아한 이미지는 여성스러우면서도 고급스러운 느낌으로 세련된 이미지를 표현한다. 자주, 보라, 산호 와인, 핑크색 등과 저채도의 부드러운 색조와 섬세한 느낌의 세련되고 원숙한 감각의 색으로 표현한다. 헤어는 굵은 웨이브가 들어간 업스타일, 우아한 여성적 스타일로 연출하고 메이크업은 차분한 느낌의 매트한 표현으로 전체적으로 부드럽게 연출한다. 아이섀도는 파스텔 색조를 이용하여 우아하게 표현한다. 감성 언어는 감각적인, 멋진, 고급스러운, 동양적 등이 있다.

(4) 온화한 mild 이미지

온화한 이미지는 가볍고 밝으면서 차분하고 포근한 안정감을 느끼게 하는 이미지로 유연한 부드러움을 준다. 조용한 분위기의 아늑한 조명 밑에서 부드러운 향을 느끼며 여유로운 감성을 주는 차분하고 수수한 느낌이다. 정적인 느낌을 전달하는 연한 톤, 그레이시 톤을 이용하여 부드러운 배색의 온화한 느낌이다. 노랑, 주황, 연두 등의 따뜻한 색과 고명도의 회

색을 사용하기도 한다.

메이크업은 자연스럽고 강하지 않는 피부표현과 밝고 흐린 톤과 옅은 톤의 배색으로 아이 섀도우와 입술을 연출한다. 과도한 장식이 없는 자연스러운 웨이브 스타일이나 느슨하게 묶은 헤어스타일로 표현한다. 네일도 소박한 패턴으로 무난하고 수수한 느낌을 연출하고 있다. 감성언어로 순수한, 유연한, 연약함, 매끄러운, 잔잔한, 소박한, 안정된 등이 있다.

⑸ 은은한peaceful 이미지

은은한 이미지는 정적이며 그윽한 느낌의 꾸미지 않은 소녀 같은 이미지이다. 전체적으로 잔잔하고 부드러우면서 가볍고 단아한 느낌을 준다. 탁한 회색조의 주황, 파랑 계열을 주조색으로 하여 강한 대비가 아닌 유사배색으로 중명도, 저채도 색조를 활용하여 차분하게 배색하여 연출한다. 메이크업, 헤어, 네일은 온화한 이미지와 유사하게 가볍고 차분한 느낌을 연출한다. 감성언어로 단정한, 가지런한, 정돈된, 그윽한, 심플한, 정적인 등이 있다.

(6) 내추럴natural 이미지

내추럴 이미지는 꾸밈없는 소박하고 편안한 자연 그대로의 분위기를 연출한다. 라이트light, 라이트 그레이시light grayish, 그레이시grayish 등 중간 명도와 채도로 차분하게 연출한다. 자연의 색들인 베이지, 아이보리, 옐로우, 올리브 그린, 브라운 등의 가라앉은 듯한 덜 톤으로 유사 배색을 사용한다. 헤어는 브라운 계열의 색에 자연스러운 굵은 웨이브의 롱 헤어 스타일로 연출한다. 메이크업은 피부 톤보다 한 톤 낮은 베이지나 밝은 브라운 컬러로 가볍게 표현하여 은은하면서도 건강한 모습으로 연출한다. 네일도 화려하지 않은 브라운 톤의 색을 이용하여 자연스러우면서 화려하지 않은 패턴을 사용한다. 감성언어는 정다운, 친근한, 자연적인, 전원적인, 감미로운, 감상적인, 포근한, 풍성한, 편안한, 간편한 등이 있다.

(7) 경쾌한cheerful 이미지

경쾌한 이미지는 활동적이면서 쾌활하고 스포티한 느낌의 생동감이 전달되는 젊음의 이미지이다. 선명한 색채의 난색계열을 활용한 유사색상 배색이 많고 반대색상 배색으로 활동적인 느낌을 주기도 한다. 헤어는 노랑이나 주황색 컬러링을 하기도 하며 웨이브가 들어간 발랄하고 경쾌한 스타일로 연출하고 있다. 왁스나 무스를 이용하여 연출하고 또는 위로 높이 묶는 포니테일, 컬러플한 색상 배색으로 연출한다. 메이크업은 생기 있게 연출하는 것이 포인트이다. 피부표현은 가볍고 밝게 표현하고 아이섀

도는 핑크, 오렌지, 그린 블루 등의 선명한 색을 이용하고 글로시한 느낌
으로 강조하여 표현한다. 네일은 밝고 선명한 색상으로 자유로운 패턴을
이용하여 재미있게 연출한다. 감성언어는 젊은, 스포티한, 활동적인, 돋보
이는, 선명한, 새로운, 자유로운, 율동적인 등이 있다.

(8) 다이나믹dynamic 이미지

다이나믹한 이미지는 역동적인 힘이 연상되는 강렬하고 열정적인 이미
지를 표현한다. 격렬한 움직임과 스피드를 느낄 수 있는 빨강, 노랑, 파랑,
등의 원색과 검정색을 이용하여 강하면서도 동적인 이미지를 표현한다.
주로 선명한 난색 계열의 색을 강한 대비감으로 사용하여 활동성이 느껴
지도록 표현한다.

헤어와 메이크업은 다양한 색상을 활용하여 강한 이미지로 표현한다.
메이크업은 아이메이크업에 다양한 색상의 대비감 있는 표현으로 역동성
을 나타내 준다. 감성언어는 개성적인, 혁신적인, 기운찬, 강한, 거친 뛰어
난 등이 있다.

⑼ 화려한gorgeous 이미지

화려한 이미지는 멋스럽고 화려한 여성스러움을 표현하거나 매혹적이고 장식적이며 관능적인 느낌을 주는 이미지이다. 주로 붉은 색감을 이용하여 성숙한 분위기를 연출한다. 장식이나 색을 활용하여 강한 대비를 주거나 색상, 색조의 차가 큰 배색을 이용하여 강하고 화려한 이미지를 연출한다. 메이크업은 보라, 빨강, 검정 색을 주조색으로 하여 진한 아이메이크업과 립메이크업으로 매혹적인 분위기를 연출한다. 웨이브 헤어에 장식적인 것을 이용하여 표현하며 네일은 진하고 강한 색에 장식적 요소를 더하여 연출한다. 감성언어로 환상적인, 장식적인, 매력적인, 다양한, 복잡한, 성숙한, 시원한, 넉넉한 등이 있다.

⑽ 모던한modern 이미지

모던한 이미지는 현대적이고 차가운 도시적인 이미지이다. 한색 계열 색상을 주조색으로 한 조용하면서도 수수한 느낌의 연출, 감정이 드러나지 않는 무채색 배색으로 인공적인 도시의 이미지 연출, 흰색과 검정, 그레이시한 색조들을 활용한 도시적이며 세련된 분위기 등을 연출한다. 피부는 매트하게 표현하고 메이크업은 블루, 퍼플, 무채색 등을 주조색으로 하여 표현한다. 헤어는 컷트 스타일이나 포니테일의 깔끔하고 단정한 이미지로 연출한다. 네일은 저명도 한색 계열, 무채색으로 장식 없이 단순하게 표현한다. 감성언어로 차가운, 인공적인, 하이테크한, 진보적인, 기능적인, 실용적인, 도시적인, 남성적인, 딱딱한, 견고한, 무거운, 어두은 등이 있다.

(11) 점잖은courtesy 이미지

점잖은 이미지는 지적이면서도 신중한 느낌을 주는 보수적이고 중후하며 고급스러운 분위기의 남성적 이미지가 강하게 나타난다. 베이지, 다크 브라운, 골드, 와인, 네이비 등 저명도, 저채도의 탁한 색조와 이용한 배색이 주를 이룬다.

헤어는 전통적인 깔끔한 스타일로 굵은 웨이브의 단발, 업스타일, 짧은 스트레이트 형태로 표현한다. 안정된 피부 표현에 메이크업은 브라운, 자주, 와인 색 등을 이용하여 입체감 있게 표현함으로써 이지적인 이미지를 연출한다. 네일은 클래식한 느낌의 체크 등을 이용하여 표현한다. 감성 언어는 세련된, 이상적인, 격식 있는, 보수적인, 견실한, 지적인, 품위 있는 등이 있다.

⑿ 고상한noble 이미지

고상한 이미지는 오래된 전통적인 느낌과 여성적인 차분함을 함께 전달하여 품격있는 클래식한 분위기를 연출한다. 오랜 시간의 흔적이 담겨진 원숙하고 엄격한 분위기로 깊은 이미지가 나타난다. 점잖은 이미지보다 난색 계열을 더 사용하며 오래된 엔틱 느낌의 묵직한 가구의 느낌으로 설명 할 수 있다. 어둡고 깊은 톤의 사용과 저채도 저명도의 색으로 무거운 이미지를 연출한다. 메이크업이나 네일은 어두운 톤을 사용하며 클래식하고 단아하게 표현한다. 메이크업은 특히 깊은 눈매를 표현하며 차분하고 품위 있는 분위기를 연출한다. 헤어는 낮은 업스타일로 단정하고 고상한 분위기로 나타낸다. 감성언어는 클래식한, 조용한, 차분한, 오래된, 나이든, 탁한, 중후한, 수수한 등이 있다.

4.3 톤 이미지

(1) Primary tone

기본적인 색으로 빨강, 노랑, 주황, 초록 등 흰색이나 검정색이 섞이지 않은 순색으로 강한 원색의 톤이다. 강한 원색으로 비비드톤과 유사하나 선명도가 강하고 스포티하고 캐주얼한 이미지 활용되는 색조이다.

(2) Vivid tone

선명하고 강렬하며 생생하고 산뜻한 색으로 동적이고 적극적이며 가독성, 주목성, 명시성을 높일 수 있는 색이다. 원색적인 이미지로 자유분방하며 꾸밈없고 본능적이고 대담한 표현에 좋다.

(3) Light tone

밝은, 선명한, 맑은, 깨끗한, 투명한, 엷은, 가볍고 부드러운 느낌으로 맑고 깨끗하고 신선해 보이는 톤이다. 시원하고 상쾌한 명랑한 이미지 연출할 수 있으며 밝고 화려한 색들의 조합으로 다색 배색이 가능하다.

(4) Pale tone

엷은 톤으로 가장 부드럽고 가벼운 파스텔 톤으로 로맨틱, 프리티, 여성스러운, 맑은, 깨끗한 이미지 표현에 좋으며 주며 깨끗한 느낌의 색으로 아동, 여성적인 이미지 연출에 활용된다.

(5) Soft tone

기본 톤에 밝은 회색을 혼합한 톤으로 라이트보다 명도와 채도가 낮으며 부드럽고 자연스러운 색이다. 지나치게 밝거나 어둡지 않은 중간 정도의 명도와 채도로 거부감이 없고 온화하며 은은한 이미지를 준다.

(6) Dull tone

비교적 회색이 가미되고 탁하며 둔한 색이다. 자연적이고 차분한 수수함을 전달하는 점잖은 색으로 고상하고 고풍스러운 이미지를 표현할 수 있다.

(7) Deep tone

깊고, 원숙한, 중후한, 전통적이고, 충실한 이미지로 생동감은 감소 되지만 깊은 색감을 보이는 강하면서도 고저스하고 다이나믹한 이미지를 전달한다.

(8) Dark tone

블랙이 섞여 있어 무겁고 어두워 경직되어 보이지만, 탁하지 않은 색조이다. 남성적이며 딱딱하고 강한 이미지로 전통과 권위를 느끼게 하는 클래식한 배색에 이용된다.

(9) Whitish

가장 밝은 색조로 고명도의 저채도의 색조이다. 하얀색이 주를 이루는 가장 연한 색조로 깨끗하고 맑은 이미지를 지니고 있다.

(10) Light grayish tone

조용하고 약하게 보이는 색으로 순수하고 점잖은 이미지를 느낄 수 있으며 모던하고 도시적이고 세련미의 표현에 효과적이다. 대비되는 색상의 배색이 적극적인 효과를 줄 수 있다.

(11) Grayish tone

우울하고 침울해 보이는 색으로 침착하고 차분함을 연출하기 좋으며 도시적인 세련미를 대표하는 톤으로 인공적인 멋이 강해 모던한 느낌에 적합하다. 억압된 듯한 색감으로 지적이고 정적인 이미지에 적합하다.

⑿ Dark Grayish

숯과 비슷한 색이어서 차콜그레이(charcoal gray) 라고 한다. 색을 느끼기 어려운 저채도이며 무게감이 느껴지는 남성적인 이미지의 색조이다. 성숙하고 클래식한 분위기를 전달하고 도회적이고 세련된 느낌을 전달한다.

⒀ Blackish

거의 검정에 가깝지만 검정보다 깊은 느낌의 중후하고 엄숙한 신비로운 색조이다. 모던하고 중후한 이미지, 권위적이고 남성적인 이미지 등을 느낄 수 있는 색조이다.

색의 조화와 배색

5.1 색의 조화

5.1.1 배색과 조화

배색이란 두 가지 이상의 색이 서로 어울려서 하나의 색만으로는 얻을 수 없는 효과를 일으키게 하는 것이다. 두 가지 이상의 색이 같이 배치되었을 경우 서로의 상호작용으로 그 느낌이 달라진다. 이처럼 배색의 목적은 두 가지 이상의 색이 어떤 특별한 효과나 목적에 알맞게 조화되도록 만드는 것이다. 이와 같이 배색은 한 가지 색만으로는 줄 수 없는 복잡한 의미 전달이 가능하며 감정을 움직이는 힘이 강해진다. 배색은 색의 3속성인 색상, 명도, 채도의 관계를 적절하게 이용하여 아름답게 조화시키는 다양한 전개 방법을 통해 다수의 배색 변화와 배색 효과를 만들어 내는 것이다.

조화는 그리스어의 하르모니아(harmonia)에서 유래된 것으로 심리적인 쾌감을 느낄 때 아름답다고 느끼는 것으로 심리적이고 감각적인 균형을 느낄 때 발생한다. 조형예술에서의 조화란 균형, 율동, 강조 등과 함께 구성미의 중요한 요소로 선, 형태, 색채, 표면구조가 어울려 이루는 것으로 설명할 수 있다. 색은 시각적으로 강렬한 반응을 유도하는 요소로서 색채의 변화로 인한 감정의 변화를 유도할 수 있다. 따라서 같은 성질이나 서로 다른 성질의 색들이 잘 어울려서 심리적으로 쾌감을 느낄 수 있는 배색을 색채의 조화라 한다. 이처럼 조화로운 배색을 위해서는 색이 갖고 있는 힘의 관계가 시각적, 심리적 균형을 이루고 있는 상태로 조정하는 것이 필요하다. 이와 같은 색의 조화를 위해 색을 선택할 때 유의점은, 먼저 색채는 목적에 맞게 선택, 구성해야 하며, 형태, 공간, 재료 등과 관련하여 선택해야 한다. 더불어 면적의 법칙에 따라 선택하며, 생의 상호관계를 생각하며 배색해야 한다.

색채의 배색조화는 크게 유사 배색조화와 대비 배색조화로 구분할 수 있다.

유사 배색조화는 색상이 같거나 비슷할 성질로서 서로 잘 어울리는 색과 색사이의 유사성에 기인하는 배색 조화이다. 동일 색상에서 약간의 톤 차이를 둔 배색, 유사색상에서 약간의 톤 차이를 둔 배색, 반대 색상에서 약간의 톤 차이를 둔 배색이라 할 수 있다. 대비 배색 조화는 색상이 반대되는 성질로서 잘 어울리는 것으로 색과 색의 차이에 기인하는 대조적인 배색 조화이다. 동일 색상의 대비감이 있는 톤 배색, 유사 색상의 대비감이 있는 톤 배색, 반대 색상의 대비감이 있는 톤 배색이라 할 수 있다.

5.1.2 색채 조화론

(1) 슈브뢸(M.E. Chevereul1786-1889)의 조화론

염색과 직물의 연구를 통해 색의 조화와 대비의 법칙으로 4가지 조화의 법칙으로 4가지의 조화의 법칙이 있다.

- 동시대비의 다양한 원리를 발견한다. 직물의 혼색 원리가 이에 속한다.
- **분리 효과** : 분리색의 효과/ 검정색은 윤곽색으로 이상적, 부조화일때 흑색, 백색을 가하면 조화가 얻어진다.
- **도미넌트 컬러** : 전체적으로 하나를 주조로 한색의 배색은 조화롭다.
- 색채의 조화는 유사색의 조화와 대비의 조화가 이루어질 때 조화롭다.

(2) 저드(D.B,Judd 1900-1972)의 조화론

미국의 색채학자 저드는 뉴스레터의 논문에 '색채 조화는 좋고 싫음의 문제이며 정서 반응은 인간에 따라 다르고, 같은 사람이라도 때에 따라 다르다. 오래된 배색에 싫증이 나서 어떤 변화도 좋게 생각하는 일이 있다. 또는 원래 관심이 없던 색의 배합을 자주 보게 되면 좋게 생각하는 일도 있다'고 발표하였다.

이에 따라 기존의 색채조화론의 보편성을 질서의 원리, 친숙함의 원리, 유사성의 원리, 명료성의 원리로 4가지를 정립하였다.

- 질서(Order)의 원리 : 같은 간격으로 이루어지는 색 공간으로부터 질서 또는 기하학적 관계에 의해 선택된 색은 조화롭다. 색상환처럼 규칙적으로 선택된 색의 조화를 예로 들 수 있다
- 친숙함(Familiarity)의 원리 : 자연계에서 익숙하게 보아온 배색은 조화롭다.
- 유사성(Similarity)의 원리 : 배색 구성시 공통 요소가 있을 때 더 자연스럽게 조화되는 원리로 공통점을 가지고 있는 배색은 조화롭다.
- 명료성(Unambiguity)의 원리 : 여러 요소를 한꺼번에 이용한 배색보다 상황에 맞게 여러 색의 관계가 애매하지 않고 명쾌한 것이 조화롭다.

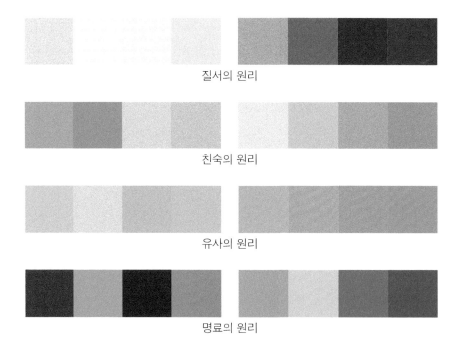

질서의 원리

친숙의 원리

유사의 원리

명료의 원리

(3) 파버 비렌(Faber Birren 1900-1988)의 색채 조화

파버 비렌은 1940-1970년대에 걸쳐 활약한 컨설턴트로 제품의 색채, 비즈니스(마케팅 리서치, 정보 계획 등)의 색채, 환경색채 등의 응용 분야에 뛰어난 이론가이며 실천가이다. 비렌은 독자적인 체제로 비렌의 '색삼각형'이라고 불리는 개념도를 사용하여 색채 조화를 설명하였다. 색삼각형은 톤(Tone), 흰색(White), 검

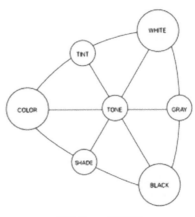

그림 5-1 색삼각형

은색(Black), 회색(Gray), 순색(Color), 밝은 색조(Tint), 어두운 색조(Shade)로 7가지로 구성하여 색채의 미적 효과를 표현하였으며, 7가지 범주인 하양(White), 검정(Black), 순색(Color), 농담(Shade), 회색조(Gray), 톤(Tone)을 바탕으로 연속된 선상에 위치한 색들을 조합하면 조화된다는 이론을 제시하였다. 비렌의 조화 이론은 색삼각형의 동일 선상에 위치한 색상들은 어느 방향으로 연결되더라도 그 색에 관련된 시각적 요소가 포함되어 있기 때문에 서로 조화롭다는 것이다. 비렌이 제시한 조화도는 색의 속성과 상태에 변화를 줄 수 있는 있으며, 상태가 다른 3색의 조화를 위한 배색을 보여준다.

■ 8가지 타입의 조화모델

• Tint-Tone-Gray-Shade : 고상하고 우아하며 고급스러운 느낌.

• White-tone-Shade : 자연스럽고 단정한 느낌으로 세련됨.

• Tint-Tone-Shade : 세련되고 안정적이며 감동적인 조화.

• Color-Tint White : 깨끗하며 싱그러운 봄 느낌이 나는 밝은 조화.

• White-Gray-Black : 안정감이 있고 절제되고 명료함.

   ᐧ Color-White-Black : 색채 조화의 기본 구조로 현대적이고 활동적임.

   ᐧ Tint-Tone-Black : 부드럽고 세련되며 무게감이 있어 차분함.

   ᐧ Color-Shade-Black : 무겁고 단단하며 깊이와 풍부함.

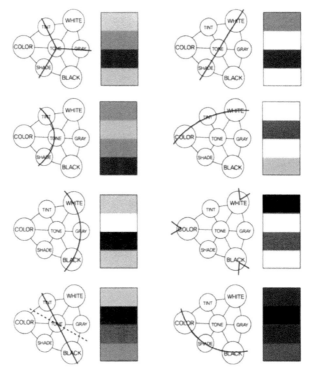

그림 5-2 비렌의 8가지 조화모델

(4) 요하네스 이텐(Johannes Itten 1888-1967)의 색채조화

독일의 예술가이자 바우하우스의 교사였던 이텐은 색채의 배색 방법과 색채의 대비 효과에 대해서 연구하였다. 이텐의 색채조화 특징은 색채의 기하학적 대비와 규칙적인 색상의 배열 그리고 계절감의 색상대비를 통하여 표현한 것이다. 12색상환을 기저로 한 조화론으로 색상환에서 삼각형, 사각형 등의 다각형을 활용하여 2색, 3색, 4색, 5색, 6색 조화를 표현한다. 노랑, 빨강, 파랑의 1차색을 기준으로 그사이에 혼합색인 2차색, 즉 주황, 보라, 초록을 배치한다. 그리고 다시 1차색과 2차색 사이에 3차색을 배치하여 만든 12색 상환을 말한다.

■ 2색Dyads 조화

주로 기준색과 보색을 함께 배색하는 기법으로 색상의 차이를 크게 두어 배색할 때 나타나는 다이내믹한 느낌과 활동감을 줄 수 있는 배색이다.

그림 5-3 요하네스 이텐 2색 조화

■ 3색Triads 조화

Triads의 원뜻은 3개 한 쌍, 3화음의 의미로 색상환의 정삼각형 위치에서 찾아진 배색을 말한다. 색상환을 3등분한 위치에 있는 색으로 배색하면 조화롭다는 것이다. 또한, 기준색의 보색 양옆에 있는 근접 보색을 선택했을 때에도 3색 조화라고 부르며 빨강, 파랑, 노랑의 3색 배색을 가장 안정감 있고 조화롭다.

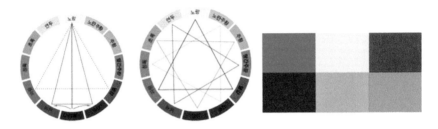

그림 5-4 요하네스 이텐 3색 조화

■ 4색Tetrads 조화

색상환에서 정사각 지점에 위치한 색들의 조합으로 보색인 두 쌍의 배색을 4색 조화라고 한다. 색상환을 4등분한 위치에 있는 색으로 배색하면 조화를 이루며 기본으로 2조의 보색 배색을 맞춘 배색도 조화를 이룬다.

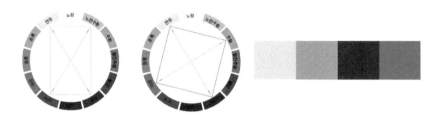

그림 5-5 요하네스 이텐 4색 조화

■ 5색Pentads 조화

색상환에서 5등분된 위치에 있는 색들의 조합, 그리고 정삼각형 지점의 3색과 흰색, 검정색을 포함한 배색도 5색 조화라고 한다.

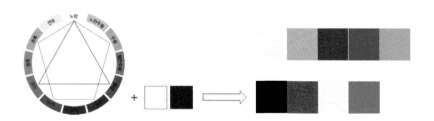

그림 5-6 요하네스 이텐 5색 조화

■ 6색Hexads 조화

색상환에서 6등분 된 위치에 있는 색들의 조합, 그리고 4색 배색인 테트라드에 흰색, 검정색을 포함한 배색도 6색 조화라고 한다.

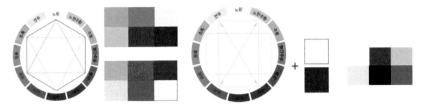

그림 5-7 요하네스 이텐 6색 조화

■ 색의 조화 시 보편적인 공통 원리

· **질서의 원리** : 인식할 수 있는, 눈에 보이는 또는 느낄 수 있는 효과적인 반응으로 체계를 가진 질서 있는 계획에 의해 선택된 색채들을 통하여 생긴다.

· **비모호성의 원리** : 두 색 이상의 배색에 석연한 점이 없이 배색될 때 정확하고 명료한 배색이 된다.

· **동류의 원리** : 가까운 색채끼리 배색을 의미하며 이때 편안하고 친근감을 주며 조화라는 이미지를 형성할 수 있다.

· **유사의 원리** : 동색상과 유사색상이 배색이나 서로 공통되는 성질과 상태를 가질 때 조화를 준다.

· **대비의 원리** : 배색이 서로 상태와 속성이 반대되면서 모호한 점이 없을 때 이루어지는 배색 원리이다. 예로 순색의 대비조화를 들 수 있다. 이 배색은 강렬한 이미지를 주므로 명도와 채도의 조절이 필요하다.

5.2 배색

5.2.1 배색 형식

배색의 기본적인 형식으로 주조색, 보조색, 강조색을 사용하여 배색을 진행한다.

그림 5-8 배색형식

(1) 주조색

기조색, Dominant color, Base color, Main color, Theme color이다. 배색에서 가장 많은 면적을 차지하는 색으로 70%이상 비율을 차지한다. 이는 표현하고자 하는 이미지의 중심이 되는 색이며, 배색 전체의 토대가 되는 색을 말하며 큰 면적을 가진 배경색으로 이해된다.

주조색은 색이나 형, 질감 등의 공통된 조건을 맞춤으로 전체에 통일감을 주는 원리로 여러 가지 배색의 경우 전체적으로 통일된, 융합된 상태를 만들 수 있는 기준과도 같다. 색상도미넌트, 명도도미넌트, 채도도미넌트, 톤도미넌트의 형식을 볼 수 있다.

(2) 보조색

Secondary Color, Assort color이며 주조색을 보조해주는 색으로 주조색과 조화를 이루는 색으로 20-30% 비율을 차지한다.

(3) 강조색

Accent color, Primary color이며, 포인트를 주기 위해 사용하는 색으로 주조색과 대비되는 색을 많이 사용하며 5-10% 비율을 차지한다.

5.2.2 배색 기법

(1) 색상 배색

■ 동일 색상 배색

같은 색상을 이용하여 배색하는 것으로 명도나 채도를 다르게 적용하더라도 색상을 통합하는 원리로 조화를 이루게 한다. 전체적으로 융화감을 주는 배색으로 부드럽고 온화한 느낌을 얻을 수 있다. 무난하고 온화한 느낌으로 단조로워지기 쉽고 명도, 채도 차를 조절하지 못하면 대게 부조화를 느낄 수 있다.

■ 유사색상 배색

색상의 차이가 많이 나지 않는 가까운 색끼리의 조합으로 자연스럽고 눈에 거슬림이 없는 안정적인 느낌의 배색이다. 유화적이고 우아한 느낌으로 명도차를 크게 하고 채도의 차이도 적당히 변화시켜야 조화를 이루게 한다.

■ 대조색상 배색(보색 배색)

색상환에서 반대편의 위치에 있는 색의 조합으로 보색색상의 배색이다. 서로 대립되는 색으로 매우 활동적이고 강한 대조를 이루어 색을 강력하게 드러낸다. 보색 배색은 서로의 색을 방해하지 않고 서로 생기 있게 느끼게 한다.

(2) 톤 배색

■ 톤온톤(Tone on Tone) 배색

'톤을 겹치다'라는 의미로 동일 색상에서 주로 명도 차를 비교적 크게 설정하는 배색을 말한다. 동계색 농담의 배색이라 하며, 이것은 명도그라데이션 효과와 같은 느낌으로 부드러우며 정리되고 은은한 이미지를 준다.

'밝은 물색(옅은 하늘색)+감색' 또는 밝은 베이지+어두운 브라운' 등이 그 전형적인 예이다. 색상은 동일, 인접, 유사의 범위에서 선택한다.

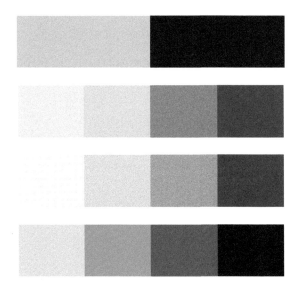

■ 톤인톤(Tone in Tone) 배색

색상은 다르지만 톤은 통일되게 배색하여 전체 색조의 통일감과 특징을 살린 배색기법을 말한다. 근사한 톤의 조합에 의한 배색으로 동일, 인접 또는 유사색상의 범위 내에서 색상을 사용한다. 톤의 선택에 따라 다양한 이미지를 연출하며, 색상의 제약 없이 자유롭게 배색하면서도 톤의 통일감으로 조화로움을 느낄 수 있다.

■ 토널(Tonal) 배색

토널은 톤의 형용사형으로 '색의 어울림', '색조'라는 뜻을 가지고 있다. 톤인톤 배색과 유사하나 중명도, 중채도의 중간 색계인 색상을 사용하여 배색하며 소극적인 분위기를 만든다. 채도가 낮은 색상이 주조를 이루므로 각 색의 이미지보다는 배색 전체를 지배하는 톤에 의해 정해지며, 차분하고 안정적인 느낌을 전달한다.

■ 카마이유(Camaïeu) 배색

카마이유는 단색화법으로 한 가지의 색을 몇 가지의 색조로 변화시켜 그리는 회화기법이다. 거의 같은 색에 가까운 색을 사용하므로 언뜻 보면 한 가지 색으로 보일 정도로 색상이나 톤의 변화가 거의 없어 보이는 기법이다. 카마이유 배색은 거의 같거나 가까운 색을 사용하여 거의 한 가지

색으로 보일 정도로 변화의 폭이 매우 작고 미묘한 색의 차이를 만드는 배색이다. 색상 차이도, 톤의 차이도 뚜렷하지 않아 애매하게 보이는 것이 특징이다. 패션 분야에서 동일한 색상에 질감을 달리하였을 때 느껴지는 미묘한 차이의 배색 효과를 말하기도 한다.

■ 포카마이유(Faux Camaïeu) 배색

프랑스어로 '포faux'라는 접두사는 '모조품' 또는 '가짜'라는 의미이다. 카마이유 배색의 색상이 거의 같은 색상인데 비해 색상과 톤에 약간의 변화를 준 배색이다. 겉보기에 유사하나 표현이 약간 다른 카마이유 배색이라는 점에서 카마이유 배색과는 미묘한 차이를 느낄 수 있다. 전통적으로 톤의 차이나 색상 차이가 적어 온화한 느낌을 주는 배색을 총칭하며 이질적인 소재를 조합 함으로써 생기는 미묘한 색의 효과를 가리키기도 한다.

■ 분리배색(Separation)

세퍼레이션이란 '분리시키다', '갈라놓다'의 의미로 여러 가지 색의 배색이 애매모호한 관계나 혹은 지나친 대비로 인하여 강한 배색인 경우에 보완책으로 분리 색을 한 가지 추가하여 서로 분리시키는 효과를 일으켜 조화로운 배색 관계로 변화시키는 것이다. 색상과 톤이 비슷할 때나 전체 배색에서 희미하고 애매한 인상이 들 때 무채색을 가운데에 삽입하여 명쾌함을 주어, 배색의 효과를 분리시켜주는 기법으로 슈브롤의 조화 이론을 기본으로 한 배색 기법이다.

주로 무채색(흰색, 검정, 회색)을 이용하며 금속색을 사용하기도 한다. 이 기법은 건축, 회화, 그래픽, 텍스타일 다자인과 스테인드글라스, 애니메이션, POP 광고에 많이 쓰인다.

■ 악센트(Accent) 배색

악센트란 '강조하다', '돋보이게 하다', '눈에 띄다'의 의미로 단조로운 배색에 대조적인 색을 소량 추가하여 배색의 초점을 주어 전체의 색상 배색을 돋보이게 하는 효과를 주는 배색이다. 악센트 배색은 전체적으로 배색이 평범하고 단조로울 때 큰 변화를 주어 부분을 더욱 강하게 하여 시선을 집중시키는 효과를 줄 수 있다. 주조색과 보조색을 조화롭게 하기위해 사용하는 배색 기법이다.

■ 점진적인(Gradation) 배색

'서서히 변하는 것', '단계적인 변화' 의미를 가지고 있으며 색채나 톤의 농담법을 의미한다. 색채를 단계별로 배열하여 시각적인 유목감, 유연감을 주는 배색이며 '그라데이션 효과'라고 하며 3색 이상의 다색 배색에서 효과적인 배색 기법이다. 색의 3속성별로 파악하면 명도, 색상, 채도, 톤 그러데이션을 들 수 있다. 명도가 낮아진다거나 순차적으로 색상이 변하는 등 연속적인 변화 방법으로 배색하므로 연속배색이라고 한다.

⑷ 반복(Repetition) 배색

두 가지 이상의 배색을 하나의 단위로 하여 반복적으로 사용하는 배색 기법으로 일정한 질서를 통한 조화를 추구하여 통일감과 융화감을 조성한다. 두 색 이상을 반복 사용해 일정한 질서를 유도하여 조화를 이루는 방법으로 두 색의 배색을 하나의 유닛 단위로 하여 그것을 되풀이하면서 조화를 이루며 템포감, 리듬감이 증가된다. 체크, 바둑판 무늬, 타일의 배색 등에 사용 되는 기법이다.

(5) 콤플렉스(Complex) 배색

'복잡한'이라는 의미의 콤플렉스는 본래 순색이 지닌 고유의 밝기와 어둡기와 반대로 배색한 것을 의미한다. 인공적으로 만든 복잡하고 의외성 있는 배색기법으로 색상, 톤 모두 서로 상이하면서 어색한 배색으로 나타난다. 예를 들면 순색의 노란색은 유채색 중 가장 밝은 명도를 가진 색상이지만 명도를 낮추어 배색하고, 어두운 명도를 가진 보라의 순색은 밝게 적용하여 불안정한 느낌을 주는 배색을 들 수 있다. 콤플렉스 배색은 자유롭고 다채로운 이미지를 표현할 수 있는 배색 기법이다.

(6) 비콜로(Bicolore, 2색) 배색

Bi라는 접두사는 프랑스어로 '2개의'라는 의미로 두 가지 컬러 팔레트를 만드는 배색을 의미한다. 영어의 바이컬러bicolor와 같은 의미로 하나의 면을 두 가지 색으로 나누는 배색이다. 텍스타일에서 대중적인 배색으로 바탕색과 그림의 무늬색과 같이 두 가지 색에 의한 배색 기법을 의미한다. 국기에서 찾아볼 수 있듯이 분명하고 상징성이 강한 배색이다.

(7) 트리콜로(Tricolore, 3색) 배색

트리Tri는 프랑스어로 '3'을 뜻하고 콜로colore는 색을 의미한다. 이는 3색 배색을 말하며, 3색 배색을 트리플칼라 워크라고 부르는 경우도 있다. 트리콜로 배색은 국기의 색에서 특징적으로 사용되고 있다. 비콜로 배색과 같이 변화와 리듬, 적당한 긴장감을 주는 것을 볼 수 있으며, 3가지 색상이나 톤의 조합에 의해 나타나는 배색으로 확실하고 명쾌한 배색으로 표현되는 점이 특징적이다.

5.3 배색실습

5.3.1 KS 색상환

5.3.2 KS색조

■ 유채색

톤＼색상	R	YR	Y	GY	G	BG	B	PB	P	RP
vv										
기본										
lt										
pl										
wh										
itgy										
sf										
dp										
gy										
dl										
dk										
dkgy										
bk										

■ 무채색

NeutraL	
N9.5	
N9	
N8	
N7	
N6	
N5	
N4	
N3	
N2	
N1.5	

5.3.3 이미지 배색

이미지 :
배색

이미지 :

배색

이미지 :

배색

이미지 :

배색

5.3.4 배색기법

■ 톤온톤 배색

■ 톤인톤 배색

■ 토널 배색

5.3.5 예술사조 감성배색

■ 색 분석 후 추출

사진자료

■ 배색 의도

■ 감성 배색

■ 색 분석 후 추출

사진자료

■ 배색 의도

■ 감성 배색

■ 색 분석 후 추출

사진자료

■ 배색 의도

■ 감성 배색

Ⅲ

색의 변화와 흐름

예술사와 색채

6.1 고대

6.1.1 구석기

구석기 시대는 채집과 사냥을 하며 먹을 것을 구하였으며 불을 이용하며 이동하는 생활을 하였다. 이들은 동굴 벽이나 바위에 주술적인 흔적을 그림으로 표현하였다. 인류의 선조인 직립원시인의 활동 및 의식적 표현이며 주로 종교와 주술, 번식과 풍요를 기원하는 의미를 담고 있다. 높이 11.1cm의 여인 조각상인 빌렌도르프의 비너스는 1909년 오스트리아 빌렌도르프에서 발견된 것으로 신체의 과장된 표현을 통해 다산과 풍요를 표현하고 있다. 라스코 동굴벽화는 들소, 사슴 등이 신비롭게 그려져 있는 벽화로 남프랑스에 발견되었다. 동굴에 그려진 벽화는 사냥을 기원하는 주술적인 원시 예술 형태로 기록하고 있다. 색은 천연광물질에서 얻은 자연색으로 적갈색, 백색, 황토색, 검정 등의 색채 사용하였다. 적갈색, 노랑, 흰색은 석회, 진흙과 적철광을 사용하고 검정은 목탄을 이용했으며 동물의 피와 같은 유기안료의 흔적이 보인다.

그림 6-1 빌렌도르프의 비너스/ 라스코 동굴 벽화

6.1.2 이집트

이집트 미술은 아름다움보다 완전한 표현을 중시하였고 권력층의 선전 도구로 사용되었다. 또한, 종교적인 이유로 죽은 자를 위한 미술로 사후 세계에서의 영원한 삶을 미술로 표현하였다. 눈으로 보이는 대로 표현하지 않고, 주변에서 일어나는 일을 기록하고 설명하는 형식의 그림을 그렸다. 이집트는 넓은 사막과 강렬한 태양, 나일강 유역의 토양이 주는 풍부한 색채들이 보인다. 이집트 특유의 색채는 나일강 유역의 비옥한 토양에서 만들어내는 깊은 자연적 색채와 함께 사막의 건조하고 마른 베이지색들이 특징을 이룬다. 천연염료들에서 얻은 적색과 남색, 황토의 황색, 석고의 백색 등 색상의 대비와 함께 강한 명도 대비가 특징을 이룬다. 백색은 기쁨과 재생, 적색은 악마, 황색은 신성, 녹색은 활력을 의미하여 종교적인 공예품의 채색이 결정되었다. 또한, 황금이 풍부하게 생산되는 이집트에서 황금은 왕에게 절대 권력을 상징하였다.

그림 6-2 이집트 피라미드 벽화

6.2 중세

중세 문화는 학문, 예술, 도덕, 풍습 등 모두가 그리스도교의 지배를 받았기 때문에 개성적이지 못했으며, 건축 또한 예배하기 위한 장소로만 지어졌을 뿐 자의식이 전혀 없는 것으로 나타났다. 모든 사상을 신과 관련시키고 신의 섭리로만 설명하려 한 것이 중세 미술의 가장 큰 특징이라 할수 있다. 초기 기독교 시대의 미술은 단순한 외곽선과 장식을 거의 하지않고, 양팔을 벌리고 서 있는 기도자의 모습 등이 보였으며 비잔틴 시기에는 황실의 화려한 예식과 현란한 보석으로 종교적 이상의 찬미를 목적으로 모자이크기법을 사용하여 화려하게 만들었다. 로마네스크는 로마풍이란 뜻으로 추상적이고 문양적인 것이 특징이다.

고딕 시기는 수직선의 효과를 강조하여 기둥과 지붕의 높이를 높이고 창문에는 스테인드글라스를 통해 신비스럽고 환상적인 느낌을 표현하였다. 화려하고 풍부한 모자이크로 대표되는 중세의 색채는 빨강, 파랑, 노랑, 황토, 검정, 흰색, 주황 등 선명한 순색이 사용되었으며 상징성이 강한 색들이 보인다.

그림 6-3 샤르트르 대성당/ 영광의 성모

6.3 근세

6.3.1 르네상스

르네상스는 15세기 이탈리아를 중심으로 일어난 문예 부흥 운동으로 재생, 부활의 의미이다. 르네상스 시대의 예술은 신이 아닌 인간을 위한 예술로 인간성의 회복과 자연주의적 세계관이 부활하면서 색채가 풍부해지고 원근법과 빛이 발견되어 회화에 사실감과 입체감이 나타났다. 색채는 주로 노랑 기미의 빨강, 중간 톤의 갈색, 보라, 청록, 금색 등의 깊이 있고 풍부한 색채가 사용되었고 사실적 표현과 깊이감이 나타났다. 대표적인 화가로 레오나르도다빈치, 미켈란젤로, 라파엘로 등이 있다.

그림 6-4 모나리자/ 비너스의 탄생

6.3.2 바로크

'비뚤어진 모양을 한 기묘한 진주'라는 뜻을 가진 바로크는 17세기~18세기까지 유행한 양식으로 감정적이고 화려한 스타일이 보인다. 바로크 미술의 특징은 역동적이고 남성적인 미술이라는 점이다. 건축은 베르사이유 궁전에 화려하고 과장된 표면 장식이 대표적이다. 선명하고 강하며 밝은 색조인 금색, 갈색, 노랑, 베이지, 파랑, 회색 등의 정열적인 색채 경향을 보이며, 과감한 구도와 격렬한 명암 대비로 열정적이며 감각적인 기풍이 느껴진다.

그림 6-5 시녀들/야경

6.3.3 로코코

로코코는 로카이유라는 '조개 무늬장식'에서 유래되었다. 로코코 시대의 예술은 르네상스 시대의 인간 중심의 문화가 계몽주의의 영향으로 이성주의로 전환된 시기이다. 귀족들의 밝고 유쾌한 향락문화인 호화로운 귀족예술로 설명할 수 있다. 바로크 시기에 가졌던 충만한 생동감이나 장중한 위압감 있는 분위기는 로코코 시기에 이르러 세련미나 화려한 유희적 정서로 바뀌었다. 이는 바로크가 남성적이고 이성적인 것과 다르게 로코코는 여성적이고 감각적이라고 할 수 있다.

로코코 시대에는 섬세하고 호화로운 장식과 꽃 모양의 소용돌이를 이용하여 화려하게 장식하였으며, 곡선 형식의 자유로운 형태의 표현과 정밀하고 세심한 표현이 특징적으로 보이며 밝은 색조와 함께 여성스러운 핑크가 유행하였다.

그림 6-6 그네/마담 드 퐁투아르

6.4 근대

근대에는 신고전주의가 탄생했으며 18~19세기 중반에는 낭만주의, 19세기 중반과 후반에 사실주의, 19세기 후반~20세기 초에는 인상주의, 1890~1910년 아르누보까지 여러 예술 양식으로 인해 색채변화가 다양하게 나타난다.

6.4.1 신고전주의

이시기 그림은 한정된 공간, 단순한 구도, 건축적 배경이 많았고, 비극적 감정을 표현하는 신고전주의는 그리스, 로마의 합리주의적인 화풍으로 되돌아가려는 성향이 주를 이루고 있었다. 단순하면서 섬세한 선과 균형 잡힌 인체 구도를 사용하였으나 후기에는 형식주의에 빠져 개성이 상실하게 된다. 예술적 표현에 있어 질서, 엄숙함이 묻어나며 고요하고 이상적인 분위기를 연출하는 것이 대부분으로 주제를 그리스 로마 역사나 신화에서 많이 사용하였다. 색채표현보다 소묘와 선을 중시하였으며 붓 자국이 전혀 보이지 않는 섬세한 터치가 이루어졌다.

신고전주의의 예술은 표현에 있어 도덕성을 고양하고 영감을 주는 역할을 하였다.

그림 6-7 자크 루이 다비드의 호타리우스 형제의 맹세

6.4.2 낭만주의

18세기 중엽, 낭만주의 시기는 절대왕정의 이완 및 부르주아들의 발흥과 함께 인간을 있는 그대로 보려는 욕구가 분출하는 시기이다. 계몽주의에서 이성에 의한 비합리적인 면이 드러나자 지금까지 경시되었던 감각과 현상에서 인간성의 진실을 찾음과 동시에 새로운 문화의 원천을 찾으려는 것을 볼 수 있다. 자유와 개성을 중시했던 낭만주의는 내면의 세계를 표출하고, 무한의 세계를 동경하며 현실을 초월한 예술세계를 창조하고자 하였다. 특히 낭만주의적 가치관은 직관적이고 감성적인 상상력을 통해 이성의 지배를 부정하며 공상과 감정의 분출을 존중하였다. 이국적이거나 폭력적인 것, 전설, 자연, 영웅의 투쟁과 같은 주제를 진행하였으며 강한 명암의 대조하는 기법과 사선적 구성을 주로 사용하며 표현하였다.

주황, 노랑, 갈색빛의 난색 계열이 주조를 이루며, 명암에 보색을 효과적으로 사용하여 주조색에 생명력을 불어넣었다. 색채의 사용에 많은 제한을 두지 않았으며 깊이 있고 다채로운 색채를 사용한 것으로 보인다.

그림 6-8 민중을 이끄는 자유의 여신/전함 테메레르의 마지막 항해

6.4.3 사실주의

낭만주의와 이상주의의 반동으로 프랑스를 중심으로 일어난 예술사조로 대상을 보이는 그대로 사실적으로 표현하고자 하였다. 눈에 보이는 것만을 그리도록 노력한 화파로 우아한 포즈나 미끈한 선, 인상적인 색채는 없으나 자연스럽고 균형 잡힌 구도로 그림에 안정감을 주었다. 사실주의의 대표 화가인 쿠르베는 사회 비판적인 소재를 객관적으로 표현하였다. 그는 그림에 표현해야 할 본질은 바로 현실이라고 생각했으나 초라한 노동자들의 모습을 사실적으로 묘사한 작품을 저속하다며 비난하였다. 갈색, 황토색, 베이지, 검정 등 사실 표현을 위한 비개성적인 색채를 사용하였다. 사실주의는 무겁고 어두운 톤의 색채가 특징적으로 보인다.

그림 6-9 돌 깨는 사람들/ 이삭줍기

6.4.4 인상주의

19세기 후반에서 20세기 초 프랑스를 중심으로 일어난 근대 예술운동의 하나로 이다.

당시 과학의 발전과 사진기의 발명으로 기록을 위한 그림은 점차 사라져가고 기존의 전통화법을 거부하고 색채와 질감 자체에 관심을 갖게 되었다. 인상주의는 빛으로 인해 시시각각 변화하는 사물의 색채를 포착하는 것이 특징적이다.

따라서 자연스럽게 표현주의적 기법이 드러나고, 작가의 주관적인 사상이 그림에 표현되기 시작하였다. 빛을 분해하여 순수색의 분할과 색채대비를 사용하였고, 선명하고 밝은 화면을 표현하였다. 최초로 색을 도구화한 화풍으로 화가들 자신의 시각적 경험을 바탕으로 야외에서 실제로

그림 6-10 인상, 해돋이/밤의 카페테리아/그랑자드 섬의 일요일

보면서 작업함으로 색채의 발전에 기여했다. 슈브럴과 루드의 영향으로 병치 혼색의 회화적 표현인 점묘화법이 발달하였으며 대표적 화가로는 시냑, 쇠라, 모네, 고호 등이 있다.

6.4.5 아르누보

'새로운 예술(nouveau)'을 뜻하는 아르누보는 1890~1910년에 유럽의 전통적 예술에 반발하여 새로운 예술을 수립하려는 당시, 미술계의 풍조를 배경으로 하고 있다. 특히 모리스의 미술공예운동, 클림트나 토로프, 블레이크 등의 회화의 영향도 빠뜨릴 수 없다. 아르누보의 작가들은 대개 전통적인 것에서 이탈하여 새 양식의 창조를 지향하였으며 자연주의, 자발성, 단순 및 기술적 완전을 추구하는 것을 이상적으로 생각했다. 아르누보는 인상주의의 영향으로 다채로운 색상과 밝고 부드러운 파스텔톤의 주조색 및 금색, 진홍색, 보라, 남색 등의 강조색이 사용되었다.

그림 6-11 아르누보 포스터

6.5 현대

현대 미술의 개념은 좁은 의미에서 제2차 세계대전 이후, 즉 20세기 후반기의 미술을 말한다. 야수파, 입체파, 표현주의, 미래주의, 초현실주의,

추상미술, 아르데코, 다다이즘, 아방가르드, 옵아트, 팝아트, 미니멀리즘, 페미니즘, 포스트모더니즘, 해체주의 등이 있다. 현대 미술은 표현을 위한 소재도 다양하여 물감과 같은 전통적 표현 매체뿐만 아니라 소리, 빛, 촉감 등 오감을 확장하는 공감각적 매체 표현이 나타나며 뉴미디어, 철학까지 한계와 의미를 넘어 끊임없이 시도되는 현재 진행형이다.

6.5.1 야수파

20세기 초 프랑스에서 일어난 혁신적인 회화운동으로 1905년 살롱 도톤느에 출품된 한 소녀상 조각을 보고 비평가 루이 보크셀은 '마치 야수의 우리 속에 갇혀 있는 오나텔로' 같다고 평한 데서 유래한 명칭이다. 야수파는 강렬하고 단순한 형태와 색채로 표현하는 것이 특징적이며 대표 작가로 마티스, 루오, 블라맹크 등이 있다.

그림 6-11 이카루스/정물

6.5.2 입체파(큐비즘)

1900~1914년 파리를 중심으로 일어났던 미술운동으로 사물의 존재를 3차원적인 공간과 입체감을 가지고 주로 표현한 것이다. 즉, 3차원의 대

상을 2차원의 화면에 병치하고 시간을 화면에 도입함으로써 결국 전통적인 회화원리를 무너뜨렸다. 입체파라고 불리는 큐비즘은 정육면체라는 뜻의 'cuve'에서 유래된 단어로 사물의 존재를 2차원적인 면의 분할로 재구성하면서 다채로운 색채의 사용하였으며 색 면과 환기력 있는 표현으로 20세기 초의 야수파 운동과 전후해서 일어났다. 큐비즘의 색채는 따뜻한 난색계통과 원색을 강렬하게 사용하여 화려하면서도 어두운 톤과 강한 명암 대비가 특징적으로 표현하였다. 입체파는 새로운 현실을 창조함으로 20세기 전반의 중심축이 되었다.

그림 6-12 우는 여자/ 마리테레즈

6.5.3 미래주의

미래주의는 20세기 초 이탈리아에서 일어난 전위 예술운동으로 이탈리어로 푸투리스모Futurismo라고 한다. 미래주의는 처음부터 분명한 목적인 전통회화를 부정하고, 기계문명이 가져온 도시의 약동감과 속도감을 표현하는 것으로 다이내믹함을 보여주었다. 미래주의는 기계시대에 어울리는 역동적인 미를 창조하는 것이 특징적이며, 소재는 이에 맞게 새로운

금속성 광택 소재, 우레탄, 형광섬유, 비닐 등을 사용하므로 차가운 금속
성의 색과 하이테크 소재의 색채가 주를 이루었다. 미래주의에서는 문명
의 핵심이 속도라고 생각하며 이를 시각화하였다. 이후 다다이즘과 아방
가르드에 많은 영향을 미친 예술사조 이다.

그림 6-13 달리는 자동차/계단을 내려오는 누드 No2/공간속에서 독특한 형태의 연속성

6.5.4 다다이즘

1차 세계대전 이후 기존의 사상과 전통에 반기를 들고 새롭고 파격적인
것이 미술의 주제가 되어야 함을 강조하면서 시작된 화파이다. '다다'란
프랑스어로 어린아이들이 타고 노는 목마, 혹은 뜻이 없는 옹알이에 지나
지 않는다.

다다는 부르주아 사상의 붕괴 및 기존의 사상과 전통에 반기를 들고 파
격적이고 새로우며 자유로운 형태의 예술을 지향하였으며, 시대의 회의
주의적인 면모를 그대로 보여주었다. 표현 재료의 영역을 확장하므로 콜
라주와 인쇄매체와 같은 것은 오브제를 사용하였으며 색채의 자유로운
사용 등 자유로운 회화 양식을 추구하므로 예술에 있어서 정신적인 측면
을 표현하였다. 화려한 색채와 어두운 색채를 동시에 사용하여 어둡고 칙
칙한 화면색채를 보여준다.

 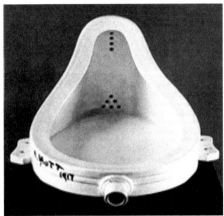

그림 6-14 자전거 바퀴/샘

6.5.5 초현실주의

1차대전 직후 1919년부터 2차대전 발발 전까지 약 20여년간 프랑스를 중심으로 일어난 전위적인 문학, 예술운동이다. 허무주의적인 다다이즘의 결과로 나타난 현상이나 다다이즘과 다르게 꿈의 세계를 지향하는 것을 볼 수 있다. 인간 정신의 심층에 묻혀있는 무의식의 표출하는 표현과 이성이나 고정된 관념으로부터 해방되고 진정한 자유를 추구하며, 잠재되고 억압된 연상의 실재성에 의의를 부여하는 특징을 가지고 있다. 반이성적인 표현인 환상주의적 자극과 합리주의에 대한 반발, 인간의 자유와 변혁을 지향하는 내용을 가지고 있다. 시각예술에서도 환상과 상상력을 바탕으로 새로운 표현의 세계를 창조한다. 자유로운 형식을 강조하며 색채는 몽환적 색채와 연결되는 고명도와 밝은 색채들을 사용한다.

표현 기법으로 우연성을 드러내는 자동기술법, 위치전환법, 변형(데포르마송), 콜라주, 프로타주, 데칼코마니를 사용한다. 1940년대와 1950년대에 비재현적인 형태로 감정을 표현하고자 했던 미국의 추상 표현주의에 영향을 준다. 대표작가는 르네 마그리뜨, 살바도르 달리 등을 들 수 있다.

그림 6-15 썩은 당나귀/겨울비/말위의 여인

6.5.6 아르데코

1920년대에 시작하여 1930년대에 서유럽과 미국에서 주된 양식으로 발달한 건축과 장식미술이다. 1925년 파리 '국제 장식미술 및 현대산업 박람회'에 이 성향의 작품들이 처음으로 출품된 데서 유래하였으며, 아르데코는 후일 발전한 모더니즘을 대표하는 것으로 발전한다. 이 양식의 작품들은 사치스러운 수제품과 대량생산 되는 세공품들로 부유함과 세련미를 상징하는 맵시 있고 반 전통적인 우아함을 창조하려는 의도로 만들어진다. 장식적 아이디어는 자연에서뿐만 아니라 아메리카 인디언, 이집트, 나체 여인상, 동물, 잎사귀, 태양광선 등을 사용한다. 직선적이고 기하학적인 요소가 주로 사용하며 형태와 패턴이 반복되는 형식이 특징이다. 녹색, 검정, 회색, 주황, 갈색 등 명확한 이미지의 현대적이고 기능적이면서도 도시적인 이미지의 색감과 큐비즘의 영향으로 강하고 원색적인 색채적 대비가 나타난다.

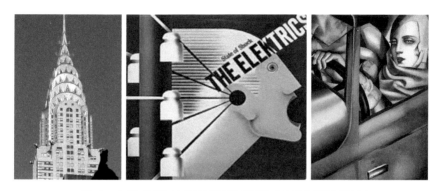

그림 6-16 엠파이어스테이트빌딩/아르테코 포스터/타마라 렘피카

6.5.7 추상 표현주의

1940년대에서 1960년대 초에 미국에서 전개된 미술의 한 동향을 가리키는 추상 표현주의는 1919년 독일의 표현주의 잡지에서 사용된 용어로 구상적인 표현에 대립하는 개념으로 사용한 것에서 유래된다. 본래 추상 표현주의라는 용어는 칸딘스키의 초기작품에 대해서 사용했던 말로, 미국의 평론가 알프레드 바가 1929년 미국에서 전시 중이던 칸딘스키의 초기작품에 대해 '형식은 추상적이지만 내용은 표현적'이라고 말한 것에 유래된다. 추상 표현주의의 특징은 무의식을 강조한 초현실주의의 자동기술법을 적용한 것으로 구상회화나 전통적인 추상예술이 갖는 기하학적, 비기하학적 형상성을 초월하고자 하였다. 예술가의 주관적 감정이나 본능적 욕구를 자유롭게 표현 내용은 표현적이고 형식은 추상적인 예술사조인 추상 표현주의는 순수한 색채의 사용을 특징으로 하며 검은색, 흰색, 밝은 갈색, 원색 등의 가공되지 않은 색채를 사용한다. 잭슨 폴락의 그림에서 자신의 내면세계를 추상적으로 표현한 것으로 액션페인팅이 행위성을 강조한 것이다.

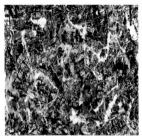

그림 6-17 컨버저스/잭슨폴락 작업/스프링

6.5.8 아방가르드

20세기 초 프랑스와 독일을 중심으로 자연주의와 고전주의에 대항하여 등장한 예술운동으로 아방가르드는 예술에서 급격하게 진보적인 성향을 일컫는 말로 전위예술이라 한다. 이는 예술에서 창작의 자유에 대한 규범적 용어로 제시된다. 종교시대가 막을 내리면서 예술은 부르조아의 전유물이 되었고 장식적이고 충실한 현상의 재현과 묘사적인 기술에 따라 예술의 가치를 평가했다. 아방가르드는 기성의 예술적 관념이나 형식을 부정하고 혁신적인 예술을 주장하는 운동으로 무의식 세계의 규명, 원시 예술의 발굴, 사회의식의 확대 등 신시대적인 여러 가지 요인이 내포되어 있다. 급진적 변화와 폭넓은 색채의 사용을 특징으로 하는 아방가르드는 앞선 색채를 지향한다. 밝고 화사한 색조가 유행할 경우 어둡고 칙칙한 색조를 주조색으로 사용하는 경우와 같이 당시 유행하는 주조색과 반대되는 색을 사용하였다. 문학에서는 대표적인 아방가르드 작가로 체코의 프란츠 카프카(Franz Kafka)이다. 이외에도 랭보(J. Rimbaud), 위스망스(J. Huysmans), 말라르메(S. Mallarme) 등이 있다. 이들 작품은 공통적으로 현실의 소외감을 확산시킨 절대적인 자유에 대한 동경과 환상의 세계에 대한 열망을 실험적인 방식으로 표현하고 있다.

그림 6-18 이브클라인의 인체측정/이브클라인의 작품/비너스 블루

6.5.9 팝아트

Popular Art(대중예술)를 줄인 말로, 1960년대 뉴욕을 중심으로 일어난 미술의 한 경향이다. 대중매체의 유행에 대한 새로운 태도로 대중문화상품에 결합 되어있는 재미, 생활양식, 소모성, 상징성을 강조하여 통속적이고 저속한 양식으로 재해석된 표현이다. 대중문화적인 이미지를 미술로 수용하는 것으로 유희적이고 고의적인 장식을 하며 순수디자인의 양식을 거부하는 것을 볼 수 있다.

팝아트는 텔레비전이나 매스미디어, 상품광고, 쇼윈도, 고속도로변의 빌보드와 거리의 교통표지판 등의 다중적이고 일상적인 것뿐만 아니라 코카콜라, 만화 속의 주인공 등 범상하고 흔한 소재들을 미술 속으로 끌어들임으로 순수예술과 대중예술이라는 이분법적, 위계적 구조를 불식시킨다. 이는 산업사회의 현실을 미술 속에 적극적으로 수용한 현상으로 반예술의 정신을 미화시키고 상품 미학에 대한 진정한 비판적 대안의 제시보다 소비문화에 굴복하는 성향으로 나타난 것이다.

팝아트의 뚜렷한 양식을 요약하기 어려움에도 불구하고 조형적인 면에서 볼 때 간결하고 명확하게 평면화된 색 면과 원색의 사용하는 일반적인

특징이 나타난다. 흑백의 어두운 배경색 위에 현란하고 여과되지 않은 강
조색을 사용하였다.

그림 6-19 앤디워홀의 마릴린 몰로/로이 리히텐슈타인의 헤어리본 소녀

6.5.10 옵아트

1960년, 미국에서 상징적, 상업적인 인기를 끌던 팝아트의 상업성과 지
나친 상징성에 대한 반동적 성향으로 대두되었다. 구체적인 이미지 표현
보다 완전 시각적이고 비촉각적인 느낌으로 순수한 시각적 작품을 추구
한다. 구성주의적 추상미술과는 달리 사상이나 정서와는 무관하게 원근
법상의 착시나 색채의 장력을 통해 순수한 시각상의 효과를 추구하며 지
적이고 조직적이면서 차가운 느낌을 준다. 원색의 대비, 선의 교차, 물결
모양 등을 이용하여 그림이 움직이는 듯 착시를 일으키는 기하학적 추상
미술로 리듬감 있고 입체적 조형미를 느끼게 하는 예술이다. 옵아트는 반
복과 단순함으로부터 시각적 효과를 추구하며 비전통적이고 미래적인 것
을 지향한다.

그림 6-20 빅토르 바자렐리의 직녀성/빅토르 바자렐리의 얼룩말/ 요셉앨버스의 옵아트

6.5.11 미니멀아트

2차 세계대전 전후로 예술에 있어서 본질과 구조를 단순화하는 것을 중요시했던 예술사조로 영어의 '최소한의'라는 의미이다. 60년대 후반 미국의 젊은 작가들이 최소한의 조형 수단으로 제작한 회화나 조각같은 minimal art를 의미한다. 풍부한 디자이너의 감성을 의도적으로 억제하며 디자인의 미감을 최소한으로 줄이려는 형태를 취함으로써 작품의 색채, 형태, 구성을 극도로 단순화하여 기본적인 요소로 환원해가는 것을 볼 수 있다. 극도로 단순화하는 것이 특징으로, 단순하거나 그 자체가 완결된 형태를 지닌 요소들을 반복하는 방법을 사용한다. 조각의 부분은 독립적인 단위를 이룸과 동시에 전체이기도 하며, 작품을 구축하는 방식은 기본적

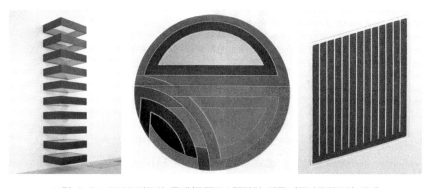

그림 6-21 도널드져드의 무제/프랭크스텔라의 변주1/도널드져드의 무제

인 구성단위들을 증식시킨다. 최소한의 미감을 추구하여 검은색의 단색, 금속색 등의 절제된 단순함과 극단적인 간결성이 돋보이고, 원색, 무채색 등의 가공되지 않은 재료의 색이 나타난다. 순수하도록 불필요한 장식과 과장된 형태를 거부하며 절제된 형태와 색상으로 아름다움을 추구한다.

6.5.12 해체주의

포스트구조주의의 문학 이론으로 1960년대에 기존의 이성과 형이상학 중심 철학을 근원적으로 비판하는 프랑스의 비평가 데리다(Jacques Derrida, 1930-2004)의 사고방식으로 나타난 비평이론이다. '해체'는 조립 또는 조형에 반하여 분해 또는 풀어헤침의 뜻으로 건설에 반하여 파괴(destruction)를 의미한다. 파괴, 풀어헤침의 행위적 관점에서의 부정적 경향이 강한 예술 사조이며 형태 의미의 불확정성은 형태의 유희라는 작업으로 나타난다. 건축이나 예술작품의 형태를 변형시키거나 새로운 구조를 표현할 때, 그 구조를 드러내거나 강조하기 위해 다소 강한 색채를 사용한다. 복잡한 구조의 형태를 분리 채색하거나 강렬한 주제가 등장할 경우 의외의 색을 선택하기도 하며 연한 색조의 주조색이나 각각의 원색을 분리배색 하는 등 다채로운 변화를 추구한다.

그림 6-22 퐁피드센터/구겐하임미술관/해채된 건물

6.5.13 포스트모더니즘

포스트모더니즘은 1960년 이후부터 '모더니즘 이후의' '탈 모더니즘'이
란 의미를 가지며 나타나는 시대적, 예술적 사조이다. 모던 디자인이 가지
고 있는 엘리트주의와 획일적인 디자인은 예술의 창의성과 다양성을 발
전시키지 못한다는 의견이 지배적이었다. 이는 인간성을 무시하는 문제
점이 드러나면서 이를 보완하기 위해 자연스럽게 제3세계의 미술이나 다
양성을 추구하는 예술이 등장하게 되었다. 포스트모더니즘은 개성이나
자율성을 중요시하는 문화적 현상으로 나타났다. 무채색과 원색만을 사
용했던 모더니즘을 넘어서 이제까지 주목을 받지 못했던 2차색의 선호가
두드러지게 나타났으며, 중간색의 사용과 작은 면적을 강한 색감으로 강
조하면서 작가마다 새로움을 주는 색을 사용하였다.

그림 6-23 스코글런드의 방사능 고양이/데이비드 살르의 빅 엄브렐라

CHAPTER 7

20세기
뷰티화장품 색채

7.1 20세기 전반기

19세기 말부터 세계 2차대전이 끝나는 시기로 전쟁으로 인한 변화를 살펴볼 수 있다.

7.1.1 1900년대

19세기 말은 아르누보art nouveau양식의 성행으로 장식적이고 화려한 시대이다. 20세기를 들어서면서 과학과 기술의 발달로 기능적이고 단순한 것이 가미되어 점차 변화하는 시기이다. 이시기는 유럽지역이 가장 평온하였으며 과학의 진보와 예술적 감각의 새로운 시도들을 보였다. 세계 1차 대전이 일어나기 전까지 물질적, 정신적 평화로 생활 전반에서 자유로운 감성을 가지면서 새로운 스타일에 관심을 갖게 되었다. 또한, 산업의 확산은 경제활동에 참여하는 신여성의 증가로 과거와는 다른 여성상이 형성되어갔다.

헤어스타일은 19세기에 이어 20세기에 유행한 퐁파두르 헤어스타일은 장식적인 반면 앞에서 뒤로 머리카락을 빗어 넘기거나 느슨하고 부드럽게 치켜올린 자연스럽고 단순한 스타일로 변화되어갔다. 남자들은 머리를 19세기에 이어 짧은 머리로 앞에서 뒤로 빗어 넘긴 형이 유행하였다. 메이크업은 상류층의 여성들은 연약하고 순수한 여성미를 드러내기 위해 피부가 하얗고 투명하게 보이도록 하는 것을 가장 중요하게 생각했다. 배우들은 진하지 않게 부드러운 여성미를 강조하는 메이크업을 하였다. 창백하고 아름다운 피부를 위해 스킨 크림과 페이스 파우더를 사용하였으며 주로 쌀 분말을 이용한 라이스 파우더를 이용하였다.

7.1.2 1910년대

본격적인 20세기의 진입 시기로 유럽지역의 큰 변화를 일으킨 사건인
세계 제 1차 대전(1914-1918)이 일어난 격변의 시기였다. 짧은 시기였지
만 전쟁으로 인해 정신적, 물질적으로 변화를 불러왔으며 여성들의 사회
진출이 이루어질 수 있었던 계기가 되었다. 이와 더불어 과학의 발전은 속
도화, 대량화, 표준화 등을 이루며 기계화된 산업구조가 발달하게 되면서
편리함을 가져왔으며, 사회적으로 계층구조의 변화로 인한 사회적 관행
과 형식적인 겉치레 등이 사라져 기능적이고 실용적인 모드가 싹트게 되
는 시기이다. 이시기에는 기계의 움직임을 예찬하는 미래주의futurism 운
동이 나타나며 과학기술 발전의 면모를 드러내었다.

또한 전쟁의 격변을 거치면서 인간들의 정신적 피폐함을 드러낸 다다
이즘dadaism의 현상이 나타나며 허무주의적인 예술 현상이 나타난다.

헤어스타일은 전 시기의 과장적 형태에서 벗어난 단순한 형태의 스타
일들이 나타나는 시기로 여성들은 짧은 단발 스타일 머리를 선호하며 베
일이나 모자 장식들로 보인다. 이와 함께 앞머리를 올려 빗어 높게 하고
뒷머리를 길게 늘어뜨린 스파이럴 와인딩 스타일이 함께 유행되었다. 남
성들은 1900년대와 마찬가지로 짧은 머리를 단정히 빗어 넘긴 형태가 나
타나며 수염을 기르는 것이 점차 감소하기 시작한다. 메이크업은 자연스
러운 메이크업을 선호하였으며 핑크빛의 파우더를 이용하여 화사한 느낌
을 표현하였다. 볼 터치를 이용한 여성스러운 분위기를 연출하기도 하였
다. 영화배우들의 메이크업을 따라 하는 것을 볼 수 있는데 눈썹연필로 눈
썹을 머리부터 꼬리가 관자놀이까지 길게 이어지도록 그리며 입술의 윤
곽선을 정확히 그려 작고 가는 입술 모양을 표현하였다. 동양풍의 유행으
로 강렬하고 화려한 색조와 동양풍의 눈 화장인 검은색으로 눈을 또렷하
고 크게 강조한 기법이 나타난다.

7.1.3 1920년대

전쟁을 승리로 이끌어준 미국의 생활양식이 유럽지역에 영향을 주었으며 또한 물질적 번영을 이룬 미국은 소비와 쾌락의 시기이다. 전쟁으로 인해 특히 사회문화와 과학 분야에 한걸음 진보를 이루며 많은 변화를 이룬다. 전쟁으로 인한 해방감과 즐거움을 갈망하는 삶에 대한 열망으로 개인의 아픔을 달래는 재즈와 탱고, 댄스의 유행으로 광란의 20년대라 불리기도 한다. 사회적 약자였던 여성은 전쟁을 기점으로 확실한 사회적 위치를 차지하면서 여성 의식의 변화를 가져왔고 이것은 여성의 지위 향상이라는 사회적 변화로 발전하며 자유로운 생활을 누리게 되었다. 남성적이면서 활동적인 젊은 여성상으로 '가르손느,' '보이쉬', '플래퍼' 등으로 새롭게 등장한다. 아르데코art deco, 모더니즘modernism 등 기계적이고 더 기능적이고 단순함을 추구하는 예술적 특징이 나타나면서 바우하우스bauhaus는 기계문명과 예술의 적절한 교류를 통해 근대 디자인의 발전을 이루게 된다.

이시기 여성들의 헤어스타일은 보이쉬 스타일의 선호되면서 짧은 머리인 보브 스타일이 유행하였다. 처음에는 남성처럼 뒷머리가 짧은 머리형인 싱글이 나타났다. 이와 함께 단발형인 원랭스 스타일의 보브가 나타나 다양한 연출을 할 수 있게 되며, 짧은 머리에 곱슬거리게 컬을 한 마샬웨이브의 머리형태가 같이 유행한다. 짧은 머리가 유행되면서 앞머리를 웨이브하거나 밴드로 장식하거나 작은 핀을 이용하게 되면서 머리장식의 과도함은 사라지게 된다. 종형의 클로쉬 햇을 사용하여 남자같이 짧아진 머리에 따라 모자의 크기도 작아졌으며 장식도 적어지게 된다. 많은 여성들이 숏 커트 머리를 하게 된 것은 사회적 활동을 하게 되면서 여성들의 지위 향상과 함께 활동을 위한 단순함과 기능적인 모드의 중시하게 됨을 그 영향으로 볼 수 있다.

메이크업은 강하고 인위적인 메이크업이 등장하면서 외적인 매력을 강조하는 짙은 화장을 하였다. 특히, 눈썹을 다듬고 손질하여 가늘고 얇게 그렸으며, 눈매는 아이라인으로 강조하고 눈은 파랑, 갈색, 초록색등의 아이섀도를 사용하였다. 마스카라와 회색, 검정색 코울 아이라인으로 눈의 음영을 강조하여 인위적이고 장식적인 눈매를 만들었다. 눈 주변을 짙게 그려 눈을 강하게 드러낸 것과 같이 입술화장에서도 입술선의 경계를 정확하게 그린 후 붉은색으로 채우는 형식을 취하고 있다. 입술산은 큐피트의 화살 모양처럼 둥글게 그려 여성의 매력을 강조하였다. 네일은 1920년대에 들어서 네일 에나멜 산업이 본격적으로 시작되었다. 색상은 다양하지 않아서 투명한 자연색 위주로 나타났으며 점차 네일에 대한 여성들의 관심이 높아지는 시기이다.

7.1.4 1930년대

미국 주식시장의 대폭락으로 경제는 미국 뿐만 아니라 유럽 전 지역과 세계 전 지역에 큰 영향을 끼치며 불황과 실업의 혼란이 일어나게 되었다. 세계 경제가 유례없는 대공황으로 어두운 시기를 거치는 동안 산업에 노출되었던 여성들을 가정으로 되돌려 보내려는 기운들이 일어났고 이러한 현상은 과거 남성적이고 보이쉬한 이미지에서 우아하고 여성다움이 요구되는 여성적인 스타일이 나타났다. 경제 불황에도 불구하고 이 시기에는 대조적으로 영화산업이 가장 풍성하게 발달하는 현상이 나타난다. 영화산업의 발달은 영화를 통해 어려운 현실에서 벗어나고자 하는 상반된 현상으로 영화배우들의 영향이 나타나는 시기기도 하다. 1930년대에서는 초현실적인 예술적 양식surrealism이 나타나는 시기로 현실 도피적인 현상으로 해석되며 꿈과 환상, 상상력 등의 인간 정신의 진정한 자유와 무의식의 세계를 표현함으로 새로운 것, 파격적인 것으로의 변화를 통해 개인의 진정한 욕구를 분출하고자 했다.

헤어스타일은 여성들이 다시 가정으로 돌아가는 분위기로 전반적인 여성적이고 우아한 스타일이 강세로 짧은 머리 스타일인 보이쉬 스타일은 자취를 감추고 성숙한 여성스타일이 인기를 끌게 된다. 어깨까지 내려오는 단발에 옆 가르마를 하여 앞과 옆에 핀을 꽂고 머리를 뒤로 길게 풀어 완만한 웨이브를 귀 안쪽으로 굽어지게 하는 페이지 보이 보브 또는 롱 보브 스타일은 영화 속에서 나타난 머리 스타일로 점차 대중들에게 유행하였다. 메이크업은 이시기의 배우들은 얼굴의 균형과 비율을 잘 살려 사진이 잘 받는 완벽하게 균형 잡힌 화장으로 드러내고 조각한 것 같은 정교하고 입체적인 화장을 선호하였다.

이러한 모드는 일반 여성들에게도 영향을 주어 과장되거나 화려하지 않은 전통적이며 성숙한 여성미를 강조한 스타일의 메이크업으로 나타난다. 얼굴에 파운데이션을 완벽하게 바르고 아치형으로 그려진 눈썹과 눈매가 깊어 보이도록 아이섀도를 바른 후 아이라인과 마스카라를 사용하였다. 입술화장은 자신의 입술선보다 바깥쪽으로 그려 더 크게 보이도록 메이크업을 했다.

네일은 점차 색상이 다양해지면서 동일한 색상의 립스틱과 네일 제품이 등장하기도 한다. 1936년에는 엘레나 루빈스타인은 프렌치 매니큐어법을 제안하며 손톱컬러링 방법을 소개했다. 대표적인 업체인 큐텍스와 글라조에서는 의상과 같은 손톱색의 손에 든 핸드백 색상에 대한 조언을 광고에 실었다.

7.1.5 1940년대

세계 2차 대전이 발발한 시기로 전쟁 후 유럽은 침체기이나 반면 미국은 산업이 더욱 발전된 시기로 미국이 급부상함으로 사회와 경제문화의 중심이 유럽에서 미국으로 옮겨졌다. 이 시기 미국에서 추상표현주의abstract expression의 양식이 나타나는데 초현실주의의 추상성과 함께 작가 직관적인 표현 행위를 예술로서 표현하였다. 영화나 음악 등 대중문화의 비중이 점점 커지고 전쟁으로 인해 교통 통신 기관의 급속한 발달과 TV의 확산으로 문화적 국제화가 도래하기 시작하였다. 대전의 영향으로 영화산업은 각광을 받으며 발달하여 현실적 도피처로서 그 역할을 도모하였다. 전쟁으로 여성의 사회적 활동 참여가 확대되는 분위기에서도 전쟁 중의 고통과 획일적인 복식에 벗어난 여성스럽고 우아한 새로운 여성적 모드를 추구하게 된다.

헤어스타일은 여성들의 사회적 참여로 인해 편하게 일할 수 있는 스타일이 나타나는데 모자를 이용한 스타일이다. 모자는 장식의 의미와 함께 위생과 실용적인 의미를 더하며 사용하였다. 또한 모자를 대신하여 스카프를 머리 꼭대기에 묶거나 턱에 묶는 것이 유행하였다. 헐리우드 배우들에게 나타나는 자연스러운 웨이브로 여성스럽고 우아한 느낌을 준다. 이와 함께 웨이브진 머리를 올려 톱에서만 부풀리는 업스타일도 등장하기도 한다. 메이크업은 컬러 필름의 개발로 색조화장이 더욱 풍부하게 표현하게 되며 1940년 초반, 전쟁 중에는 강하고 관능적인 이미지를 강조하여 또렷한 형태의 눈썹, 볼륨감 있는 두꺼운 입술 표현 등이 나타난다. 전쟁이 끝난 후에는 눈썹화장의 곡선이 더욱 여성적인 곡선으로 바뀌며 눈꼬리를 강조하며 마스카라를 사용하여 메이크업을 완성하였다. 특이할 만한 것은 이시기에는 물자의 부족으로 스타킹이 소멸되어 여성들은 다리에 스타킹을 그려 넣는 다리 화장이 유행하였다. 네일은 여성들의 메이크업을 완성하는 마지막 단계로 인식되어지면서 여성들이 다양하게 선택할 수 있도록 네일 폴리쉬 색상의 폭이 점점 더 넓어지고 다양해졌다.

7.2 20세기 후반기

세계대전이 종결된 이후의 시기로 문화적, 경제적 침체기에서 부흥기로 전환되는 시기이다.

7.2.1 1950년대

1950년대는 제2차 세계대전 후 미국과 소련의 대립을 축으로 하는 자본주의 진영과 사회주의 진영과의 적대적 상황인 냉전체제가 나타나게 되며 이러한 냉전은 미국이 경제, 문화 뿐만 아니라 사회 전반적으로 모든 면에서 주도권을 갖게 된다. 유럽은 경제를 재건하는 어려움을 겪는 시기인 반면 미국은 소비를 강조하는 경제적 호황을 누리는 시기이다. 가정용 전자제품, 자동차 등은 큰 발전을 가져왔으며 특히 TV보급이 확산되어 대중문화의 영향력이 커지는 시기이기도 하다 또한 컬러영화, 텔레비전, 카메라 등이 등장 컬러의 중요성이 부각 된다.

헤어스타일은 전쟁 후 여성들은 다시 가정적이고 순정적인 여성상을 추구하게 되면서 풍부하고 입체감 있는 웨이브 스타일 뿐만아니라 긴 머리를 느슨하게 뒤로 틀어 올린 프렌치 트위스트 스타일이 나타났다. 또한, 긴 머리를 뒤로 높이 묶는 스타일인 포니테일, 호올스 테일이 유행하였다. 배우들의 영향으로 다양한 머리들도 보여지는데 마릴린먼로의 헤어스타일이 유행하였고, 젊은이들 사이에는 보이쉬 하면서 깜찍한 헵번스타일의 커트 머리도 함께 보이고 있다. 메이크업은 성숙하고 우아한 여성을 표현하며 패션과 메이크업을 중시하는 경향을 보이고 있다. 이시기에는 화사하고 깨끗한 피부표현과 눈과 입술을 강조하기위해 볼터치는 거의하지 않는 메이크업이 나타난다. 자신의 눈썹라인을 최대한 살려 진하고 자연스럽게 그렸으며 마스카라를 이용하여 눈썹의 결을 살려 풍성하게 보이게 하였다. 쌍거풀을 강조한 아이 섀도위에 아이펜슬과 아이액체라이너로 눈 앞머리부터 눈꼬리 뒤쪽까지 길게 이어지게 치켜 올려서 그리는 폭시아이 눈매를 연출하고 있다. 입술은 입술선보다 크게 그렸으며 글로시한 질감을 더한 풍성한 느낌으로 우아하면서 섹시한 이미지를 연출했다. 영화스타들의 모습이 영향력 있는 대상이 되면서 당시의 여성들의 메이크업에도 큰 영향을 주었다. 네일은 점차 패션과 더욱 밀접해지면서 메이크업의 한 분야에 속하게 되어 네일아트로서 자리를 차지하게 된다. 패션과 화장과의 조화로움을 추구하면서 화장품 업체인 엘리자베스 아덴, 에본에서 출시되면서 더 다양해지게 된다.

7.2.2 1960년대

1960년대에는 경제발달로 인하여 새로운 창조와 역동적인 발전을 이룬 시기로 전쟁 후 태어난 베이비붐 세대들은 이 시기 전체 인구의 많은 비율을 차지하면서 큰 영향력을 가지게 된다. 젊은이들은 새로운 청년문화의 형성으로 기성세대와의 차이를 가지며 소비 집단의 주요 계층으로 성장한다. 젊은 계층들은 생동감 넘치며 다양함과 개성이 드러나면서 격변의 60년을 만든다. 또한 이 시기에는 인류 최초로 달 착륙에 성공하면서 과학 시대를 열게 되고 이로 인해 우주에 대한 관심이 고조된 시기이다. 정치적으로는 미·소간의 냉전이 더 심화 되면서 자본주의와 사회주의의 갈등의 폭이 깊어지게 된다. 이시기의 예술적 경향은 강렬한 색채와 단순한 형태가 주로 보여지며 미니멀아트minimal art, 옵아트op art, 팝아트pop art와 같은 현대적 감각이 성행하였으며 이러한 현상은 획일적인 모방에서 벗어나 다양하고 개성을 중시하는 새로운 미를 표출하는 현상이 두드러지게 나타난다.

헤어스타일은 60년대 초기에는 머리를 과도하게 둥글리고 풍성하게 부풀린 부판트 헤어스타일이 유행하였다. 이것은 백코밍하여 뒤로 넘겨진 스타일로 긴 머리나 짧은 머리에 부풀림은 모두 사용되었다. 전 세계적으로 유행되었던 비달사순의 기하학적인 커트인 보브 스타일 커트는 많은 여성들의 머리스타일로 대표되었다. 또한 긴 머리를 자연스러운 형태로 풀어 내린 것이 특징인 히피스타일은 하위 문화적인 청년문화로 반영되기도 한다. 메이크업은 미에 대한 가치 개념의 변화로 개성이 중시되면서 다양한 메이크업이 나타나게 된다. 청년층이 대상이 되어 깨끗한 피부에 풍성한 눈썹, 가짜 주근깨, 장밋빛 볼 등 젊음이 드러나는 틴에이지 스타일의 메이크업이 만들어진다. 대표적으로 트위기의 메이크업을 살펴볼 수 있으며 이것은 단순히 틴에이지들 뿐만 아니라 이 시기의 여성들에게 유행되어 진다. 입술과 눈썹은 흐리게 홀 라인은 검정섀도로 강하게 그리고 인조 눈썹을 달아 눈을 강조하는 메이크업이 나타나면서 초기에 비해 중·후반으로 갈수록 더 장식적이고 대담하며 새로운 스타일을 추구하게 된다. 기존의 메이크업에서 보지 못했던 오브제 장식이나 동식물을 주제로 한 판타지 메이크업이 등장하게 된다. 네일은 1960년대에 이르러 전문적인 교육을 받은 네일리스트에 의해 관리 되어 지기 시작한다. 기본적인 케어와 컬러링과 함께 손톱의 관리가 이루어진다. 유행을 만들어 내는 청소년들에 의해 주도된 시기로 네일 산업도 틴에이져 스타일의 네일로 펄이 든 파스텔계열의 색상이 보인다.

7.2.3 1970년대

두 차례의 석유파동으로 인한 달러 쇼크와 인플레이 현상 등 세계적으로 경제적 불황의 시기로 세계 무역은 쇠퇴의 길에 서게 된다. 실업률이 증가하면서 사회적 불안 심리로 인하여 소비자들은 실제적이고 합리적인 생활을 추구하게 되며 미·소간의 냉전의 모드가 가라앉기 시작하는 시기이다. 정치적으로 휴머니즘을 강조하며 전쟁을 반대하는 운동이 미국과 영국에서 일어나게 되며 이것은 곧 기성세대와 청년문화의 갈등을 의미하는 것으로 소수의 개성도 존중하는 시대로 접어들게 된다.

헤어스타일은 여성들은 주로 바람머리처럼 자연스러운 형태를 추구하였다. 블로우 드라이를 하거나 퍼머넌트로 웨이브로 볼륨을 주었다. 미디움이나 롱 레이어의 길이로 흐르는 듯한 자연스러운 형태를 선호하였고 윗머리는 많은 볼륨을 주지 않는 스타일로 자연스러운 모양을 하였다. 어깨길이의 웨이브가 유행하였으며 짧은 머리는 모든 계층에서 보인다. 70년대에 보이는 헤어스타일은 층이 있는 부드러운 웨이브 스타일로 자연스럽고 내추럴하면서도 여성스러운 특징과 함께 활기차고 섹시한 느낌까지도 가지고 있어 많은 사람들에게 유행되었다. 또한 흑인머리인 아프로 스타일과 함께 펑크스타일의 머리도 나타난다. 메이크업은 자연주의적인 성향으로 얼굴에 자연스러운 건강한 여성미를 강조하는 화장을 하였다. 60년대에 보여졌던 강한 눈 화장은 사라지고 부드러운 파스텔 톤의 아이 섀도 위에 마스카라만 사용하거나 속눈썹의 라인을 따라 자연스러운 아이라인을 그리는 자연스러운 형태로 변화하였다. 입술은 윤곽선을 그린 후 글로시한 질감으로 자연스러움과 볼륨감이 강조된 입술을 그렸으며 볼터치는 관자놀이까지 연결되도록 표현하여 얼굴 전체에 색조감을 주었다. 이시기에 특징적인 것은 자연스럽게 낮에 하는 메이크업과 함께 화려하고 섹시한 여성미를 표현하는 이브닝 메이크업이 나타난 점이다. 이브닝 메이크업은 눈매를 강하게 강조하며 화려한 색조를 이용하여 클럽에서 댄스를 즐기기 위한 메이크업으로 나타났다.

또한 펑크스타일은 퇴폐적이고 저항적인 표현이 나타나면서 분홍, 녹색 등의 헤어와 창백한 화장을 이용한 판타지 메이크업이 보이기도 한다. 네일은 자연손톱에 길이를 연장하는 인조손톱이 개발되었다. 네일 팁이나 아크릴 네일의 등장으로 이시기에 본격적으로 긴 네일을 사용하여 아름다움을 표현하며 점차 네일 아트가 정착되기 시작하였다.

7.2.4 1980년대

80년대는 경제적 부흥의 시기로 생활양식이 다양해지고 인감의 감성을 존중하는 새로운 의식이 싹트기 시작한다. 인간의 삶과 여가의 필요성을 인식하는 시기로 자유로움과 휴식을 즐기는 생활 패턴이 등장하면서 문화 전반에 걸쳐 새로운 변화가 나타나고 생활양식과 가치관의 변화, 환경 변화가 일어나며 사람들의 의식구조도 복잡해져 갔다. 정치적 개혁이 일어나 동유럽의 공산권 국가들의 개방으로 세계는 좀 더 다양한 국제 교류가 이루어졌으며 냉전의 분위기는 서서히 풀리기 시작한다. 이시기는 포스트모더니즘post modernism의 새로운 시대사조가 활성화되면서 좀 더 개성화되고 다양화되어 고정적인 관념에서 벗어나 자유롭게 융합되는 절충적 성격이 강하게 드러나게 된다.

헤어스타일은 지난 시기를 이어 자연스러운 이미지의 스타일이 계속 유행을 하면서 어깨가 강조된 복식과 어울리도록 웨이브를 많이 부풀려 볼륨감을 주어 부풀린 헤어스타일을 하였다. 또한 영국의 다이애나비의 헤어스타일인 자연스럽고 여성스러운 커트와 이마를 가리는 레이어 커트가 크게 유행하였다. 메이크업은 여성들의 사회활동의 극대로 인하여 강하고 뚜렷한 메이크업이 연출된다.

남성적인 요소가 강한 짙고 두꺼운 눈썹과 쌍꺼풀과 눈꼬리, 언더라인을 강조하는 포인트 눈 화장, 윤곽이 뚜렷한 입술화장으로 강인하고 활동적인 화장이 성행하게 된다. 이것은 더 이상 아름다움만을 추구하는 여성상이 아닌 남성들과 동등한 위치에서 경쟁에 필요한 강인한 이미지를 추구하는 의식의 변화로 자신감 넘치는 활기찬 여성의 이미지를 표현하게 된다. 네일은 복고풍의 영향으로 여성들의 손톱이 길어지기 시작하였고 붉은 색이 유행하였다. 급격한 성장으로 네일 제품을 판매하는 업체가 많아지면서 장식할 수 있는 다양한 네일 액세서리도 등장하기 시작한다.

7.2.5 1990년대

미국과 소련의 대립 구도가 무너짐에 따라 국제 정세는 새로운 면모로 탈 냉전 시대를 열며 다극적 체제를 이루게 된다. 미국은 이시기에도 세계의 승자로 자리매김하며 세계 경제에 여전히 주도권을 쥐게 된다. 과학기술의 발전으로 교통수단이 발달 되고 인터넷과 컴퓨터의 빠른 확산으로 기존의 시공간의 의미가 바뀌며 세계는 하나의 문화권을 형성하게 되면서 유행도 빠르게 진행되는 글로벌리즘globalism 현상이 나타난다. 세기 말의 영향과 자연환경의 문제로 인한 환경의 중요성이 부각 되고, 에콜로지 스타일이 나타나면서 환경 친화적 상품들이 선보이게 된다.

헤어스타일은 개인의 독창성과 개성이 점차 중시되어 다양한 길이와 헤어 커트들이 나타나고 컬러링 또한 발달하여 다양한 이미지를 표현하게 된다. 자연스러운 웨이브와 짧게 자른 커트 형태와 변형 보브 스타일이 나타난다. 아프리카 레게풍의 힙합 스타일로 인해 아프로 브레이드 스타일과 두건이 유행하였고 오리엔탈 미니멀 스타일인 단순한 헤어스타일인 짧은 생머리나 굵은 웨이브의 긴 머리가 유행하기도 하였다. 또한, 자연스럽게 흘러내리는 스타일이 유행되면서 커트와 헤어 컬러가 중시되어 졌다. 메이크업은 환경을 중시하며 건강한 삶을 추구하는 에콜로지 경향과 친환경적 성향의 영향으로 부드럽고 자연스러운 스타일인 내추럴 메이크업이 전반적으로 나타난다. 색조 화장보다 피부 건강을 중시하며 스킨 표현을 투명하고 자연스럽게 색조를 털며 표현하였고 눈썹 또한 진하거나 강하지 않고 자연스럽게 그렸으며 눈 화장과 입술의 색채 표현은 절제된 모습으로 하였고, 얼굴의 건강미를 위해 핑크, 산호색, 갈색 등을 가볍게 더하였다. 이와 함께 다양하고 개성적인 스타일이 나타나면서 과거시기의 메이크업 특성들이 복고적 현상으로 드러난다. 네일은 화장품과 같이 다양해지면서 유행색을 이루는 것을 볼 수 있으며 특히 이시기에는 샤넬의 루즈누와르 색상의 네일 폴리시가 네일 아트색상으로 큰 인기를 끌었다.

7.2.6 2000년대 이후

새로운 천년을 맞이함과 동시에 세계화는 더욱 빠르게 진행되며 인류의 공존을 위한 박애주의와 자연을 중요시하는 웰빙의 시대를 개막하게 된다. 이시기는 특정한 양식이 유행하는 과거와 달리 과거에 유행했던 것들이 혼합되고 재해석되어 다양화되고 과거로의 재창조를 통한 새로움을 표출되었다. 정형화, 획일화의 틀에서 벗어나 언제나 새로움을 받아들이는 사회적 현상의 배가로 인하여 전통과 미래가 공존할 수 있는 분위기가 형성됨으로 모든 분야에서 다양성이 인정 되어진다. 과학기술의 발전은 디지털화되어가는 현상을 도래하였으며 그 파급으로 시간, 공간의 경계는 모호하면서 자유로운 현상으로 드러나게 된다. 급성장하는 과학 발전은 새로운 미디어를 이용한 아트new media art를 형성하게 하며 모든 다양성이 열려있는 시대에 그 예술성을 인정받게 된다. 또한 이전시대의 에콜로지의 개념이 확대되어 계속 나타난다.

헤어스타일은 이시기는 대중매체와 인터넷의 발달로 유행의 흐름이 빠르게 지나면서 개인적이며 개성을 강조하는 다양한 기법의 헤어스타일이 공존하는 것을 볼 수 있다. 매 시즌 새로운 스타일을 탄생시키는 것보다 기존에 유행했던 스타일을 조금씩 변화 시켜 나타내었다. 젠스타일, 자연스러운 웨이브, 비대칭 라인, 히피와 펑크의 헝클어진 머리, 풍성한 앞머리 보브 라인, 여성성을 강조하는 부드럽고 자연스러운 볼륨 헤어 등 다양

한 스타일들이 나타났다. 또한 웰빙 현상은 헤어케어의 시대를 도래하게
하여 탈모와 두피의 관심이 높아지게 된다.

메이크업은 90년대부터 이어진 자연주의 성향으로 건강한 삶을 위한
웰빙 문화를 낳게 하며 이러한 현상은 화장품과 화장법에 많은 영향을 주
게 된다. 친환경적인 오가닉 뷰티 제품들이 나타나 원료의 사용 중 천연원
료를 중시하며 미백이나 주름을 개선하는 등의 기능성이 가미된 화장품
이 선호되었다. 여성들의 화장은 피부의 결점을 보완하면서 자신의 피부
톤을 최대한 자연스럽게 표현한 피부표현이 유행이었다. 매끄러운 피부
의 결과 촉촉한 느낌을 살리기 위해 화장품의 절제된 사용으로 가볍게 표
현하여 완벽하면서 자연스럽게 드러냈다.

눈썹과 입술은 최대한 자연스럽게 살려 표현하였다. 이시기는 과거에
행해진 메이크업 기법들을 새롭게 해석하여 새로운 느낌의 메이크업으로
제시하는 것이 특징적이다. 50년대의 오드리헵번 스타일, 폭시 아이 눈
화장, 60년대의 트위기 메이크업, 등 새로운 형태나 색조를 이용한 메이
크업 트렌드를 제시하였다.

네일은 이제 명품 화장품 브랜드에서도 출시 판매되며 여성들의 뷰티
품목으로 자리를 잡았다. 네일 폴리시 색상은 매우 다양하여 그 선택의 폭
이 넓어졌다. 네일 아트 또한 매니큐어, 인조손톱, 오브제를 이용한 아트
표현으로 개인적인 선택과 개성적 표현이 가능해졌고 그 활용의 범위가
매우 확대되어지고 있다.

색의 활용

퍼스널컬러

8.1 퍼스널컬러의 이해

8.1.1 퍼스널컬러의 발전

그림 8-1 퍼스널컬러의 발전

■ Goethe(1749~1832)

괴테는 모든 색에는 노랑과 파랑의 두 극 사이에 든다고 주장한다. '색채가 백색광에 존재한다'는 뉴턴의 이론을 부정하며, '색채는 밝음과 어두움의 만남에서 생겨난다'고 주장하였다. 밝은 면이 어두운 쪽으로 다가가면 청색이 나타나고, 반대로 어두운 면이 밝은 쪽으로 다가가면 노랑이 나타난다는 것으로 설명한다.

■ Johannes Itten(1888~1967)

20세기 초 스위스 화가이자 독일 바우하우스의 교수였던 그는 자연계의 사계절이야 말로 모든 색채의 근원과 조화를 이룬다고 하였다. 학생들이 개인의 선호 색상 중에 색조와 농도에 따라 그들의 피부색, 머리색, 눈동자 색과 일치한다는 것을 주목하여 대부분이 작업할 때 자신들의 타고난 색을 보완하는 색상으로 옷을 입고 있다는 사실을 깨닫게 되었다. 그는 학생들의 신체 컬러가 사계절의 컬러와 유사한 점이 많다는 것을 주목하고 계절별 컬러에 따라 분류하는 색채분석 방법을 고안하여 사계절에 기반을 둔 4개의 컬러 팔레트를 만들었다.

■ Robert Dorr(1905~1980)

웜톤, 쿨톤 이론을 만든 사람으로 1928년 영화 포스터 화가 '로버트 도어(Robert Dorr, 1905~1980)'라는 사람이 그의 '색채 조화' 책에서 '배색의 조화와 부조화의 원리'를 색의 '온도감'으로 접근, 감각적 색체계로 구분하였다. 모든 색은 따뜻한 색(yellow base, Golden Bace)과 차가운 색(blue base, Silver Bace)의 두 가지 기초 색상을 지니고 있다고 발표하였다. 모든 색에서 노란색(기)이 돌면 웜톤(Warm Tone)의 '옐로우 베이스'라 하고 푸른색(기)이 돌면 쿨톤(Cool Tone)의 '블루 베이스'로 구분하였다.

■ Carole Jackson(1932~　)

색채학자이자 심리학자인 캐롤 잭슨은 사계절 이론을 통한 색상 시스템을 창안하고 이를 패션, 뷰티에 활용하고 대중화를 통한 퍼스널 컬러 시스템 적용을 통한 상업적으로도 적극적으로 활용하였다. 1981년 <Colour Me Beautiful>이라는 퍼스널컬러 서적을 출간, 타고 난 신체 색상(피부, 모발, 눈동자 등)에 따라 어울리는 색을 4계절로 분류하는 Seasonal Color System을 소개하였고, 사계절 이론을 기본으로 패브릭 진단 스와치를 개발하고 보급하였다. 이로 인해 퍼스널 컬러가 대중들에게 널리 알려지게 되어 현재 다양한 퍼스널 컬러 이론의 토대를 형성하며 퍼스널 컬러 개념이 전 세계적으로 퍼져 나가게 되었다.

8.1.2 퍼스널컬러란?

자신만의 색채를 의미하는 퍼스널컬러는 자신에게 잘 어울리는 색을 말한다.

　　사람들의 얼굴 생김새가 모두 다르듯 사람은 태어나면서부터 자기 자신만의 색을 가지고 태어난다. 개인이 타고난 고유의 신체 색상으로 피부색, 눈동자색, 머리카락색을 가리키며 퍼스널컬러를 결정하는 요인이다. 퍼스널컬러는 타고난 신체 색상을 강조하고 또한 개성을 파악할 수 있는 색으로, 신체 색과 조화를 이루어 긍정적인 이미지를 표현할 수 있는 것이다. 퍼스널컬러에 따라 어울리는 스타일과 메이크업 컬러를 결정하여 자신만의 고유한 이미지를 만들 수 있다.

■ 피부색

　　헤모글로빈의 붉은색, 멜라닌의 갈색, 케라틴의 황색이 합쳐 결정된다. 기저층의 멜라닌세포에서 만들어지는 갈색의 멜라닌(Melanin)과 지방과 표피세포에 있는 황색의 카로틴(Carotin) 그리고 혈관 속 붉은색의 헤모글로빈(Hemoglobin)에 의해 이루어진다. 피부색과 밀접한 관련이 있는 멜라닌 색소의 멜라닌세포 안에 색소 성분이 많으면 피부색이 어두워 보인다. 하지만 그 위치가 기저층 밑 진피층에 존재하면 푸르게 보이며 기저층보다 위에 존재한다면 밝은 갈색으로 보인다. 황색의 카로틴 색소는 유극층에 존재하며 피부를 노랗게 보인다. 붉은색의 헤모글로빈은 진피층의 혈관 속에 존재하며 산소가 충분히 공급된 상태에서는 선홍색을 띄다가 산소가 부족한 상태가 되면 창백한 빛을 띠게 된다.

■ 모발 색

　　유멜라닌(eumelanin), 페오멜라닌(pheomelanin)의 분포와 양에 따라 결정된다.

　　머리카락 색은 머리카락에 함유된 멜라닌 색소량에 따라 결정된다. 머리카락 색은 다양한 색채를 가지고 있으며 색을 구성하는 멜라닌은 그 종류와 밀도에 따라 머리카락 색에 영향을 미친다. 유멜라닌 (Eumelanin)은 그 크기가 크고 색이 진해서 진한 갈색을 띠며, 페오멜라닌(Pheomelanin)은 그 크기가 작고 붉은 색을 가지고 있다. 동양인의 경우 대부분 유멜라닌의 밀도가 높은 굵은 모발을 가지고 있으며, 한 사람의 모발도 여러 가지 색으로 이루어져 있다. 한국인의 경우 모발 색의 색상 범위가 백인보다 비교적 한정적임을 볼 수 있다.

퍼스널 컬러 분석 시 머리카락 색은 태어날 때부터 가지고 있는 자연스러운 색을 기준으로 하며 피부색에 영향을 미칠 수 있다.

■ 눈동자 색

홍채에 있는 멜라닌 색소의 빛깔과 혈관 분포 정도에 따라 결정된다. 눈동자 색은 눈동자, 즉 홍채의 색을 의미하며 멜라닌 색소의 종류에 따라 홍채의 색조는 변한다. 동양인인 우리나라 사람들은 홍채의 표층에 멜라닌 색소가 있어서 갈색이나 흑갈색으로 보이는 것이고, 서양인은 멜라닌 색소가 홍채의 심층에 있어 연한 갈색, 초록색, 파란색, 회색으로 보인다. 혈관 속에 피가 투명하게 비치게 되면 홍채의 색이 보라색으로 보이고 결

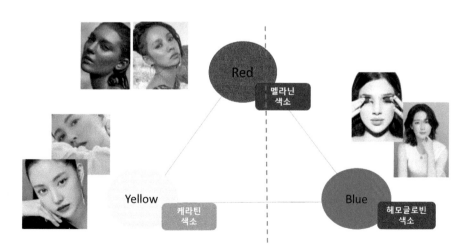

그림 8-2 신체 색상 결정 색소

핍될 경우는 혈관 색으로 홍채색이 붉은색으로 보인다. 홍채는 색소의 양과 홍채 내에서의 색소의 위치, 혈관, 광학적 영향 등에 의해 다양한 색을 나타나게 된다. 눈동자 색은 피부색이나 머리카락 색보다 차지하는 면적이 작으므로 청색계, 녹색계, 담갈색계 등 인상적인 눈동자의 색을 가진 경우가 아니라면 이미지 형성에 많은 영향을 미치지 않는 것을 볼 수 있다.

신체 색상 결정색소는 멜라닌(갈색), 카로틴(노란색), 헤모글로빈(빨간색)의 분포에 따라 달라진다.

8.2 퍼스널컬러 진단

8.2.1 퍼스널컬러 진단 시스템

퍼스널컬러 진단 시스템(Personal Color System)은 개인의 색채 이미지를 과학적이고 체계적인 과정을 통해 객관적으로 분석하기 위한 사계절 색채 (Four Seasons Color System) 를 바탕으로 어울리는 컬러와 어울리지 않는 컬러를 분석한 후 구분하여 개인의 모든 상황에 맞는 컬러 이미지 연출(Color Image Making)을 한다. 컬러 이미지 연출은 퍼스널컬러 진단 시스템으로 분석한 퍼스널 베이스 컬러(Personal Base Color)를 기본으로 계절 유형, 성격, 연령, 환경 및 얼굴형을 분석하여 베스트컬러(Best Color), 베이직컬러(Basic Color), 워스트컬러(Worst Color)로 세분화시켜 사용한다. 세분화된 색상은 개인의 메이크업, 헤어, 의상, 소품 및 개인의 정서와 생활환경에 모두 활용하여 외적인 아름다움은 물론 내면의 안정과 건강을 지켜 준다.

퍼스널컬러 진단 시스템은 1 : 1 개인으로 이루어지며 1차 진단에서 6차 진단까지 단계적으로 진행할 수 있다.

그림 8-3 퍼스널 컬러 진단 프로세스

(1) 퍼스널컬러 진단 프로세스

■ 1차 진단(색채감성도 진단)

개인의 색채감성도를 진단하는 단계로 심리에 따른 색채 선호도, 색채 인식도 등을 색채감성 테스트, 색채연상 테스트, 치료색 테스트로 분석한다.

- 1단계 Color Emotion Test : 색채에 대한 기호도와 선호도를 알아보기 위해 20가지의 색채 심리테스트를 간단하게 O, X, △ 로 표시하고 각 색에 대한 느낌을 표시한다.
- 2단계 Color Reflection Test : 각 계절 (봄, 여름, 가을, 겨울) 색상들이 주는 느낌을 표시한다.
- 3단계 Healing Color Test : 각 계절(봄, 여름, 가을, 겨울) 색상들이 주는 느낌을 표시한다.

■ 2차 진단(라이프 스타일 분석)

감성 라이프 스타일을 진단하는 단계로 나이, 성격, 직업, 취향, 주변 환경, 생활습관과 사회적 위치, 활동 사항 등 개인의 라이프 스타일 및 색채 환경을 분석한다.

- 1단계 : First Image Check
- 2단계 :Life Style Check

■ 3차 진단(신체색상 유형 분석)

신체색상 유형 분석 단계로 얼굴 피부색, 눈동자 색, 머리카락 색, 뒷머리 두피 색과 팔목 안쪽 색상을 육안 측정하여 차갑고 따뜻한 유형을 구분한다.

- 1단계 : 육안측정
- 2단계 : 신체 색상 측정-정확하게 측정하기 위해 중성 빛의 진단 램프를 사용
- 3단계 : 신체 색상 분석
- 4단계 : 차가운 유형, 따뜻한 유형 구분, 피부 바탕색 분석을 통해 유형 구분.

■ 4차 진단(사계절 컬러 드레이핑)

컬러진단 램프도구와 사계절 색채 진단 천으로 드레이핑하여 피부색의 변화를 분석하여 계절 유형을 구분하고 이미지와 스타일을 분석한다.

- 1단계 : 컬러 드레이핑(draping) 진단
- 진단 램프의 중성 빛을 통해 컬러 진단 천의 계절 색으로 드레이핑 실시

- 2단계 : 사계절 컬러 유형 분석

  차가운 유형과 따뜻한 유형을 구분해서 사계절 유형으로 구분한다.

- 3단계 : 컬러 이미지와 스타일 분석

  계절 유형을 진단하고 체형을 분석, 이미지와 스타일을 구분한다.

■ 5차 진단(퍼스널컬러 진단 분석)

퍼스널컬러가 결정된 후에 사계절 유형에 따른 개인의 연령, 성격, 환경 및 얼굴형에 따라 구분된 192가지 유형 중에서 선택하여 베스트컬러, 베이직컬러, 워스트컬러를 선별한다. 선별된 색으로 개인 컬러 팔레트를 제작하여 메이크업, 헤어, 의상, 스타일 및 모든 생활의 컬러 이미지 연출과 색채 요법을 제안하며 실용색채 활용 방법을 제공한다.

- 1단계 : 퍼스널 컬러, 퍼스널 바이오리듬 컬러를 분석한다.
- 2단계 : PCS-My Type에 따라 Basic, Best, Worst Color를 제안한다.
- 3단계 : 메이크업, 헤어스타일 컬러, 패션스타일, 소품디자인에 대해 제안한다.
- 4단계 : 개인 컬러 팔레트 제작 및 실용 색채 활용 방법을 제공한다.

■ 6차 진단 (2차 퍼스널컬러진단)

퍼스널컬러 진단을 한 다음 생활 속에서 색채를 적용하는 단계로 어울리는 계절의 색을 시각적으로 매일 지각하고 생활에 활용하는 과정이다. 일반적으로 한 달에서 두 달 동안 어울리는 색을 활용한 다음 색의 거부감이 서서히 사라지면 스스로 이미지를 연출하게 하고 계절 색상을 선별하게 된다.

- 1단계 : 30일 경과 후 퍼스널컬러 활용도 분석단계로 개인 퍼스널컬러 팔레트를 30일 동안 생활에 적용하며 잘 이해하고 활용하고 있는지

점검한다.

· 2단계 : 2차 PCS 퍼스널컬러를 진단한다.

· 3단계 : 지속적 분석 및 관리를 한다.

8.2.2 퍼스널컬러 진단

■ 진단시 유의 사항

· 메이크업을 하지 않은 상태에서 진행해야 하며 머리에는 흰색 두건, 상의에는 흰색 케이프를 두르고 오전 10시에서 15시 사이 자연광에 서 측정하는 것이 좋다.

· 진단 전 일광욕을 삼가고 진단 전 15일 동안은 피부 색소에 영향을 줄 수 있는 비타민A·케라틴이 함유된 식품 섭취에 주의한다.

· 컬러 드레이핑 진행에 있어 시간을 두고 천천히 진행하며 분석한다.

· 3인 이상이 분석하는 것이 바람직하다.

■ 퍼스널컬러 효과

사람과 색과의 관계를 이해하고 분석하여 색채를 통해 조화를 이루어 내는 것이 주목적이며 이로 인해 자신의 개성을 표출하고 이미지를 연출 하는 방법으로 퍼스널컬러를 활용하고 있다.

① 퍼스널컬러에 대한 신체 색의 반응

· 어울리는 색의 경우

얼굴이 화사하게 보이며 혈색이 좋아 보인다.

잡티가 옅게 보이며 건강해 보인다.

볼의 붉은 기가 옅어 보인다.

인상이 부드럽게 보이고 젊게 보인다.

• 어울리지 않는 색의 경우

얼굴이 칙칙해 보이며 푸른빛이 돌며 창백해 보인다.

잡티가 진하게 두드러져 보인다.

볼의 붉은 기가 더 진하게 보인다.

인상이 강하게 느껴진다.

피부색이 통일성이 없어 보인다.

② 생활 속의 효과

• 사람들을 돋보이게 해주는 컬러타입을 구분해 준다.

• 자신과 어울리는 색을 이용한 스타일링으로 이미지에 어울리는 스타일링으로 자신감을 줄 수 있다.

• 의상이나 액세서리의 구입 기준이 좋아하는 색에서 어울리는 색으로 변화되며 개성표현 방법이 디자인과 컬러가 결합하므로 표현력이 상승한다.

• 첫 만남에서 긍정적이고 기억에 남는 이미지를 줄 수 있다.

• 긍정적인 이미지를 만들 수 있으며 불필요한 비용을 줄일 수 있다.

8.3 퍼스널컬러 유형

8.3.1 신체 색상 유형 분석

신체 색상은 멜라닌(갈색), 카로틴(노란색), 헤모글로빈(빨간색)의 분포에 따라 달라진다. 퍼스널컬러는 기본적으로 따뜻한 색, 차가운 색의 구분이 먼저 이루어진 후, 신체 색상 간 대비의 강도에 따라 사계절의 봄, 여름, 가을, 겨울 타입으로 구분하여 진단한다.

표 8-1 신체색상 진단

피부색	피부색 가이드로 비교하여 노르스름한지 붉은지를 체크한다.
모발색	타고난 모발을 기준으로 밝은 갈색 계열을 warm, 블랙계열은 cool로 체크한다.
눈동자색	기본 분류로 밝은 갈색계열은warm, 블랙브라운과 블랙계열은cool로 체크한다.

■ 따뜻한 색(Warm Type)

- 노란색을 기본 바탕색으로 피부톤이 노란빛이 많다.
- 따뜻한 색이 잘 어울리며 노란색, 황금색계열이 잘 어울린다.
- 노르스름한 피부톤으로 혈색이 없는 베이지, 아이보리, 브라운 빛을 띤다.
- 햇빛에 잘 타며 어둡게 타는 피부이며 손목 안쪽 혈관의 색이 초록빛을 띤다.
- 봄과 가을 타입이 속한다.
- 봄 타입은 부드럽고 따뜻한 색이 잘 어울리며 밝고 화사하며 귀엽고 발랄한 인상을 준다.
- 가을 타입은 진하고 따뜻한 색이 잘 어울리며 세련되고 분위기 있는 이미지로 성숙하고 차분한 인상을 준다.
- 립컬러는 오렌지 톤이 어울리며 액세서리는 골드나 아이보리가 어울린다.

■ 차가운 색(Cool Type)

- 파란, 흰색, 검정을 기본 바탕색으로 피부가 푸른빛이 많다.
- 차가운 색이 잘 어울리며, 파랑과 그레이 중심의 블루 계열이 잘 어울린다.
- 푸른 빛이 도는 피부톤으로 창백하거나 핑크빛을 띤다.
- 햇빛에 빨갛게 타며 손목 안쪽의 혈관 색이 푸른빛을 띤다.

- 여름과 겨울 타입이 속한다.
- 여름 타입은 부드럽고 차가운 색이 어울리며 낭만적이고 부드러운 이미지로 우아한 느낌을 준다.
- 겨울 타입은 탁하고 차가운 색이 어울리며 강하고 도시적인 이미지로 화려한 인상을 준다.
- 립컬러는 핑크톤이 어울리며, 액세서리는 실버나 흰색이 어울린다.

8.3.2 사계절 색상 유형

인종에 따라서 보이는 피부색은 다양하다. 피부 바탕색으로 봄, 여름, 가을, 겨울로 사계절 유형으로 구분할 수 있다.

■ 봄(Spring) 타입

봄 타입의 신체 고유의 색은 옐로우 베이스의 따뜻한 톤(Warm Tone)으로 이루어져 있다.

- 피부는 노르스름한 톤으로 윤기 있고 투명한 피부를 보인다. 피부가 얇은 편이라 주근깨나 잡티가 생기기 쉬운 피부이다.
- 눈동자 색은 밝은 갈색으로 맑아 보이며 밝은 브라운이 많다.
- 모발 색은 모발이 얇은 편으로 노란빛이 감도는 갈색으로 부드럽고 연한 톤으로 윤기가 나며 회색과 검정의 색조는 지니고 있지 않다. 주

로 밝은 베이지, 노란빛의 짙은 갈색, 골든 금발이 보인다.

- 봄 타입의 이미지는 생동감 있으며, 상대방에게 호감을 주는 발랄하고 사랑스러움을 가지고 있다.

- 봄 타입의 헤어스타일은 생동감 있는 층이 난 굵은 웨이브 스타일이나 단정 단발 스타일이 잘 어울린다. 패션스타일은 캐주얼, 프리티, 로맨틱, 스포티한 이미지로 연출한다. 액세서리는 광택 있는 금속성 재료나 아이보리색 진주가 잘 어울린다.

- Best color : 옐로우 색상이 베이스인 난색 계열, 선명한 원색, 화사한 색상(아이보리, 크림, 피치, 산호색, 오렌지, 옐로그린 등)

- Worst color : 블루 색상이 베이스인 한색계열, 푸른빛의 탁한 색상 (블랙, 화이트, 그레이네이비, 블루그레이, 실버 등)

■ 여름(Summer) 타입

여름 타입의 신체 고유의 색은 블루 베이스의 차가운 톤(Cool Tone)으로 이루어져 있다.

- 피부는 희고 푸른빛이 도는 부드러운 톤의 차가운 색으로 볼에 핑크빛을 띤다. 햇빛에 잘 타지 않고 쉽게 붉어지는 피부이다.

- 눈동자 색은 차가운 느낌의 부드러운 갈색으로 푸른빛이 있는 연한 갈색이나 진한 갈색이 많이 보이며 흰자와 검은 눈동자의 경계가 부드럽다.

- 모발 색은 회색빛이 감도는 회갈색(연한 갈색, 진한 갈색)이나 바이올렛 금발도 보인다.
- 여름 타입의 이미지는 청초하고 차갑지만, 한편으로는 부드러운 여성적인 이미지도 가지고 있다.
- 여름 타입의 헤어스타일은 자연스러운 웨이브 스타일이나 긴 스트레이트 스타일이나 부드럽고 가벼운 짧은 커트도 잘 어울린다. 패션스타일은 엘레강스, 내추럴, 페미닌 이미지 연출에 좋다. 액세서리는 은색이나 플라스틱 소재로 만들어진 것이 잘 어울린다.
- Best color : 흰빛을 띠는 색상의 부드러운 파스텔, 자연스럽고 내추럴한 차가운 느낌의 부드러운 블루계열(크림베이지, 아쿠아블루 등)
- Worst color : 노란빛이나 황금색이 가미된 따뜻한 색, 선명한 원색이나 탁한색, 오렌지 계열이나 어두운 톤의 색은 피하는 것이 좋다(골드, 카키, 올리브그린 등).

■ 가을(Autumn) 타입

　가을 타입의 신체 고유의 색은 옐로우 베이스의 따뜻한 톤(Warm Tone)으로 이루어져 있다.

- 피부는 건강한 질감으로 황색의 노르스름한 톤으로 윤기는 없는 편이다. 햇빛에 쉽게 타는 편이며 봄 타입보다 진하다.
- 눈동자 색은 짙은 갈색으로 황갈색, 황갈색 빛이 도는 진한 갈색을 보

인다.

• 모발 색은 윤기는 없는 편이며 황금빛이 감도는 적갈색으로, 밝은갈색이나 어둡고 진한 갈색이 보인다.

• 가을 타입의 이미지는 따뜻하고 상대방에게 친근함과 편안함을 주며 침착하고 원숙한 미를 보이며 깊이감이 느껴진다.

• 가을 타입의 헤어스타일은 층이 있는 단발이나 풍성한 스타일, 또는 긴 머리의 웨이브 스타일로 볼륨이 있는 스타일이 잘 어울린다. 패션 스타일은 클래식, 엘레강스, 에스닉 이미지 표현에 좋다. 액세서리는 금색이나 브라운계열의 자연스러운 질감의 소재로 만들어진 것이 어울린다.

• Best color : 황금색을 지니며 차분하고 무게있는 톤으로 오렌지나 갈색 계열이 잘 어울린다(오렌지 골드, 올리브 그린, 브라운 코랄, 진한 황록색 등).

• Worst color : 차가운 톤의 밝고 선명한 색으로 그레이나 핑크를 피하는 것이 좋다(실버, 그레이, 버건디, 마젠타 등).

■ 겨울(Winter) 타입

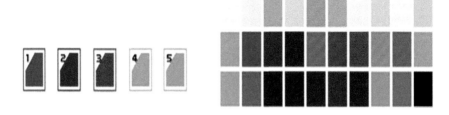

겨울 타입의 신체 고유의 색은 블루 베이스의 차가운 톤(Cool Tone)으로 이루어져 있다.

- 피부는 희고 푸른 빛을 띠며 차갑고 창백해 보이는 얇은 피부를 가지고 있다. 흰 피부부터 어두운 피부까지 모두 보인다.
- 눈동자 색은 검은색, 짙은 회갈색으로 피부와 대비를 보이며 주로 푸른 빛의 갈색이나 검정 눈동자가 많다.
- 모발 색은 어두운 블랙, 푸른 빛의 어두운 갈색으로, 블랙 브라운이나 어두운 푸른 빛의 검정이 보인다.
- 겨울 타입의 이미지는 인상이 강하고 선명하고, 도시적이고, 세련된 이미지를 지니고 있다.
- 겨울 타입의 헤어스타일은 정리된 단정한 단발 스타일이나 심플하고 라인이 정확한 스타일이거나 비대칭적 스타일도 잘 어울린다. 패션스타일은 모던, 댄디, 시크한 이미지가 어울린다. 액세서리는 광택이 있는 은색이나 투명하고 밝은 톤이 좋다.
- Best color : 푸른 빛을 지닌 선명하고 차가운 색으로 고채도의 색, 무채색, 저명도, 저채도의 색으로 대조가 되는 색이 어울린다(블랙, 그레이, 와인, 블루, 버건디, 보라 등).
- Worst color : 노란색, 황색을 지닌 따뜻한 색, 파스텔 톤, 탁하고 희미한 색, 오렌지, 브라운은 피하는 것이 좋다.

8.3.3 퍼스널컬러 타입에 따른 배색이미지

■ 봄(Spring) 타입

봄 타입의 이미지는 생동감 있으며, 상대방에게 호감을 주는 발랄하고 사랑스러움을 가지고 있다. Romantic, Pretty, Casual, Natural 이미지가 이에 속한다.

■ 여름(Summer) 타입

여름 타입의 이미지는 청초하고 차갑지만, 한편으로는 부드러운 여성 적인 이미지도 가지고 있다. Romantic, Clear, Cool Casual 이미지가 이에 속한다.

■ 가을(Autumn) 타입

가을 타입의 이미지는 따듯하고 상대방에게 친근함과 편안함을 주며 침착하고 원숙한 미를 보이며 깊이감이 느껴진다, Classic, Gorgeous, Elegant 이미지가 이에 속한다.

■ 겨울(Winter) 타입

겨울 타입의 이미지는 인상이 강하고 선명하고, 도시적이고, 세련된 이미지를 지니고 있다. Chic, Dandy, Morden 이미지가 이에 속한다

컬러테라피

9.1 컬러테라피의 이해

9.1.1 컬러테라피(Color therapy)란?

컬러 테라피(Color therapy)는 '컬러'와 '테라피'의 합성어로 색채 치유, 색채 요법을 의미한다. 색이 강력한 고유의 파장과 에너지가 있다는 점을 활용해 신체와 마음을 치료하는 방법이다. 색은 눈과 호흡 기관, 피부를 통해 신체에 흡수되어 건강에 영향을 미치는 한편, 내면적인 정신과 감정에도 작용하여 사람의 기분과 영혼을 조율하는 요소이다. 색은 시신경을 통해 뇌로 전달되고, 이로써 인간은 색을 통한 자극을 받게 되는데 이때, 빛이 체내에 흡수되어 뇌 속의 시상하부를 자극하게 된다. 뇌의 시상하부는 감정이나 생각, 느낌과 연결되어 있어 우리 몸의 혈압, 체온, 소화기 등을 변화시킬 수 있다. 즉, 좋아하는 색이나 필요한 색을 접하게 되면 면역 체계까지 영향을 주게 된다.

테라피(Therapy)란 요법 또는 치료라는 뜻으로 심신의 컨디션을 좋게 하는 간접적인 치료 방법들을 통칭하는 의학용어이다. 약물치료나 수술 같은 직접적인 질병 치료 방법의 한계를 보완하고 고통을 줄이는 보조 수단들이 테라피의 범주에 속한다. 컬러테라피란 개인의 기분이나 건강 상태에 따라 주변 사물의 색을 선택하면 인체에 긍정적인 에너지를 생성하고 신체와 정신, 감정이 적절하게 조화를 이루게 한다. 약이나 수술로 병을 없애는 적극적인 치료법은 아니지만, 병으로 인한 힘든 상황을 스스로 헤쳐 나가게 하는 보조요법이라 할 수 있다. 색의 에너지와 성질을 심리치료와 의학에 활용하여 스트레스를 완화시키고, 몸을 치유하여 삶의 활력을 향상시키는 정신적 요법이다. 색채를 사용하여 물리적·정신적인 영향을 주어 환자의 상태를 호전시키려는 조치이다. 색이 가진 물리적 파동과 시각적 자극을 통해 중추신경계를 활성화시켜 심리적 안정감을 주는 방법이다. 컬러테라피의 방법으로는 환자가 의식적으로 색을 보게 하므로 치료 과정을 형성하는 방법, 환경적으로 색을 적용하여 반의식적으로 생활 공간에 살게 하는 방법, 색채 고유의 파장 특성으로 물리적인 영향을 가하는 방법이 있다.

9.1.2 컬러테라피의 배경

고대 그리스, 중국, 인도는 물론 이집트의 헬리오폴리스에서 빛과 컬러의 힐링 템플이 사용되었다고 전해지고 있다. 고대 이집트 인들은 태양을 에너지의 근원으로 숭배 신전에 있는 각 방에 다른 색의 빛이 들어오도록 장치를 설치하고 그 빛으로 질병으로 치료하는 일광요법을 하였다.

고대 중국 삼라만상을 목, 화, 수, 토, 금의 오행으로 구분하고 각각을 녹색, 빨강, 노랑, 흰색, 검정 등의 음양 오행색의 에너지가 자연현상으로부터 인간의 건강과 정서까지 좌우한다고 생각했다

서양 의학의 아버지 히포크라테스는 인체가 불, 물, 공기, 흙의 4원소로 이루어져 이에 상응하는 혈액, 점액, 황담즙, 흑담즙이 있다는 '체액론' 주장한다.

이 네 개의 액에는 각각 어울리는 색이 있어서 머리카락, 피부, 눈의 다양한 색채 변화, 대변과 소변의 색에 따라 환자의 상태를 진단하였다.

중세 유럽의 건축물 중 교회 천장 스테인드글라스로 장식. 주로 빨강, 자주, 청색 황색 사용 반투명으로 빛이 투과되도록 만들어 이 유리를 통과한 다양한 색깔의 빛이 치유 효과를 가진다고 인식되며, 심리적 에너지로 작용하였다.

인도의 색채 요법은 적, 황, 청, 녹 등의 색깔이 들어 있는 물을 컵에 담아 태양에 비추고 그것을 환자에게 먹이는 방법을 사용하였다. 인도의 요가에는 육체의 에너지를 7개의 차크라(Chakra) 즉 7개의 에너지 응집륜으로 나누어 적용하였다. 차크라는 주요 내분비선에 있는 송과체, 뇌하수

체, 갑상선, 융선, 부신, 난소, 고환에 이어져 있으며 각각의 색을 가지고 신체 부위에 집중해 있는 에너지를 조정하도록 하였다. 차크라를 통해 색의 에너지를 적절히 받아들이고 분배해야 인체의 균형을 유지할 수 있다고 생각했다.

1875년 폰자(Ponza)라는 유럽인 의사의 실험 결과에 따르면 빨간색과 파란색으로 유리창, 벽, 가구를 통일 방을 꾸민 후, 빨간색 방에 말수가 적고 일시적인 정신 착란 증세로 고통받고 있는 사람이 들어가 3시간 후 밝고 쾌활한 모습을 보이는 결과가 나타났다. 정신적인 문제로 음식을 거부하던 사람도 빨간방에서는 먹었으며 파란색 방에 갇힌 폭력배는 조용해지는 것을 볼 수 있었다.

독일 출생의 미국 신경학자 · 정신의학자인 골트슈타인(1878~1965)의 연구 결과로 소뇌에 질병이 있어 자기도 모르게 넘어지는 사람이 빨간색 옷을 입고 있을 때 증상이 심해지고, 녹색이나 파란색 옷을 입을 때는 증상이 완화되는 것을 발견하였다. 신체의 평형상태가 색채에 의해 영향을 받는 것을 알게 되었다.

■ 히포크라테스 체액설

4체액설은 사람의 몸은 냉, 건, 습, 열(cold, dry, moist, hot)의 성질을 가진 4가지 체액으로 이루어져 있으며 이들이 균형 잡힌 상태일 때 건강하다는 학설이다. 4가지 체액은 피, 점액, 황담즙, 흑담즙이며 피는 열하고 습하며, 점액은 차고 습하다. 황담즙은 열하고 건조하며 흑담즙은 차고 건조하다.

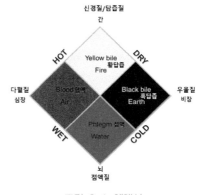

그림 9-1 체액설

불, 물, 공기, 흙의 4원소 이에 상응하는 액은 혈액, 점액, 황담즙, 흑담즙이다.

■ 차크라(Chakras)

인도의 고대 언어인 산스크리트어의 '바퀴'라는 뜻으로 몸의 꼬리뼈부터 척추를 지나 정수리를 따라 존재하는 에너지 센터로 우리 몸과 마음을 연결하는 에너지를 의미한다.

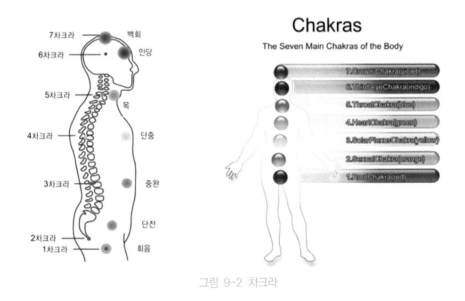

그림 9-2 차크라

9.2 컬러테라피의 적용

9.2.1 수명과 색채

피카소나 위트릴로, 뭉크 등 젊은 시절 빈곤에 시달리거나 알코올 중독, 정신 불안에 시달린 화가였으나 일반인보다 긴 수명을 누렸다. 고흐나 모딜리아니처럼 요절한 몇 명의 천재들을 제외 화가들은 평균 수명이 보통

일반인보다 길다. 그 이유는 다양한 색채를 사용하기 때문이다. 화가들은 그림으로써 빈곤, 병고, 불안 등에서 오는 스트레스를 극복하여 에너지로 변화시키는 것이다. 이는 그림의 색채에서 강한 생명력을 부여받으므로 노화를 늦추고 긴 수명을 누린 것으로 이해되고 있다. 여성들의 평균 수명이 남성보다 긴 것도 화장을 하고 옷의 색에 민감하며 남성에 비해 색채를 풍부하게 누리기 때문일 것이다.

9.2.2 식욕과 색채

미국의 조명기사 S.G.히빈스가 최고의 음식과 우아한 음악을 준비하고 화려한 만찬을 개최하였다. 시간이 조금 흐른 뒤 만찬 회장의 조명을 녹색과 빨간색 필터 램프로 교체하니 스테이크는 회색, 샐러드는 자주, 우유는 붉은피 색, 달걀은 청색, 푸른 콩은 까만색, 커피는 황토색으로 변하게 되었다. 이러한 실험에서 사람들은 처음엔 흥미로워 했으나 이내 식욕을 잃고 체하거나 기분이 상했다고 말했다. 이는 음식의 색을 돋보이게 하는 조명의 힘을 설명할 수 있다. 식탁에서 형광등은 푸른빛을 띠어 식욕을 떨어뜨리는 색으로 인지되며 백열등을 더 많이 사용하는 것으로 나타났다.

복숭아색, 빨간색, 주황색, 갈색, 담황색, 진노랑색, 맑은 초록색 등은 식욕을 돋우는 색이며 분홍색, 엷은 파란색, 엷은 자주색 등 식욕을 떨어뜨리는 색이다. 파란색은 식욕을 억제하는 색이나 음식의 배경색으로 아주 좋은 색이다. 파란색 그릇은 음식을 깔끔하게 보이게 하므로 맛있게 느끼게 하는 효과가 있어 음식을 담는 식기에 많이 적용되고 있다.

9.2.3 건축과 색채

영국 런던의 템스 강에 있는 블랙프라이어스브리지는 과거 투신자살의 명소였다. 그러나 검정이던 다리를 녹색으로 칠한 뒤부터 자살하는 사람의 수가 3분의 1로 급감하는 것을 볼 수 있었다. 또한, 미국 샌프란시스코의 골든게이트브리지 역시 자살 명소로 다리 색이 빨간색이다. 이는 빨강은 사람을 자극해 행동을 부추기는 색이고 검은색도 사람들의 마음을 의기소침하게 만들어 자살을 부추기는 역할을 한다. 녹색은 자살하려던 사람의 마음을 편안하게 만들어 충동을 억제하는 것으로 보인다.

9.2.4 환경과 색채

일본의 나라현 한 마을의 가로등을 파란색으로 설치하여 범죄율이 30%에서 0% 급감하는 것을 확인하였다. 파란색이 심리적인 안정을 주는 색으로 범죄예방의 효과를 보이는 것으로 나타났다. 우리나라에서도 경기도 시흥, 서울 강남에 파란 가로등 시범 설치하였으나 무섭다는 주민들의 민원이 많아 다시 철거되었다.

9.2.5 복식과 색채

스포츠에 있어 양 팀의 실력이 비슷하면 붉은색 유니폼이 승률 60%로 붉은색을 선호하는 것으로 나타났다. 과학학술지 '네이처'에 러셀 힐 교수는 "붉은색 유니폼을 입으면 승리할 확률이 훨씬 높아진다"고 발표하므로 붉은색은 에너지를 주고 승부욕을 자극하는 역할로 나타났다.

미국의 한 외과의사는 수술을 할 때 수술실의 흰 벽이나 천장을 볼 때 피로도를 느끼는 것을 호소하였다. 듀폰사는 붉은색의 보색인 초록색으로 수술실 벽과 수술복을 전면 교체하였다. 보색의 사용은 색의 잔상 해결하고 눈의 피로감을 줄어들게 하므로 수술도 편안하게 진행할 수 있게 되었다.

9.3 컬러테라피의 효과

9.3.1 컬러의 힘

의식하든 못하든 우리를 둘러싼 주변 환경은 색채로 가득하다. 나무와 구름 같은 자연, 침실의 벽지, 음식과 그릇들, 건물, 버스, 사람들의 옷과 같이 사물도 모두 색이 있다. 화창한 날의 쪽빛 하늘과 하얀 구름, 싱싱한 초록의 나무는 마음이 트이고 기분이 좋아진다. 흐린날이나 비가오면 주변이 온통 잿빛으로 우울한 기분이 들거나 마음이 가라 앉는다. 사람들은 하루를 시작하면서 날씨나 기분에 따라 혹은 그날의 스케줄을 고려해 어울리는 색의 옷을 골라 입는다.

무의식적으로 누구나 색을 느끼고 영향을 받고 색을 통해 기분을 변화 시키고 있다.

■ 미국의 색채학자 체스킨(Louis Cheskin)의 4개의 방

• 적색방 : 혈압이 높아지고 맥박이 빨라지는 흥분 상태로 변하면서 집중이 저하되는 현상이 나타나 방에 오래 머물기 어려운 상황이 되었다.

• 청색방 : 혈압, 맥박이 떨어지고 생기가 없어지며 몸이 나른하여 맥이 풀려 일을 못하는 것으로 나타났다.

• 황색방 : 혈압의 변화는 크게 나타나지 않았으며, 색이 밝아 눈이 극도로 긴장하게 되면서 금세 피로감을 느끼게 된다. 이는 활동을 하는 경우 더 많은 피로감을 증가시키는 것으로 보여진다. 그러나 창의적인 활동을 할 때는 활성화 되는 경향으로 더 좋은 효과를 볼 수 있다.

• 녹색방 : 정상적인 반응이 나타나는 색이다. 비교적 안정감을 주기 때문에 공부방, 작업실에 적당하다. 하지만 녹색 한가지로는 단조롭고 활기가 없어 약간의 자극이 필요하다.

9.3.2 컬러의 효능

■ 심리

빨간색은 기운을 복돋아 어떤 일이든 역동적으로 추진할 수 있도록 도와줄 수 있으며 무기력하고 나태할 때 활기를 되찾아 주는 색이다. 빨간색은 성적(性的) 관계를 조절해 줄 수 있는 효능이 있으며 즐겁고 장기적인 파트너십을 지속할 수 있게 만들 수 있다. 빨간색은 주로 외향적인 사람들이 선호하기 때문에 심리요법에서 소심증이나 우울증을 치료하는데 이용하기도 한다. 내면적인 집중을 분산시켜 밖으로 쏠리게 할 수 있는 색이기도 하다. 에너지를 자극하며 활동성을 촉진 시켜 무기력증, 우울증, 슬픔, 의기소침 등의 증상을 완화 시킬 수 있다.

■ 건강

빨간색은 주로 성기와 생식 기관, 특히 난소, 생식선과 관련이 있는 색이다.

차크라에서는 하등 단계의 에너지인 생식 기관과 관련이 있는 색이다. 아드레날린을 분비시켜 혈액순환을 원활, 헤모글로빈이 생성될 수 있도록 도와주며 신경 조직을 자극해 무감각이나 마비가 수반되는 질병을 다루는데 효과적이다.

빨간 양말이나 빨간 장갑, 빨간 조끼, 빨간 스카프를 사용하면 색의 에너지를 받아들일 수 있다. 1960~1970년대에 크게 유행했던 빨간 내복은 이러한 빨강의 에너지를 효과적으로 활용했던 사례이다. '빨간약 ' 으로 불리는 머큐로크롬은 상처의 소독과 치료뿐 아니라 환자의 심리적인 부분까지 치료하는 효과가 있다. 빨강은 혈압과 체온을 상승시키는 작용을 하지만 시간이 경과 되면 반대의 효과를 볼 수도 있으니 고혈압, 염증이 있을 때는 빨강을 피하는 것이 좋다. 차크라에서 빨강은 하등 단계의 에너지인 생식 기관과 관련이 있는 것을 볼 수 있다.

■ 인테리어

빨강은 신체적인 움직임이 많은 공간에 적당한 색으로 부엌, 아이들 놀이방, 식당, 강당, 댄스홀 등에 적용하면 유익한 결과를 얻을 수 있다. 그러나 최상의 효과를 내려면 아주 조금만 사용하는 것이 효과적이다. 식사 시간을 줄이고 싶으면 식당에 빨강이나 주황, 노랑 등의 식기나 소품을 이용하면 효과적이다.

패스트푸드점의 빨강도 같은 원리로 적용된 사례이다. 침실을 빨간색으로 꾸미면 너무 자극적이어서 불면증 초래할 수 있으나 침체된 성생활을 회복시키기 위해서는 빨간색을 사용하는 것이 좋다. 단 소량의 색으로 장식품이나 붉은 장미를 이용하는 것이 바람직하다. 공장의 기계와 같이 위험을 알릴 때에는 빨강이나 노랑같이 밝고 강한 색으로 경계를 주는 색상이 좋다.

■ 패션

빨강은 활기차고 외향적인 느낌을 주며 사람의 시선과 관심을 끄는 색으로 생각보다 행동을 먼저 하고 반전을 즐기는 사람들이 주로 빨간색 옷을 입는 것으로 나타났다. 사람을 흥분시키는 에너지를 가진 빨강은 남성 호로몬의 분비를 촉진시키고 성적 흥분을 일으키는 색으로 데이트할 때 옷, 립스틱, 소품의 색에 활용하는 것이 좋다. 그러나 빨간색은 가장 긴장을 주는 색이므로 어려운 자리나 공식 행사 등에는 피하는 것이 좋다.

■ 음식

빨간색 음식은 활력을 북돋우고 무기력과 피로를 해소해주며 혈류 속도를 증가시키고 동맥을 확장시키는 효과가 있다. 과일과 채소의 붉은색을 내는 영양소는 피토케미컬 성분에 많이 포함되어 있는 리코펜과 안토사이아닌이 들어 있다.

이 영양소들은 피를 맑게 하고 식욕을 돋우는 작용을 하며 고혈압과 동맥경화에 효과적인 성분을 많이 함유하고 있어 성인병 예방에 좋다. 장수식품의 대명사로 불리는 토마토에는 리코펜이 많이 함유되어 있으며 딸기의 붉은 빛을 내는 성분인 리코펜과 안토사이아닌은 각종 암과 성인병, 노인병의 원인인 활성산소를 없애는 효과가 있다. 석류는 식물성 에스트로겐을 다량 함유하고 있어 갱년기 여성에게 특히 좋은 음식이다. 붉은 팥은 예부터 우리 민족이 나쁜 기운을 없애준다고 믿어온 음식으로 해독 작용을 하는 사포닌 성분을 함유하고 있다.

■ 심리

주황은 신경 쇠약, 우울증, 강간, 이혼, 사별, 사고 등으로 인해 슬픔과 상실감에 빠져 있을 때 가장 도움이 되는 색으로 극심한 분노를 느낄 때 쇼크 상태에 이르는 것을 방지할 수 있다. 주황은 아무리 고통스러운 경험일지라도 모든 경험이 인생에 중요한 자양분이 된다는 심오한 의미를 지니고 있는 색이다. 복숭아색은 고통스럽고 아픈 기억과 맞서 편안한 분위기를 만들어 줄 수 있는 색이다.

■ 건강

빨강과 노랑의 중간색인 주황의 에너지는 기본적으로 빨강, 노랑과 비슷해 신체에 에너지를 주고 동화 작용을 도움을 주는 색이다. 빨강과 마찬가지로 혈액순환을 촉진, 신경 체계와 호흡기 계통에 영향을 주며 주황은 심장박동을 강하게 촉진하고 간에 도움을 주므로 알코올 중독자들의 치료에 적당한 색이다. 그러나 쉽게 동요하는 성질을 지녔거나 스트레스로 고생하는 사람들은 가능한 피하는 것이 바람직하다. 조급한 마음을 가라앉혀 주고 마음의 여유가 필요할 때 긍정적 기분을 유발하는 컬러로 차크라에서는 신체부위 중 천골에 위치하는데 피를 정화하며 면역체계를 강화해주는 것으로 알려져 있다.

■ 인테리어

사람들이 즐겁게 대화하기 위해 모이는 곳에도 행복하고 기쁜 느낌을 촉진 시키는 주황색이 적합하다. 그러나 서재나 사무실, 침실에는 적당하지 않으며 많이 사용하면 역효과가 일어날 수 있다. 식욕을 자극하는 색으로 그릇이나 주방용품에 활용하면 효과적이며 엷은 주황색인 복숭아색은 대체로 병원이나 가정, 공장, 학교 같은 곳의 벽 색으로 추천하는 색이다.

■ 패션

주황은 건강하고 활동적인 색으로 기운을 북돋아 주지만 빨강처럼 강압적으로 보이지는 않아 완화된 색이다. 이 색을 즐겨 입는 사람은 모험을 추구하는 활동가로 웃음이 많은 성향이 보인다.

▪음식

주황은 슬픔과 실망 등을 제거하는 스트레스 완화에 효과적인 색이다. 그러므로 장에서 머물고 있는 음식을 제거하고 면역체계를 강화하는 효과를 보인다. 식물성 생리 활성 물질인 베타카로틴이 다량 함유된 당근은 베타카로틴의 보고이다.

베타카로틴은 노화 예방, 항암 효과, 면역체계 강화 기능을 가지고 있으며 몸 안에서 비타민A로 변해 정자를 만들고 면역력을 높여줌. 동맥경화, 백내장, 야맹증, 빈혈, 저혈압과 암 예방에 도움을 준다. 오렌지와 귤은 지방과 콜로스테롤이 전혀 없으며 풍부한 섬유질과 비타민C를 함유하고 있다. 비타민C는 감기를 예방하고 멜라닌 생성을 억제하므로 피부 미용과 피로회복에 효과적이다.

노랑 Yellow

▪심리

노랑은 의기소침과 우울증 치료에 효과적인 색으로 심리적으로 위축되어 자존감이 떨어지고 우울하며 비관적인 상황일 때, 밝고 긍정적인 사고를 하는데 도움이 되는 색이다. 어린아이와 같이 지칠 줄 모르는 에너지와 밝음을 주는 색으로 내면의 어둠과 두려움을 맞설 수 있는 힘을 주는 색이다. 낮은 자존감을 북돋워주고 즐거움과 웃음을 만들어 두려움, 공포를 몰아낼 수 있는 색이다.

■ 건강

노랑은 에너지 덩어리인 태양의 색이다. 운동신경을 활성화하고 특히 근육에 사용되는 에너지 생성에 효과적이다. 노랑은 몸속에 저장되어 있는 칼슘을 움직이게 해주기 때문에 굳은 관절을 풀어줄 때나 통증 완화 시키는데 효과적이며 관절염, 류머티즘, 통풍을 경감시키는 효과가 있다. 관절염 패치 등이 노란색인 이유이다. 뇌와 정신적 능력을 촉진하는 색이지만 심각한 정신병이나 노이로제에 시달리는 사람에게는 적당하지 않다. 본능적으로 사람을 끌어당기는 색으로 힘찬 느낌을 주며 가볍고 밝은 감정을 느끼게 한다. 차크라에서 노란색은 신체 부위 중 비장에 위치하며 신경 흥분 물질인 아드레날린을 생산하는 부신에 영향을 미친다.

■ 인테리어

노랑은 활기차고 즐거운 분위기를 조성하는데 효과적인 색이다. 빛이 많이 들어오지 않는 공간에 노랑을 사용하면 밝아 보이는 효과를 줄 수 있다. 엷은 노란색은 벽의 색으로 잘 어울리며 더 순수한 노랑을 쓸 때는 빨강이나 주황으로 악센트를 넣어 주는 것이 효과적이다. 노랑은 명도가 매우 높아 안전 표지판 등에 많이 쓰이며 검정색과 배색하면 안전 효과가 더 높게 보인다. 눈에 잘 띄이는 색이라 교통사고의 위험이 가장 적어서 어린이용 차량에 많이 쓰인다.

■ 패션

노랑은 보다 섬세한 것에 대한 관심을 자극하는 성질이 있으며 태양과 가장 가까운 색으로 빛을 가져오는 특징을 가진다. 이는 긍정적이고 낙천적인 기질을 가진 성향으로 나타난다. 면접이나 회의 등에서 더 밝게 보이거나 빈틈없이 보여야 한다면 노란색 옷이나 스카프, 넥타이 등을 활용하는 것이 효과적이다.

■ 음식

　노랑색 음식은 웃음, 즐거움, 재미를 증가시켜 우울증을 치료하며 천연 변비약으로 독성 제거, 중앙 신경체계를 만족시키는 효과가 있다. 음양오행 사상에서 노란색은 오행의 토(土)에 속하며 절기는 인체의 비, 위, 입 등에 연결되어 있는 기운과 관련된 색이다. 황색을 띠는 음식이 소화력 증진에 도움을 줄 수 있으며 노란색 음식으로 단호박은 소화뿐만 아니라 이뇨 작용과 해독 작용으로 붓기를 빠지게 하는데 도움을 준다. 노란색 과일인 바나나의 칼륨은 고혈압을 낮추는데 효과적이며 속살이 노란 파인애플은 과일 중에서 비타민C가 가장 풍부하다. 황색 카레에 함유되어 있는 인도산 생강의 색소 성분은 '쿠크쿠민'이라 하며 뛰어난 항암 효과가 있다.

■ 심리

　초록은 노랑과 파랑의 중간에 위치한 색으로 모든 색의 다리이자 통로 역할을 하는 편안함을 느끼게 하는 색이다. 많은 사람들이 선호하는 색 중 하나이며, 자연, 균형, 정상적인 상태를 상징한다. 초록은 마음을 안정시켜주는 능력이 있어 감정의 균형을 회복시키고 몸에 활력을 줄 수 있다. 자연의 초록색은 우리를 이완시키는 것을 볼 수 있다. 예민하거나 조울증을 앓고 있는 사람에게 유용한 색으로 많이 사용 시 차갑고 고립된 느낌을 갖게 한다.

■ 건강

초록은 교감 신경계에 유익한 작용을 하며 심장, 폐의 기능에 직접적인 영향을 미치는 색이다. 초록은 눈의 피로를 풀어주고 잠이 잘 오게 해 고통과 긴장을 풀어주는데 효과적이며, 감정의 균형을 잡는데 도움을 주는 색으로 우울증과 같이 심리상태와 관련 있는 질환 치료 약물이 많이 쓰이고 있다. 항우울제에는 초록색을 사용하는데 약물 자체가 가진 효과 외에 초록색이 환자의 감정에 균형을 잡아줘 마음을 안정시킬 수 있다. 초록은 긴장을 완화하고 혈압을 낮추며 감정을 느긋하게 만들어주는 진정 효과가 있으나 잘못 사용 시 졸음이나 짜증을 유발하기도 한다. 불안, 공포, 두려움, 혐오 등의 감정을 완화하는 초록색은 진정효과가 있어 집중하는 환경을 제공하는데 도움을 주기도 한다. 차크라에서 초록색은 신체 부위 중 가슴에 위치하여 심장과 신경계에 연결되어 있어 면역계를 담당하는 흉선에 영향을 주는 색이다.

■ 인테리어

초록은 자연 환경을 실내로 불러들이는 고요하고 안전한 색이며 마음을 차분하게 만들어 긴장을 이완하는 색으로 병실이나 수술실 적용에 효과적이다. 그러나 어두운 초록색은 커다란 공간에 사용 시 오히려 원기를 떨어뜨리는 효과가 있어 주의해야 하며 전부 초록색으로 꾸미면 졸음이 오거나 분위기가 침체될 수 있어 유의해야 한다. 청록색은 대체로 사람들의 피부색과 반대되는 색이어서 배경으로 하고 있으면 용모가 매우 돋보이는 효과를 주기도 한다.

■ 패션

초록은 침착하고 차분하며 조화로운 분위기를 만들어내는데 도움을 주는 색이므로 튀고 싶지 않거나 단정한 인상을 주고 싶다면 녹색 계열의 옷을 입는 것이 효과적이다. 자연이 발산하는 안정감을 주는 청록색은 신선한 느낌을 주어 다른 사람들로 하여금 관심을 끌도록 자극을 유도하기도 한다. 빨강을 사용할 때 빨강의 에너지를 커버하기 위해 초록을 적절히 사용하는 것이 효과적인 방법이다.

■음식

그린푸드는 자연이 우리의 마을을 편안하게 하는 것처럼 몸을 편안하게 하는 음식이다. 음양오행 사상 중 초록은 오행 중 목(木)이 해당된다. 봄, 인체의 간, 담, 근육과 연관 있는 기운이다. 과일 야채의 초록색은 신장과 간장의 기능을 활성, 공해 물질 해독에 영향을 주는 것을 볼 수 있다. 녹색 채소의 엽록소인 클로로필은 마그네슘을 함유한 화합물로 헤모글로빈과 그 구조가 유사하며 세포 재생 능력에 뛰어난 것으로 나타났다. 시금치는 비타민과 칼슘이 많아 성장기 어린이와 임산부에게 좋은 식품이며 순무, 아보카도 등의 엽산은 동맥경화를 막아주며 폐암 억제 효과가 있다는 연구 결과가 나타났다. 브로콜리는 신진대사를 활성화 해 비만을 막는 요오드가 많으며 또한 항암 효과에 좋은 음식이다. 파슬리는 채소 중 미용과 노화 방지 효과를 지닌 비타민C, E가 가장 많다.

■심리

파랑은 녹색과 마찬가지로 마음을 편안하고 부드럽게 만들고 감정을 풍부하게 해주는 색이다. 급하고 여유가 없는 마음을 진정시키며 차분하게 만들어주므로 바쁘거나 힘겨운 일이 있을 때 도움을 줄 수 있다. 마음을 차분하게 만들어 심신의 회복력을 높여주므로 소심해서 자기 의사를 잘 표현하지 못하는 사람에게 적극적으로 행동할 수 있게 도움을 주는 색이다. 그러나 지나치게 조용하고 행동이 억제되는 환경이 마련되기도 한다.

■ 건강

파란색은 진정 효과와 신뢰감을 주는 색으로 혈액순환을 정상적으로 회복시킨다는 연구 결과가 나타났다. 긴장, 스트레스가 나타날 때 신경을 진정시켜주는 효과가 있어 수면제와 안정제에 파란색 포장이 많다. 파랑은 열이 있거나 빠른 맥박, 고혈압에 적용하면 효과가 있으며 일사병에 걸렸을 때 신체의 열기와 염증을 달랠 수 있다. 감정의 균형을 잡는데 도움을 주는 색으로 심리상태와 관련 있는 질환 치료 약물이 많이 쓰인다. 파랑은 남성성을 대표하는 색이기도 하여 남성성과 신뢰감을 상징하는 파란색을 잘 활용한 약이 발기부전 치료제 비아그라의 파란색을 사용하기도 한다. 저혈압, 마비 증상, 감기 등을 치료할 때 파랑을 사용하지 않는게 좋고 우울증과 좌절감에 시달릴 때도 금하는 게 좋다. 파랑은 빨강과 정반대되는 성질을 띠고 있어서 호르몬의 활동을 감퇴시키며 상처의 치료를 방해하기 때문이다. 차크라에서 파란색은 신체 부위 중 목과 인두에 위치하며 몸의 대사를 촉진하고 기능을 유지시키는 갑상선과 부갑상선을 조절하는 색이다.

■ 인테리어

파란색은 에너지를 진정시키고 실내 분위기를 평안하게 해줘 스트레스를 줄여주는 효과 있다. 명상이나 기도하는 공간, 치료실, 침실, 사무실에 잘 어울리며 신체 활동이 많이 필요한 곳에는 적당하지 않아 조절이 필요하다.

■ 패션

파랑은 평화와 고요함을 상징하며 타인에게 위협이나 위압감을 주지 않는 안정된 색이다. 성실하고 정직한 이미지를 주므로 면접을 볼 때 흰색과 감색으로 맞춰 입으면 무난한 복장으로 착용할 수 있다. 금융업, 공무원에게 요구되는 단정하고 깔끔한 이미지에도 감색과 흰색의 조화는 효과적인 착장이다. 낮에는 빨간색, 노란색이 눈에 잘 띄는 안전 색이지만, 어두워지면 엷은 청색 계열이 잘 보여 밤거리 작업복으로 추천하는 색이다.

■ 음식

청자색을 띠는 안토니아신은 블루베리, 포도, 가지, 자색 고구마에 많으며 혈압을 낮추고 노화 방지 시력 회복에 도움을 준다. 블루푸드에 대표식품 등푸른 생선은 들 수 있으며, 에스키모들이 동맥경화, 심장병에 잘 걸리지 않는 이유가 고등어, 꽁치와 같은 등푸른 생선 섭취로 인한 것으로 연구 결과를 볼 수 있다.

■ 심리

빨강과 파랑의 혼합색인 보라색은 빨강의 신체적 특징과 파랑의 정신적 특징이 조화를 이루는 색이다. 열정과 행동을 자극하는 빨강과 감정을 가라앉히는 파랑이 혼합되어 균형을 이룬다. 심신이 지쳐 있을 때 선호하는 색으로 이는 스스로 자신을 추스르려는 힘을 보라색에서 얻고자 하기 때문이다. 보라색은 예술적인 영감을 자극하므로 상상력과 창의력이 필요한 작업을 할 때도 유용한 색이다. 보라색은 리더쉽을 증진하기도 하며 감정적인 변덕을 진정 시켜주기도 한다.

■ 건강

보라는 뇌하수체 기능과 연결되어 호로몬의 활동을 정상화 시키는 색으로 뇌진탕, 간질, 기타 강박적 질환과 성격 불균형 같은 신경 정신 질환에 효과적이다. 차크라에서 보라는 정수리 부분에 위치하며 빛에 반응하는 송과샘과 연결되어 있는 색이다.

■ 인테리어

보라색은 정신적인 스트레스와 두려움을 완화하는데 효과적인 색으로 명상과 자기 성찰을 자극하는 경향이 있다. 치료실, 침실, 서재에 라일락이나 라벤더 같은 연한 보라색 식물이나 소품을 두면 효과적으로 활용할 수 있다. 순수한 보라색을 사용하면 현실 도피와 지나친 방종을 자극하는 경향이 보이므로 적절히 사용해야 하는 것이 필요하다. 정신질환, 신경 불안 증세의 사람들의 공간에는 이를 절제하고 피하는 것이 바람직하다.

■ 패션

보라색 옷을 입으면 자존심, 위엄, 자긍심을 불러일으키는 효과가 있다. 카톨릭 사제들이 신성함과 겸손함을 나타내기 위해 보라색 옷을 입었다. 색채가 풍요로워 보이는 성질 때문에 부귀, 호화로움, 군주가 연상되기도 하지만 여성스럽고 성숙한 우아한 느낌의 표현에 효과적인 색이다.

▪ 심리

분홍은 많은 사람들에게 행복과 따뜻함을 연상시키며 안정감과 편안함을 주는 색으로 우울한 마음에 위로를 주며 고독감을 완화 시킬 수 있다. 여성성을 드러내는 색이지만 성별을 불문 포근하고 온순한 감정을 유도, 보호 본능과 보살핌, 무조건적인 사랑을 자극하는 색이다. 그러나 지나치면 우월감과 거만함, 자만심을 드러내는 색으로 보인다.

▪ 건강

진한 분홍색은 뇌에 피를 공급하고 교감 신경계를 자극하는 색으로 분홍색에는 온화함이 있고 달래주고 보호해주는 에너지를 발산하는 효과가 있다.

▪ 인테리어

분홍은 따뜻함과 애정을 발산해 근심과 걱정을 줄여주므로 침실에 잘 어울리는 색이다. 분홍색 벽을 감옥에서 사용하면 수용자들의 공격적인 행동을 완화 시키고 침착성을 유도 하는데 효과적인 역할을 하는 것으로 나타났다.

▪ 패션

태양광선은 뇌하수체를 비롯해 자율신경의 최고 중추인 시상하부 일대를 자극해 내분비 기관을 활성화하고 젊음을 유지시키는 중요한 역할을 한다. 이렇듯 중요한 태양광선에 가장 효과적인 색이 분홍으로 실험을 통해 여성들이 분홍색 블라우스를 입고 분홍색 커튼이 있는 방에서 일정 기간 생활했더니 이전보다 몸이 젊어지고 성격도 밝아졌으며 용모도 향상되었다는 결과가 나타났다.

하양. 회색. 검정

■ 심리

회색은 불안해하는 사람들을 진정시켜주는 색으로 밝은 회색은 정확한 판단을 도와 한쪽으로 치우치지 않는 균형 잡힌 사고를 형성하는데 도움을 준다.

검정색은 휴식을 갖게 해주는 색으로 스트레스를 이길 수 있는 힘을 준다.

그러나 지나칠 경우에는 퇴보하거나 의기소침해질 수 있다. 부정적인 성향이 구현되면 무자비한 행동, 배반, 사기와 같은 최악의 특징이 나타나기도 한다.

■ 건강

흰색이나 검정, 회색은 특정 신체 부위에 치료 효과를 가지고 있지는 않지만 이들 색채가 신체적으로 나타나면 질병이 있다는 뜻이다.

■ 인테리어

흰색은 어떤 색과 배색해도 조화를 이루며 단색 조화에 의해 모든 색이 선명하고 생기 있게 보이는 작용을 하는 색이다. 천장을 흰색 계통으로 하면 더 높아 보이며 어둡고 좁은 방을 흰색으로 통일하면 더 넓어 보이는 효과를 줄 수 있다. 그러나 흰색을 지나치게 많이 사용하면 눈이 피로, 욕구 불만을 일으킬 수 있으므로 일조량을 확인하고 사용하는 것이 바람직하다. 사무실에서는 흰색을 피하는게 좋은 흰색에 많이 노출되면 민감해지고 생산성이 둔화되기 때문이다.신생아 방 역시 순수한 흰색보다 파스텔 톤의 따뜻한 색을 사용하는 것이 좋다. 회색은 강조색으로 사용할 때 가장 효과적이며 중간 회색이나 연한 색조의 회색은 선명한 색과 대비해서 사용할 때 조화로움을 줄 수 있다. 검정색은 빛을 흡수하는 특성이 있어 공간을 축소 시키고자 할 때 가장 효과적이며 소량만 사용해야 하며 천장이나 벽의 색으로는 부적합하다.

▪ 패션

속옷의 색으로 흰색이 가장 좋다. 흰 속옷은 몸이 필요로 하는 모든 색의 파장을 영양으로 전달해주므로 건강에 좋기 때문이다. 회색은 사람들이 별로 매력을 느끼지 못하면서도 현대인에 의복에 많이 활용되는 색이며, 어떤 사람이 입어도 무난한 색이기 때문에 차분하고 소극적인 분위기를 연출할 수 있다. 회색은 자극적이지 않아 상대방의 경계심을 풀어주고 주변의 색을 돋보이게 하는 역할을 한다. 하지만 너무 수수해서 싫증 날 수 있으므로 스카프, 액세서리 등 채도가 높은 색의 소품을 활용해 밝고 산뜻하게 연출하는 것이 효과적이다. 검정색은 수축되어 보이는 효과가 있어 날씬해 보이며 신비하고 섹시한 느낌을 주기도 한다.

▪ 음식

백색 채소와 감자 등의 담황색 채소에는 플라보노이드 계열의 안토크산틴 색소가 있다. 이 색소는 체내의 산화 작용을 억제하며 유해 물질을 몸 밖으로 방출, 세균과 바이러스에 대한 저항력을 길러주는 데 효과적이다. 음양오행 사상에서 백색은 오행 중 금(金)에 속하며 사계절 중 가을, 인체의 폐, 대장, 코에 연결되어 있다. 양파, 도라지, 무, 콩나물, 배 등이 폐와 기관지에 좋다는 연구 결과가 이를 입증한다. 검은색 식품은 노화를 막는 항산화 성분을 함유하여 암을 예방, 시력을 보호하는 효과가 있다. 검은색을 띠는 안토니아신은 플라보노이드의 일종으로 검은콩, 흑미, 검은깨 등에 풍부하며 노화의 원인인 활성산소를 중화시킨다. 블랙푸드의 대표 검은콩은 해독, 신경 진정 작용. 검은깨의 단백질은 머리카락의 주성분인 케라틴의 원료로 탈모나 헤어케어에 효과를 준다. 음양오행 사상에서 검은색은 수(水)에 속하며 사계절 중 겨울, 일체의 신장, 발육, 생식을 관장하는 호르몬에 연결되어 있다.

CHAPTER 10

색채 마케팅과 색채기획

10.1 색채마케팅

10.1.1 색채마케팅이란?

색채가 중심이 된 마케팅의 하나로 제품의 이미지, 제품의 차별화, 제품의 기호도, 광고의 효과를 높이기 위해 색의 기능을 구사하는 것으로 이를 위한 일관된 색채 계획을 의미한다. 구매동기의 결정적 요소로 색채를 설정하여 마케팅을 전개하거나 기획 단계부터 색채를 도입하여 마케팅의 핵심 요소로 작용하게 한다. 기업이 시장 활동에서 색채를 유력한 수단으로 활용하는 전략적 수법으로 단순한 판매촉진을 가리키는 것이 아니라, 시장의 색채 활동을 분석하고, 그에 대응하는 컬러의 계획, 설계, 디자인, 판촉 작전을 구상하여 색채의 시장 효과를 충분히 고려한 활동 전반을 가리킨다. 마케팅의 전략에 있어 체계적인 색채 계획을 도입 활용하여 소비자의 감성을 자극하고 구매행위를 유도하므로 기업의 이윤을 높이는 것이 목적이다. 좋아하는 색으로 소비자의 마음을 얻는 것이 중요하며, 성공적인 색채 마케팅을 위해 유행하는 색을 분석하고 소비자들이 좋아하는 색에 대해 꾸준히 연구하는 것이 필요하다.

색채 마케팅은 범위가 넓어 상품자체에 대해 색채를 가장 강조하는 상품 이미지 정책이나 상품 차별화 정책, 기업의 이미지 향상과 통합을 위한 CI(Corporate Identity)컬러의 보급 활동도 포함한다. 화장품 업계나 패션 업계에서 많이 볼 수 있는 컬러 캠페인이나 컬러프로모션도 색채 마케팅의 일종이다. 마케팅에서 색채의 역할은 시각적 효과를 유도하며 대상물의 존재를 두드러지게 한다. 더불어 대상물의 의미와 이미지를 전달할 수 있다. 저렴한 비용으로 상품의 새로운 면모를 들러내게하는 효과가 있으며 유행을 형성하는 쉬운 방법이다.

(1) 전략적 측면

■ 트랜드 색채마케팅 전략

소비자 삶의 스타일 변화에 맞추어 유행할 것을 예측되는 색상을 선정하여 마케팅에 활용하는 것이다. 이는 성능이 좋은 제품이라도 소비자의 감성을 자극하고 만족시키기 위한 색채를 중요하게 생각하는 것으로 색채가 주는 이미지가 상품의 판매에 영향을 주기 때문이다.

■ 아이덴티티 색채마케팅 전략

기업이나 단체가 소비자에게 일관된 이미지를 심어주기 위한 마케팅 전략중 하나로 브랜드를 인지시키기 위해 또는, 인지된 브랜드 가치를 유지하기 위해 일관된 색채 이미지를 통해 구축하므로 소비자에게 기업의 제품을 쉽게 인식시키기 위한 것이다. 색채가 지니고 있는 독특한 특성을 통해 기업의 이미지를 획일화 시키고, 유리한 마케팅을 전개하는데 이용하거나 기업 이념이나 이상, 이미지, 사업목표 또는 제품을 표현하는데 알맞은 색상을 선택하여 진행한다.

그림 10-1 브랜드 로고색

(2) 연상되는 색채 이미지의 활용

빨간색 신선한 이미지로, 입맛을 돋우고 식욕을 높여주는 색으로 주로 음식점의 간판, 전단지 등에 활용.

파란색 신뢰감과 안정감을 주는 색으로 기업들의 로고에 많이 쓰이고 있다. 시원한 느낌을 주어 여름 상품이나 스포츠, 음료, 빙과류 포장에 사용되고 있다.

검정색 차분한 느낌을 주는 색이며 고급 마케팅을 위한 색상으로 명품점이나 귀금속 전문점, 고급 음식점에서 많이 보인다.

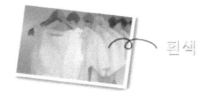

흰색 순수하고 깨끗한 이미지로 우리나라 사람들이 제일 좋아하는 색이다. 옷을 만드는 의류 업체에서 인기 있는 색이다.

노란색 밝고 따뜻한 느낌으로, 주로 어린이를 대상으로 하는 상품에 많이 사용되는 색이다.

초록색

자연의 깨끗하고 순수한 이미지로 신선한 제품을 판매해야 하는 슈퍼마켓의 과일, 채소 코너나 건강 관련 제품에 많이 쓰이고 있다.

10.1.2 색채마케팅 사례

■ 파커(Parker)사의 붉은색 만년필

1920년 미국의 파커사에서 붉은색 만년필을 생산하였다.

붉은 립스틱을 여성용 만년필로 이미지화 한 것으로 빨간색 만년필이 여성들에게 크게 선호되어 높은 매출을 일으켰다. 당시 미국에서 판매되는 만년필은 대부분 검정색으로 남성들이 주 대상이었으나, 빨간색 만년필은 획기적인 기획으로 들 수 있다.

■ 1998년 애플사의 콤퓨터 아이맥

애플사의 제품은 다른 회사 제품과 호환이 되지 않아 소비자들의 외면을 받고 있는 상태였으나 그 와중에도 제품에 화사한 색깔을 입히고, 컴퓨터 안이 투명하게 들여다보이는 제품을 만들어 소비자에게 인기를 얻어 매출을 일으키며 신선하고 독특한 디자인으로 인식되었다.

■ 맥도널드 로고

맥도널드 브랜드 로고는 프렌치프라이를 연상시키는 M자 형태의 노랑색과 빨강 바탕으로 눈에 띄는 로고로 만들어 인지도가 높은 브랜드로 자리 잡았다.

이는 전 세계에 공통된 색채 전략으로 사용되었다.

■ 코카콜라

코카콜라의 빨강은 색상의 특징과 제품의 특징이 잘 부합된 대표적 사례로 빨강색의 강렬함과 코카콜라의 짜릿한 맛이 하나로 잘 어우러져 소비자들은 콜라라고 하면 빨간색을 떠올린다. 코카콜라 패키지 뿐만 아니라 홈페이지와 차량 광고물에서도 통일되게 빨강을 사용하고 있다.

■ 오뚜기

밝고 따뜻한 '노랑'과 강렬한 '빨강'의 조화

'황색(노란색)'과 강렬한 에너지를 지닌 '금적색(빨간색)'을 각각 주색과 보조색으로 택하고, 기업 로고(CI)에 적용한 예이다. 이는 '오뚜기 카레'의 흥행을 일으키며 상징색을 적용한 포장 디자인을 적용하였다.

■ 코닥의 노랑

코닥사의 노랑은 철저한 소비자 조사를 통해 선정된 것이다. 노랑은 주의를 끌면서도 따뜻하고 즐거운 느낌을 주기 때문에 필름을 사용하는 소비자의 심리에 호소력을 갖는 색으로 코닥은 지금까지 진행하고 있다.

■ 포카리스웨트, 시원하고 청량한 '파란색'

당시 파란색 계통의 색상은 식욕을 저하 시킨다는 이유로 식품업계에서 사용하지 않는 것이 일반적이었으나, 시원한 청량감을 강조하는 포카리스웨트는 그 인식을 바꾸는 계기가 되었다.

■ 커피빈코리아, '보라색' 활용한 이색 프로모션

고유의 브랜드 색상인 '보라색'을 활용한 고객 감사 이벤트를 진행하였으며 보라색 패션 아이템을 착용하고 매장에서 음료를 구매하는 고객에게 단 하루 동안 동일한 음료를 무료로 하는 행사하는 전략을 실시하였다.

■ 안나수이의 보라

메이저 보다는 마이너를 타깃으로 한 독특한 컨셉으로 마케팅에서 불리할 수 있는 색을 과감하게 사용하므로 고정관념을 탈피하였다.

■ LUSH 브랜드의 화장품 마케팅

러쉬 브랜드는 자연주의를 이야기하지만 강렬한 색과 향을 강조하고 신선함이라는 단어에 마케팅 이상의 정직한 의미를 담은 브랜드로 자연적인 것과 색채의 만남이 조화롭게 이루어졌다.

■ 현대 M카드

금색과 은색이라는 컬러의 고정관념을 깨고 다양한 칼라로 소비자의 시선을 사로잡았다.

■ 비스포크 가전 제품

소비자 맞춤형 제품으로 다양한 색을 진행할 수 있는 냉장고 디자인을 제시하였다. 판매에 있어 소비자 중심형과 색채기획을 적용한 마케팅 전략이다.

10.2 색채마케팅의 전개

10.2.1 조사 및 정보분석

■ 소비자 행동 파악

인구통계학적 요인(인구구조변화, 지역별 인구분포, 가구수와 가구원수)/경제적 요인(경기, 물가상승, 소득)/ 개인적 요인(라이프스타일, 사회적가치)/문화적 요인(가치관, 신념, 종교, 예술)/ 자연적 요인/ 기술적 요인/정치적 요인/ 법률적 요인 등을 조사한다.

■ 색채 시장 조사

국가, 지역, 연령, 기호별 집단에 따른 색채 감성을 파악한다. 색채 정보의 수집과 분석(실적정보/예측정보)을 진행하여 유행색을 예측한다.

10.2.2 제품 색채의 포지셔닝

상품기획의 기본방향, 개념 등을 정확히 파악한 후 이미지를 체계화하여 구축하는 것으로 세분시장을 분석하여 표적시장을 선정한 후 시장의 위치를 결정한다.

■ 세분 시장 분석–3C분석

고객(Customer), 경쟁사(Competitor), 자사(Company) 등이다.

■ 표적 시장 선정

3C 분석에 의해 시장을 분석하고 평가한 후 표적시장을 선정한다.

■ 포지셔닝(시장위치화)

마케팅 믹스를 이용하여 소비자에게 제품의 위치를 정확하게 심어준다.

• 마케팅 믹스(4P) : 마케팅 믹스 'Marcketing Mix'란 마케팅의 기본적이고 중심적인 기능으로, 마케팅 목표를 달성하기 위해 필요한 요소들의 조합이다. 마케팅 믹스는 제품(product), 가격(price), 유통(place), 촉진(promotion)의 4P로 구성한다. 이 요소를 어떻게 효과적으로 재구성하느냐에 따른 마케팅 목표 달성이 마케팅 믹스의 핵심이다. 예를 들면 제품 A는 어떤 특징을 갖는 제품(product)으로서 어떤 유통을 통해 공급하고 어디에서 팔 것이며 유통(place), 어떤 방식으로 판촉(promotion) 하여 가격(price)은 어느 정도로 할 것인지를 정하는 것이다.

10.2.3 색채 계획 및 콘셉트 결정

색채의 테마와 이미지를 설정하는 단계이다. 수집된 정보를 통해 해당 브랜드의 시즌 컬러 이미지를 테마와 함께 시각화하는 일을 진행한다. 이 때 사용하고자 하는 컬러를 선정하여 결정한다.

10.2.4 색채 디자인

제품의 형, 재질 기능과 함께 색채를 디자인한다. 이미지에 따라 선정된 색채의 범위와 비중을 정하고 아이템별로 색상을 적용한다. 기본색, 보조색, 강조색의 배색형식이나 아이템별 특성에 따른 색상 배분을 진행한다. 색채 데이터를 정리하여 착색 지시서를 작성한다.

10.2.5 제품 색채 시뮬레이션

계획된 색채로 착색한 제품이나 시뮬레이션에 통해 검토하고 수정한다.

10.2.6 색채 적용

색채 이미지와 사용 색상의 정보를 관련 부서 및 업체에 제공한다. 제품
의 진행을 위한 작업 과정에서 컬러를 확인할 수 있는 의사소통이 가능하
도록 색채를 보급하고 촉진하는 활동을 한다.

10.2.7 색채 정보의 데이터화

각 단계의 색상 체크와 차기 시즌의 마케팅을 위한 색채 정보 자료로 기
록과 정리를 실시하여 색채 자료들은 잘 보존되어 향후 전개될 색채 트랜
드 분석의 자료로 활용한다.

그림10-2 색채마케팅 프로세스

10.3 색채기획 실습

색채기획(Color planning)이란 색채의 목표를 달성하기 위해 시장과 고
객 심리를 이용해 효과적으로 색채를 적용하기 위한 과정을 의미한다. 색
채에 관한 조사부터 구체적인 배색 계획과 생산 현장의 지시나 품질 관리

까지 제품 제작 과정에서 목적을 효과적으로 실현하기 위하여 필요한 색채에 관한 모든 계획 및 실행인 것이다. 색채는 제품 차별화, 환경 조성, 업무의 향상, 피로의 경감 등의 효과를 위해 절대적으로 필요하며 매우 중요하다.

색채의 기획은 색채마케팅 과정에서 색채를 계획하는 단계에서 진행한다. 색채 콘셉트 및 이미지, 테마를 설정하는 것으로 이를 활용하여 컬러를 선정하고 결정한다. 색채기획 진행은 계획, 시작, 결정, 실행, 평가 단계로 진행한다.

10.3.1 계획 단계

제품과 연계된 색채기획을 위한 문제를 제시한다. 화장품, 뷰티, 패션등과 연계한 다양한 문제를 제시한다. 이를 통해 목적과 대상을 확인하고 스케줄을 설정한다. 진행을 위한 기본 방향을 설정한다. 색채 콘셉트의 초안을 작성한다.

10.3.2 시작 단계

문제를 해결하기 위한 자료를 수집하고 이를 토대로 분석한다. 목적과 대상에 적절하게 부합되는 다양한 정보를 수집하고 평가하여 분석하는 단계이다

10.3.3 결정 단계

분석된 정보를 활용하여 제품 및 아이템, 브랜드의 콘셉트를 결정한다. 결정된 콘셉트에 따라 이미지와 테마를 선정하고 맵을 작성한다. 콘셉트는 전체적인 개념을 의미한다. 색채를 표현하기 위한 이미지와 느낌을

결정한 후 전략적으로 콘셉트를 결정하고 진행한다. 이를 토대로 이미지와 테마를 선정하고 맵을 작성하여 컬러를 시각화시키는 작업을 한다. 콘셉트의 결정과 이미지 맵을 통한 테마를 작성하여 이를 토대로 적합한 색을 선별하여 결정한다.

10.3.4 실시 단계

결정된 콘셉트에 맞는 이미지, 테마에 따른 색채를 선정하여 시각화한다. 선정된 칼라를 아이템에 적용하고 조절한다. 색의 연출과 실제 작업을 위한 밑그림, 색채 방법의 작성 관련 사항을 선정하고 시행한다.

10.3.5 평가 단계

모든 과정의 자료를 정리하여 발표하고 피드백한다. 분석을 통해 얻은 자료를 정리하고 차기 계획을 준비한다.

그림 10-3 색채 기획 과정

참고문헌

김영애. 「색채학」. ㈜도서출판 성안당, 2019.

한기증. 「색채학의 이해」. 기문당, 2009.

권영걸·김현선. 「쉬운 색채학」. 도서출판 날마다, 2011.

조현주·이광훈·정혜민. 「쉽게 이해하는 색채학」. 시그마프레스, 2006.

권영걸. 「색채와 디자인비즈니스」. 도서출판 국제, 2004.

Aaris Sherin. 김은경 역 「색채와 디자인」. 아트나우. 2013.

오창근·민지영·이문형. 「컬러의 안목」. 성인북스, 2020.

Ingrid Riedel. 정여주 역. 「색의 신비」. 학지사, 2004.

문은배. 「색채의 활용」. 도서출판 국제, 2002.

I.R.I 색채연구소. 「감성만족! 컬러마케팅」. YoungJin.com, 2004.

김민경. 「김민경의 실용색채활용」. 예림, 2005.

김학성 편저. 「디자인을 위한 색채」. 창미, 1983.

고을한 · 김동욱. 「디자인을 위한 색채계획」. 미진사, 1999.

신루이스 체스킨, 홍종오 역. 「실용 색채」. 아각, 1978.

박도양. 「실용 색채학」. 이우출판사, 1981.

한국색채학회. 「색색가지세상」. 도서출판 국제, 2002.

에바 헬러, 문은배 감수. 「색의 유혹 1, 2」. 예담, 2002.

일본 시각디자인 연구소, 강화선 역. 「색의 현장 1, 2, 3」. 태학원, 1997.

김용훈. 「색채상품 개발론」. 청우, 1987.

파버 비렌, 김화중 역. 「색채심리」. 동국출판사, 1996.

채수명. 「색채심리마케팅」. 도서출판 국제, 2002.

유관호. 「색채이론과 실제」. 교학사, 1983.

박돈서 · 민철홍. 「색채이론과 응용」. 도서출판 국제, 1999.

임홍순 편저. 「색채와 배색」. 미조사, 1983.

파버 비렌, 김진한 역. 「색채의 영향」. 시공사, 1996.

문은배. 「색채의 이해와 활용」. 안그라픽스, 2005.

김진한. 「색채의 원리」. 시공아트, 2004.

박은주 편저. 「색채 조형의 기초」. 미진사, 1996.

유태순 외 7인. 「색채학」. 도시출판 성화, 2000.

최영훈 편저. 「색채학 개론」. 미진사, 1987.

윤일주. 「색채학 입문」. 민음사, 1978.

요하네스 이텐, 김수석 역. 「요하네스이텐의 색채의 예술」. 지구문화사, 1990

한국색채학회. 「컬러리스트」. 도서출판 국제, 2002.

김현영・손경애・여화선 공저. 「Color Color Color」. 도서출판 예경, 2004.

한지원. 「COLORIST」. 안그라픽스, 2004.

김은정, 박옥련, color, 형설출판사, 2007.

정연자
- 현) 건국대학교 뷰티화장품학과 교수
- 뷰티융합연구소장
- 바이오뷰티조향예술학회장
- 동양예술학회 부회장
- (전) 한국인체미용예술학회회장
- (전) 건국대 힐링바이오공유대학장

색채감성

1판 1쇄 인쇄 2024년 03월 25일
1판 1쇄 발행 2024년 03월 30일
저   자 정연자
발 행 인 이범만
발 행 처 **21세기사** (제406-2004-00015호)
경기도 파주시 산남로 72-16 (10882)
Tel. 031-942-7861   Fax. 031-942-7864
E-mail : 21cbook@naver.com
Home-page : www.21cbook.co.kr
ISBN 979-11-6833-151-8

정가 25,000원